Praxis-Grammatik
SPANISCH

von
Dr. Margarita Görrissen

PONS GmbH
Stuttgart

PONS
Praxis-Grammatik
SPANISCH

von
Dr. Margarita Görrissen

Basiert auf ISBN 3-12-560886-4

Systemvoraussetzungen CD-ROM:
Windows 2000 (SP3) / XP (32 Bit) / Vista (32 Bit)
Pentium III 600MHz, 128MB RAM
400 MB freier Festplattenspeicher
CD-ROM Laufwerk
Grafikkarte (empfohlen: True Color)
Bildschirmauflösung ab 1024x768px
Soundkarte (16bit)
Lautsprecher und Mikro oder Headset
Internet Browser (ab Internet Explorer 5.5 oder vergleichbar)

Auflage A1 5 4 3 2 / 2012 2011 2010

© PONS GmbH, Rotebühlstraße 77, 70178 Stuttgart, 2009
Produktinfos und Online-Shop: www.pons.de
E-Mail: info@pons.de
Online-Wörterbuch und Online-Bildwörterbuch: www.pons.eu
Alle Rechte vorbehalten.

Redaktion: Sabine Segoviano, Renate Weber
Logoentwurf: Erwin Poell, Heidelberg
Logoüberarbeitung: Sabine Redlin, Ludwigsburg
Einbandgestaltung: Schmidt & Dupont, Stuttgart
Titelfoto: Vlado Golub, Stuttgart
Layout: BÜRO CAÏRO, Stuttgart
Layoutüberarbeitung: one pm, Petra Michel, Stuttgart
Satz: BÜRO CAÏRO; Satzkasten, Stuttgart
Druck und Bindung: L.E.G.O. S.p.A., in Lavis (TN)

Printed in Italy.
ISBN: 978-3-12-561537-3

So benutzen Sie dieses Buch

Sie möchten Ihre spanischen Grammatikkenntnisse verbessern. Vielleicht wollen Sie Ihr Gelerntes wiederholen, trainieren und vertiefen – oder auch nur schnell etwas nachschlagen. Die Praxis-Grammatik Spanisch hilft Ihnen dabei: mit **einfachen Erklärungen**, einem übersichtlichen Aufbau und vielen Übungen.

Mit dieser ausführlichen Grammatik können Sie sich die Grammatikkenntnisse bis Niveau B 2 des Europäischen Referenzrahmens aneignen, d. h. alle wesentlichen Themen der spanischen Grammatik kommen hier zur Sprache.

Der Aufbau eines Kapitels

In Mini-Dialogen wird Ihnen zunächst das grammatische Phänomen in einem alltäglichen Zusammenhang vorgestellt.

Klare, leicht verständliche Regeln, **übersichtliche Tabellen** und ausführliche Gebrauchskästen vermitteln Ihnen schnell sichere Kenntnisse. Viele **praktische, realitätsnahe Beispiele** zeigen Ihnen, wie das grammatische Phänomen richtig angewendet wird.

In den zahlreichen anschließenden **Übungen** können Sie das Erlernte selbst anwenden. Dabei ist der Schwierigkeitsgrad einer Übung jeweils durch Sternchen gekennzeichnet:
* = einfache Übung; ** = mittelschwere Übung; *** = schwierige Übung.
So können Sie selbst auf einfache Weise Ihren Lernfortschritt überprüfen.

In den Randspalten finden Sie jede Menge nützlicher **Tipps** und Informationen zum richtigen Sprachgebrauch:
- einführende Erklärungen zum grammatischen Phänomen
- Lerntipps und ergänzende Hinweise
- wichtige Ausnahmen und Stolpersteine
- Verweise zu anderen Grammatik-Kapiteln
- Wortschatz- und Übersetzungshilfen
- Hinweise zum unterschiedlichen Sprachgebrauch in Spanien und Lateinamerika

Alle in diesem Buch benutzten **Grammatikbegriffe** finden Sie in der Übersicht auf den Seiten 276 / 277 zusammengestellt und erklärt. Danach folgt eine Liste der wichtigsten **unregelmäßigen Verben**.

Der **Index** am Ende des Buches bringt Sie schnell zu den richtigen Stellen in der Grammatik. Wichtige Themen sind zur schnelleren Orientierung rot hervorgehoben.

Und nun viel Erfolg beim Nachschlagen, Lernen und Üben!

Inhaltsverzeichnis

Das Substantiv	10
Geschlecht der Substantive	10
Plural der Substantive	14
Substantiv im Satzgefüge	16
Üben und Anwenden	17
Begleiter des Substantivs	20
Bestimmter und unbestimmter Artikel	21
Üben und Anwenden	26
Die Demonstrativbegleiter	28
Possessivbegleiter	30
Frage- bzw. Ausrufbegleiter	32
Üben und Anwenden	34
Die Indefinitbegleiter	37
Üben und Anwenden	43
Adjektive	45
Angleichung der Adjektive	45
Stellung der Adjektive	47
Verkürzung einiger Adjektive	48
Unterschiede bei Adjektivkonstruktionen	49
Üben und Anwenden	50
Adverbien	53
Ursprüngliche Adverbien	53
Abgeleitete Adverbien auf *-mente*	55
Adjektive als Adverbien	56
Unterscheidung zwischen Adjektiv und Adverb	56
Adverbiale Ausdrücke	56
Stellung des Adverbs	57
Deutsche Adverbien, spanische Verbkonstruktion	58
Üben und Anwenden	59
Vergleich, Steigerung und Verstärkung	62
Vergleich der Substantive	62
Vergleich bei Zahlen und Mengen	63
Vergleich der Adjektive und Adverbien	63
Verstärkung mit *muy* und *mucho*	67
Üben und Anwenden	68

Inhalt

Pronomen	72
Personalpronomen	72
Subjektpronomen	72
Pronomen bei Präposition	74
Direkte Objektpronomen	75
Indirekte Objektpronomen	77
Verdoppelung von Akkusativ- und Dativpronomen	78
Reflexivpronomen	79
Stellung der Objekt- und Reflexivpronomen	80
Üben und Anwenden	81
Demonstrativpronomen	87
Possessivpronomen	88
Frage- bzw. Ausrufepronomen	89
Üben und Anwenden	91
Indefinitpronomen	93
Relativpronomen	97
Üben und Anwenden	100
Verben	103
Verbsorten (Vollverben, Hilfsverben, Modalverben)	103
Verbformen	104
Modus	105
Regelmäßige und unregelmäßige Verben	105
Zeiten des Indikativs	106
Überblick	106
Das Präsens	107
Regelmäßige Verben	107
Gruppenverben mit Vokaländerung o ▸ ue, e ▸ ie, e ▸ i	108
Änderungen in der Schreibweise des Präsens	109
Gruppenverben mit erweitertem Stamm	109
Gruppenverben mit Betonungsverschiebung	110
Gruppenverben mit unregelmäßiger erster Person im Singular	110
Sehr unregelmäßige Verben	111
Verben mit mehreren Unregelmäßigkeiten	112
Gebrauch des Präsens	112
Üben und Anwenden	113
Die Vergangenheit	118
Perfekt	119
Imperfekt	121
Üben und Anwenden	123

Inhalt

Das *Indefinido* — 126
   Regelmäßige Formen — 126
   Unregelmäßige Gruppen — 127
   Unregelmäßige Verben — 128
   Änderungen in der Schreibweise im *Indefinido* — 128
   Gebrauch des *Indefinido* — 129
   Indefinido und andere Zeiten — 130
   Bedeutungsnuancen bei einigen Verben — 131

Das Plusquamperfekt — 132
Üben und Anwenden — 133

Die Zukunft — 138
   Futur I — 138
   Futur II — 141

Der Konditional — 142
   Konditional I — 142
   Konditional II — 144
   Üben und Anwenden — 146

Der Imperativ — 150
   Bejahter Imperativ — 150
   Verneinter Imperativ — 153
   Gebrauch des Imperativs — 154
   Viele Möglichkeiten, Aufforderungen auszudrücken — 154
   Üben und Anwenden — 155

Der *Subjuntivo* — 158
   Überblick — 158

Präsens — 159
   Regelmäßige Formen — 159
   Gruppenverben mit Veränderung in den betonten Formen — 159
   Weitere Gruppenverben — 160
   Unregelmäßige Formen — 160
   Änderungen der Schreibweise — 161
   Gebrauch — 161
Üben und Anwenden — 166

Subjuntivo **Perfekt** — 171
Subjuntivo **Imperfekt** — 172
Subjuntivo **Plusquamperfekt** — 175
Zeitenfolge in Haupt- und Nebensatz beim *Subjuntivo* — 176
Üben und Anwenden — 177

Inhalt

Nicht konjugierte Formen des Verbs	182
Überblick	182
Der Infinitiv	182
Gebrauch	183
Infinitivkonstruktionen anstelle von Nebensätzen	185
Das Partizip	186
Partizip Präsens	186
Partizip Perfekt	187
Das Gerundium	189
Konstruktionen mit Gerundium anstelle von Nebensätzen	190
Verbalperiphrasen	191
Verbalperiphrasen mit Infinitiv	191
Verbalperiphrasen mit Partizip Perfekt	194
Verbalperiphrasen mit Gerundium	195
Üben und Anwenden	196
Besondere Verben	202
Gebrauch von *ser*	202
Gebrauch von *estar*	204
Zusammenfassende Gegenüberstellung von *ser* und *estar*	207
Bedeutungsunterschied mancher Adjektive mit *ser* oder *estar*	208
Hay und *estar*	210
Üben und Anwenden	211
Verben mit Dativ	215
Reflexive Verben	216
Übersetzung deutscher Modalverben	218
Werden	220
Üben und Anwenden	222
Die Verneinung	227
Üben und Anwenden	229
Satzarten	230
Einfacher Satz	230
Aussagesatz	230
Fragesatz	231
Haupt- und Nebensätze	232
Bedingungssatz	232
Üben und Anwenden	234

Inhalt

Die Indirekte Rede	235
Indirekte Rede mit Hauptsatz in der „Gegenwart"	236
Indirekte Rede mit Hauptsatz in der „Vergangenheit"	236
Üben und Anwenden	238
Das Passiv	240
Vorgangspassiv	240
Zustandspassiv	240
Unpersönliche Sätze	241
Passiversatz	241
Üben und Anwenden	242
Präpositionen	244
Präposition *a*	244
Präposition *con*	246
Präposition *de*	246
Präposition *en*	248
Präposition *para*	249
Präposition *por*	249
Die zeitlichen Präpositionen *desde*, *hace* und *desde hace* oder: Die Übersetzung von *vor* und *seit*	250
Üben und Anwenden	251
Konjunktionen	253
Üben und Anwenden	256
Zahlen und Zeitangaben	257
Grundzahlen	257
Ordnungszahlen	259
Prozent- und Dezimalzahlen	260
Mengenangaben	260
Uhrzeit	261
Üben und Anwenden	262
Lösungen	263
Grammatikbegriffe in der Übersicht	276
Liste unregelmäßiger Verben	278
Index	286

Das Substantiv

1 La cartera, los cuadernos, el bolígrafo y los libros están en la mesa.

2 ¡Ahora Pedro tiene un problema!

3 ¡Las llaves y el dinero no están ahí!

Substantive bezeichnen Lebewesen, Gegenstände und abstrakte Dinge. Auch Namen gehören zu den Substantiven.

1. Die Tasche, die Hefte, der Kugelschreiber und die Bücher sind auf dem Tisch.
2. Nun hat Pedro ein Problem! 3. Die Schlüssel und das Geld sind nicht dort!

Das Geschlecht der Substantive

Im Spanischen sind Substantive entweder maskulin oder feminin. Substantive im Neutrum gibt es nicht. Das Geschlecht eines deutschen Substantivs stimmt nicht immer mit dem spanischen überein. Lernen Sie deshalb Substantive immer mit ihrem Artikel!

| el hotel | *das Hotel* | la oficina | *das Büro* |
| el sol | *die Sonne* | la luna | *der Mond* |

Häufig gibt aber die Endung bereits Auskunft, ob ein Substantiv feminin oder maskulin ist.

Maskulin sind:

! Wörter griechischen Ursprungs auf **-ma** sind maskulin: **el idioma**, **el programa**, **el tema** usw.

el chic**o**	el hij**o**	in der Regel Substantive, die auf **-o** enden.
el libr**o**	el dormitori**o**	
el coch**e**	el avi**ón**	einige Substantive, die auf **-e** oder auf Konsonant enden.
el viaj**e**	el hotel	
el dí**a**	el map**a**	einige Substantive, die auf **-a** enden. Zu ihnen zählen alle internationalen Wörter auf **-ma**.
el tranví**a**	el sof**á**	
el problem**a**	el clim**a**	
el Danubio	el Amazonas	Flüsse und Meere.
el Caribe	el Mediterráneo	
el amarillo	el verde	Farben und Zahlen.
el lila	el ocho	

Substantiv

Geschlecht der Substantive

Feminin sind:

la chic**a**	la cam**a**	in der Regel Substantive, die auf **-a** enden.
la mes**a**	la play**a**	
la noch**e**	la part**e**	einige Substantive, die auf **-e** oder auf Konsonant enden.
la llav**e**	la catedra**l**	
la habita**ción**	la ra**ción**	Alle Substantive, die auf **-ción**, **-sión**, **-dad** und **-tad** enden sowie die meisten auf **-ud**.
la deci**sión**	la liber**tad**	
la e**dad**	la ciu**dad**	
la juven**ud**	la sal**ud**	
la man**o**	la radi**o**	einige Substantive, die auf **-o** enden.
la fot**o**	la mot**o**	

¿Es una **b** o una **p**?   Buchstaben.

Málaga es muy turística.
Yo me voy a la **India** y al Japón.
Fuerteventura es muy bonita.

Länder, Städte und Inseln auf **-a**, die anderen (z. B. auf Konsonant) sind meist maskulin.

Como **el á**guila blanca es rara, **las á**guilas blancas están protegidas.
Las hadas siempre ayudan en los cuentos, y así, **el ha**da buena salva muchas veces a la princesa.

Einige Substantive, die mit betontem **-a** oder **-ha** beginnen, nehmen wegen der sonst undeutlichen Aussprache im Singular den maskulinen Artikel. Im Plural haben sie aber den femininen Artikel **las**.

> **!** **La foto(grafía)** und **la moto(cicleta)** sind nur anscheinend Ausnahmen.

el águila – *der Adler*
el hada – *die Fee*

1. Gleich lautende bzw. ähnliche Substantive mit unterschiedlichem Geschlecht

¡Hay mucho **capital** en la **capital**!

Es gibt viel Kapital in der Hauptstadt!

Es gibt einige wenige gleich lautende Substantive mit verschiedener Bedeutung, je nachdem, ob sie maskulin oder feminin sind.

maskulin		**feminin**	
el capital	*das Kapital*	**la** capital	*die Hauptstadt*
el policía	*der Polizist*	**la** policía	*die Polizei*
el cura	*der Pfarrer*	**la** cura	*die Kur*
el guía	*der Reiseleiter*	**la** guía	*die Reiseleiterin, der Reiseführer*

> Einige Substantive haben in manchen Regionen Spaniens und Lateinamerikas ein unterschiedliches Geschlecht. Beispiele sind:
>
> | Spanien | LA |
> |---|---|
> | la radio | el radio |
> | la sartén | el sartén |

11

Substantiv

Geschlecht der Substantive

Es gibt einige wenige Wörter, die sehr ähnlich sind, sich jedoch in Geschlecht und Endung unterscheiden.

> **Achtung!** Verwechslungen dieser ähnlich lautenden Substantive können zu ungewollt lustigen bzw. peinlichen Aussagen führen!

maskulin		feminin	
el puerto	*der Hafen*	**la** puerta	*die Tür*
el banco	*die Bank*	**la** banca	*der Schemel, das Bankwesen*
el bolso	*die Handtasche*	**la** bolsa	*die Tüte, die Einkaufstasche, die Börse*
el grupo	*die Gruppe*	**la** grupa	*der Pferdehintern*
los medios	*die Medien*	**las** medias	*die Strümpfe*

2. Das Geschlecht bei Personen- und Berufsbezeichnungen

> Mi tío es enfermero y mi tía es secretaria.

Mein Onkel ist Krankenpfleger und meine Tante ist Sekretärin.

Bei Substantiven, die Personen oder Berufe bezeichnen, entspricht das natürliche Geschlecht dem grammatischen Geschlecht.

> **!** Wenige Wörter sind ungeachtet des natürlichen Geschlechts immer feminin: **la persona, la víctima** *(das Opfer)*.

maskulin	feminin	
el niñ**o**	la niñ**a**	Substantive, deren maskuline Formen auf **-o** enden, bilden die femininen Formen auf **-a**.
el hij**o**	la hij**a**	
el camarer**o**	la camarer**a**	
el señ**or**	la señ**ora**	Endet die maskuline Personen- oder Berufsbezeichnung auf **-or**, endet die feminine Form auf **-ora**.
el profes**or**	la profes**ora**	
el trabajad**or**	la trabajad**ora**	
el jef**e**	la jef**a**	Maskuline Personen- oder Berufsbezeichnungen auf **-e** haben meist die feminine Form auf **-a**.
el dependient**e**	la dependient**a**	
el president**e**	la president**a**	
el **padre**	la **madre**	Einige Substantive haben verschiedene Bezeichnungen für männliche und weibliche Personen oder Berufe.
el **hombre**	la **mujer**	
el **rey**	la **reina**	
el **príncipe**	la **princesa**	
el **actor**	la **actriz**	

3. Eine Form für beide Geschlechter

> La joven es estudiante y el joven es periodista.

Die junge Frau ist Studentin und der junge Mann ist Journalist.

Einige Substantive haben eine einzige Form für beide Geschlechter.

maskulin	feminin	Zu dieser Gruppe gehören:
el estudia**nte** el oye**nte**	la estudia**nte** la oye**nte**	einige Substantive auf **-nte**,
el tur**ista**	la tur**ista**	Substantive auf **-ista**,
el coleg**a** el guí**a**	la coleg**a** la guí**a**	Substantive auf **-a**
el **joven** el **modelo**	la **joven** la **modelo**	sowie einzelne Substantive, die keiner Gruppe angehören.

4. Das Geschlecht bei Tieren

maskulin	feminin		
el mosquito el lince el escorpión el sapo el pez	la mosca la liebre la araña la rana la serpiente	Oftmals bezeichnet nur eine Form sowohl männliche wie auch weibliche Tiere. Sie kann maskulin oder feminin sein.	la mosca – *die Fliege* la liebre – *der Hase* la araña – *die Spinne* el sapo – *die Kröte* la rana – *der Frosch* el lince – *der Luchs*
el lince macho la rana macho	el lince hembra la rana hembra	Will man den Unterschied ausdrücken, fügt man **macho** bzw. **hembra** hinzu.	
el perro el gato el león el elefante	la perr**a** la gat**a** la leon**a** la elefant**a**	Für einige Tierarten gibt es eine feminine Form auf **-a**. Die maskuline Form ist dann geschlechtsneutral oder bezeichnet das männliche Tier.	
el **toro** el **gallo** el **caballo** el **carnero**	la **vaca** la **gallina** la **yegua** la **oveja**	Bei einigen Nutztieren gibt es verschiedene Bezeichnungen für männliche und weibliche Tiere.	

Substantiv

Plural der Substantive

5. Das Geschlecht bei Pflanzen

> ! Bäume auf **-a** sind feminin: **la higuera** *(der Feigenbaum)*, **la haya** *(die Buche)*.

> ! Aber: **el plátano**, **el limón**, **el kiwi** sind maskulin.

el pino	el nogal	Die meisten Baum- und Strauchbezeichnungen sind maskulin.
el naranjo	el peral	
el olivo	el romero	
la naranja	la pera	Fast alle Obstsorten sind feminin.
la piña	la grosella	
la mandarina	la fresa	
el tulipán	la rosa	Blumen sind maskulin oder feminin.
el jazmín	la margarita	

Der Plural der Substantive

> En las ciudad**es** hay muchos edifici**os** y muchas cas**as**.

In den Städten gibt es viele Gebäude und viele Häuser.

Pluralbildung

Singular	Plural	
el chic**o**	los chicos	Endet das Substantiv im Singular auf einem Vokal, so hängt man im Plural ein **-s** an.
el dí**a**	los días	
la llav**e**	las llaves	
el hote**l**	los hoteles	Endet das Substantiv im Singular auf einem Konsonanten oder auf betontem **-í**, so hängt man im Plural **-es** an.
el seño**r**	los señores	
el esqu**í**	los esquíes	
la ciuda**d**	las ciudades	
la muje**r**	las mujeres	
el pe**z**	los peces	Endet das Substantiv im Singular auf **-z**, wird dieser Buchstabe im Plural durch **-ces** ersetzt.
el lápi**z**	los lápices	
la lu**z**	las luces	
otra ve**z**	otras veces	
el avi**ón**	los aviones	Substantive, die im Singular auf einem Konsonanten enden und auf der letzten Silbe einen Akzent haben, verlieren ihn im Plural.
el alem**án**	los alemanes	
la habitaci**ón**	las habitaciones	
el autob**ús**	los autobuses	
el exame**n**	los exámenes	Substantive, die im Singular auf **-n** enden und auf der vorletzten Silbe betont werden, bekommen im Plural einen Akzent auf der drittletzten Silbe.
el jove**n**	los jóvenes	

Substantiv

Plural der Substantive

el lune**s**	los lune**s**	Zweisilbige Substantive, die im Singular auf **-s** nach unbetontem Vokal enden, bleiben im Plural unverändert.	
la crisi**s**	las crisi**s**		
la gente	—	Es gibt Substantive, die praktisch nur im Singular bzw. Plural verwendet werden.	
—	**las vacaciones**		
—	**las tijeras**		
—	**las gafas**		
—	**las afueras**		

! Die Wochentage ändern im Plural ihre Bedeutung: **el viernes** *(der Freitag/am Freitag)*, **los viernes** *(freitags)*.

Diese Substantive muss man gesondert lernen, da sie sich nicht vom Deutschen ableiten lassen.

Besonderheiten im Plural bei Personen- oder Berufsbezeichnungen

1 ¿Tienen ustedes hijos, señores Roca?

2 Sí, tenemos un hijo y una hija.

1. Haben Sie Kinder, Herr und Frau Roca? 2. Ja, wir haben einen Sohn und eine Tochter.

Maskuline Personen- oder Berufsbezeichnungen, die im Plural gebraucht werden, bezeichnen, je nach Kontext, entweder mehrere männliche Personen oder die Gesamtheit der jeweiligen männlichen und weiblichen Personen.

mask. Singular	fem. Singular	mask. Plural
el señor *der Herr*	la señora *die Frau*	los señores *die Herrschaften/Eheleute/Herr und Frau*
el hijo *der Sohn*	la hija *die Tochter*	los hijos *die Söhne/die Kinder*
el padre *der Vater*	la madre *die Mutter*	los padres *die Väter/die Eltern*
el abuelo *der Großvater*	la abuela *die Großmutter*	los abuelos *die Großväter/ die Großeltern*
el hermano *der Bruder*	la hermana *die Schwester*	los hermanos *die Brüder/ die Geschwister*

Wenn man die ganze Familie oder ein Ehepaar meint, nimmt man einfach den Artikel im Plural zum Familiennamen hinzu, z. B. **los Roca**. Anders als im Deutschen wird kein **-s** angehängt.

Substantiv

Substantiv im Satzgefüge

el profesor	la profesora	los profesores
der Lehrer	*die Lehrerin*	*die Lehrer / die Lehrer und Lehrerinnen*
el rey	la reina	los reyes
der König	*die Königin*	*die Könige / der König und die Königin*

Das Substantiv im Satzgefüge

1 ¿Ves el coche nuevo de la profesora?

2 ¡Sí! La profesora siempre compra coches deportivos, ¿verdad?

1. Siehst du das neue Auto der Lehrerin? 2. Ja! Die Lehrerin kauft immer Sportwagen, stimmt's?

Anders als im Deutschen (z. B. *der Onkel, des Onkels, den Onkeln*) gibt es im Spanischen keine speziellen Kasusendungen.

Im Spanischen bleibt das Substantiv, unabhängig von seiner Rolle im Satzgefüge, unverändert.

Wer?	**El tío** tiene un coche.
Was?	**El coche** es grande.

Der Nominativ ist das Subjekt des Satzes.

Wessen?	El coche **del tío** es grande.
	El techo **del coche** es rojo.

Der Genitiv wird durch die Präposition **de** (+ Artikel) + Substantiv ausgedrückt.

▶ **Verben mit Dativ**, S. 215

Wem?	Dale una foto **al tío**.
	Al tío le gusta.

Der Dativ steht immer mit der Präposition **a**. Er wird beim indirekten Objekt des Verbs sowie bei bestimmten Verben verwendet.

▶ **Präposition *a***, S. 244

Wen?	¿Ves **al tío**?
Was?	¿Ves **el coche**?

Der Akkusativ ist das direkte Objekt des Verbs und steht in der Regel ohne Präposition. Bei Personen, personifizierten Begriffen (z. B. **la orquesta**) oder genauer definierten Tieren (z. B. **mi perro**) wird er mit der Präposition **a** eingeleitet.

Üben und Anwenden

Substantiv

1. Welcher Artikel gehört zu welchem Substantiv? Ordnen Sie die angegebenen Substantive der entsprechenden Spalte zu. *

hoteles	mano	luna	avión
~~libro~~	problemas	sofás	decisiones
oficina	noches	habitaciones	libertad
Danubio	catedral	coches	llaves
ciudades	ocho	agua	mujer
sistema	camareros	farmacias	mapas

> Eine häufige Fehlerquelle ist, dass das Geschlecht eines deutschen Substantivs nicht immer mit dem des spanischen übereinstimmt. Lernen Sie deshalb Substantive mit ihrem Artikel!

el	la	los	las
libro	_____	_____	_____
_____	_____	_____	_____
_____	_____	_____	_____
_____	_____	_____	_____
_____	_____	_____	_____
_____	_____	_____	_____

2. Wie lautet der Plural dieser Substantive? *

a) el vecino
b) la joven
c) el programa
d) el ordenador
e) la discusión
f) el domingo
g) la llave
h) el análisis

el vecino – *der Nachbar*
el ordenador – *der Computer*

a) los vecinos
b) _____
c) _____
d) _____
e) _____
f) _____
g) _____
h) _____

3. Übersetzen Sie bitte. *

a) die Mutter – der Vater – die Eltern

  la madre - _____

b) der Sohn – die Tochter – die Kinder

  _____

Üben und Anwenden

Substantiv

c) die Schwester – der Bruder – die Geschwister
_____

d) Herr Roca – Frau Roca – Ehepaar Roca
_____

e) die Großmutter – der Großvater – die Großeltern
_____

f) der Mann – die Frau – das Kind
_____

4. Wie heißt die weibliche Person bzw. das weibliche Tier? *

a) el hombre – *la mujer*   f) el dependiente – _____
b) el actor – _____   g) el príncipe – _____
c) el cantante – _____   h) el modelo – _____
d) el gato – _____   i) el toro – _____
e) el caballo – _____   j) el gallo – _____

5. Markieren Sie den richtigen Artikel. **

a) (El)/La colega se llama Jordi Puig.

b) ¡Qué playa tan fantástica! Y por suerte, hasta aquí no han llegado los/las turistas.

al agua del grifo – das Leitungswasser

c) Claro que puedes tomar el/la agua del grifo, no pasa nada.

d) ¡Huy! ¡No encuentro los/las llaves de casa!

e) ¡Qué bien! Yo lavando los platos y tú sentado cómodamente en el/la sofá! ¿Por qué no me ayudas un poco?

f) El/La edad de Lulú es ideal. Tiene mucha libertad, pero todavía no tiene responsabilidades.

g) Claro que no ignoramos los/las problemas, pero no perdemos el optimismo.

Üben und Anwenden
Substantiv

6. Welcher der Ausdrücke rechts passt hier? Übersetzen Sie. **

a) • ¿Crees que podemos empezar nuevos negocios?
   ○ No, la empresa no tiene _el capital_ suficiente en este momento.

b) • ¡Aquí hay algo raro! ¡La caja fuerte está abierta!
   ○ ¡Huy! Mejor llamamos a _____.

c) • Cristina es una chica muy inteligente.
   ○ Sí, es la mejor de _____.

d) • ¿Has oído la noticia? ¡El equipo alemán no sigue en el campeonato de fútbol!
   ○ Claro, la noticia está ya en todos _____.

e) • ¿Cómo sabes que hay un museo en este barrio?
   ○ Lo dice en _____. Mira, aquí en la página 91.

f) • Asunción es una ciudad grande, ¿verdad?
   ○ Claro, es _____ de Paraguay y tiene más de 450 mil habitantes.

g) • ¿Tienes hambre?
   ○ Sí. ¿Dónde has puesto _____ de patatas fritas?

h) • ¿De quién son _____ azules?
   ○ De Paco. Son parte de su uniforme de deporte.

el capital / la capital

el policía / la policía

el grupo / la grupa

los medios / las medias

el guía / la guía

el bolso / la bolsa

7. Welche Sätze gehören zusammen? Verbinden Sie die Sätze. **

a) Esto es fácil, chicos,   1) Se llama Antonio.

b) Marcos practica todos los días;   2) sino las personas.

c) Lo más importante no son las cosas,   → 3) ¿dónde está el problema?

d) ¿Ya conoces al nuevo cura?   4) A ver, dame la mano izquierda.

e) ¿Te digo tu suerte?   5) quiere ser tenista profesional.

19

Begleiter des Substantivs

1 Aay, ¡necesito **un** dentista!

2 ¿**Qué** dentistas conoces?

3 Pues **mi** dentista es muy bueno. Pero hay **varios** dentistas buenos en **el** centro.

Begleiter sind Wörter, die nur zusammen mit Substantiven vorkommen. Davon zu unterscheiden sind die Pronomen, die ein Substantiv ersetzen können.

1. Auweh, ich brauche einen Zahnarzt! 2. Welche Zahnärzte kennst du?
3. Nun, mein Zahnarzt ist sehr gut. Aber es gibt mehrere gute Zahnärzte im Zentrum.

▶ **Pronomen**, S. 72

Substantive treten meist zusammen mit Wörtern auf, die sie näher bestimmen, den so genannten Begleitern. In der Regel stehen sie vor dem Substantiv und stimmen mit ihm in Geschlecht und Zahl überein.
Es gibt neben den Artikeln noch weitere Begleiter, die ein Substantiv genauer bezeichnen können.

bestimmter Artikel	• ¿Por qué no has comido **el** pan? ○ Me duele mucho **la** muela.
unbestimmter Artikel	• ¿Me recomiendas un dentista? ○ Sí, aquí cerca hay **una** dentista muy buena.
Possessivbegleiter	• **Mi** dentista está de vacaciones.
Demonstrativbegleiter	○ Me duele **esta** muela. Mire, doctora, he tomado este analgésico.
Frage- bzw. Ausrufbegleiter	• ¿**Qué** clase de analgésico es? ¿**Cuánto** tiempo lleva usted con este dolor?
Indefinitbegleiter	○ Me duelen **todas las** muelas. Quiero **otro** medicamento.

Bestimmter und unbestimmter Artikel

> 1 ¿Dónde hay **un** banco?

> 2 **El** Banco de Comercio está en la esquina.

1. Wo gibt es eine Bank? 2. Die Kommerzbank ist an der Ecke.

Es gibt bestimmte und unbestimmte Artikel im Spanischen. Sie stehen jeweils vor einem Substantiv und richten sich in Geschlecht und Zahl nach diesem. Da spanische Substantive nicht im Neutrum vorkommen, gibt es nur maskuline und feminine Artikel.

> Wie im Deutschen bezeichnet der bestimmte Artikel etwas Bestimmtes oder Bekanntes und der unbestimmte Artikel bezeichnet etwas Allgemeines oder Neues.

1. Der bestimmte Artikel

Formen

	maskulin	feminin
Singular	**el** coche	**la** casa
Plural	**los** coches	**las** casas

El verschmilzt mit den Präpositionen **de** und **a** wie folgt:

| de + el ▶ del | Voy **del** trabajo directamente |
| a + el ▶ al | **al** curso de español. |

> ! Einige feminine Substantive nehmen wegen der sonst undeutlichen Aussprache im Singular den maskulinen Artikel: **el agua**.
>
> ▶ **Substantive**, S. 10

Gebrauch

El coche azul es de **la** chica alemana.
Voy en **el** autobús de las 8 **al** trabajo.

■ Der bestimmte Artikel wird verwendet bei Personen oder Sachen, die schon bekannt sind oder bereits genannt wurden.

¿Dónde está **el** museo de arte? El presidente va a abrir **la** sesión.

■ – bei Personen oder Sachen, von denen es nur ein Individuum bzw. ein Exemplar gibt.

● Perdón, ¿está **la** señora Martínez?
○ No, **la** doctora Martínez ya no trabaja en esta oficina. Creo que ahora trabaja con **la** madre de su novio.

■ – wenn man über Personen spricht oder diese vorstellt und dabei **señor**, **señora**, **señorita**, den Titel oder die Verwandtschaftsbezeichnung gebraucht.

> ! Vor **Correos** *(die Post)* steht kein Artikel.

> Anders als im Deutschen können Vornamen mit Artikel abwertend verstanden werden.

Begleiter des Substantivs

Bestimmter und unbestimmter Artikel

Los (señores) García son mis amigos.

- im Plural mit einem Nachnamen, mit oder ohne Titel, um ein Ehepaar bzw. eine Familie zu bezeichnen.

Las llamas son animales andinos. **La** llama es muy inteligente.
Me gusta mucho **la** música andina. También me encanta **el** tango.

> ▶ Verben mit Dativ
> S. 215

- bei allgemeinen Aussagen über eine Gattung, Sorte oder Art. Dies ist der Fall nach Verben wie **gustar**, **interesar** und **encantar**.

El amarillo me gusta mucho.

- bei Farben.

El inglés es una lengua muy útil.

- wenn man etwas über eine Sprache aussagt.

El desempleo es un problema serio.

- wenn man über ein abstraktes Thema spricht.

> Einige Länder, die im Deutschen den bestimmten Artikel haben, brauchen ihn im Spanischen nicht, z. B. **Turquía**, **Suiza**.

El Mississipi es un río importante de **los** Estados Unidos.
(**El**) Perú, (**el**) Ecuador, (**el**) Paraguay, (**la**) Argentina y (**el**) Brasil son países latinoamericanos.

- bei Namen von Flüssen, Seen, Gebirgen usw. und bei einigen Ländernamen, jedoch ist er bei den meisten nicht obligatorisch.

> Unterscheiden Sie:
> **el lunes** – *am Montag*
> und **los lunes** – *montags*.

Empiezo a trabajar a **las nueve** de **la mañana**.
Ich fange um neun Uhr morgens an zu arbeiten.
A veces salgo **por la noche** y no vuelvo **hasta la madrugada**.
Manchmal gehe ich nachts aus und komme nicht vor dem Morgengrauen zurück.

- vor Uhr- und Tageszeiten.

> la semana que viene –
> *kommende Woche*
> el mes próximo –
> *im nächsten Monat*
> el último verano –
> *im letzten Sommer*
> el año pasado –
> *im letzten Jahr*

Este trabajo es para **la semana que viene**.
Tengo que entregarlo **el lunes**, pero **los lunes** no voy a la oficina.
El mes próximo voy al pueblo donde estuve **el último verano**.
Allí visité a unos amigos **el año pasado**.

- bei einer Reihe von Zeitbestimmungen. Insbesondere wird der Artikel vor Zeitausdrücken verwendet, wenn ein Wort folgt, das sie näher bestimmt, z. B. **pasado**, **próximo**, **que viene**, **último** usw.

Begleiter des Substantivs

Bestimmter und unbestimmer Artikel

Mi hija Claudia tiene **el** pelo castaño y **los** ojos negros.

– häufig bei **tener** in Verbindung mit körperlichen Merkmalen.

Me duele **la** cabeza. Me voy a poner **el** pijama.

– bei Körperteilen oder Kleidungsstücken anstelle des Possessivpronomens.

Julián es **el del** Instituto, sabes, **el de** la novia colombiana.

– mit der Präposition **de** + Artikel + Substantiv, um jemanden zu identifizieren.

Tiene que torcer primero a **la** derecha y después a **la** izquierda.
• ¡Qué rico! Hoy hay pollo **al** ajillo y patatas a **la** francesa.

– in einigen festen Ausdrücken.

• Tu hermana estudia **todo el** tiempo, ¿verdad?
○ Pobre, es que su profesor hace exámenes **todos los** días.
• Pero **toda la** clase es igual, **todas las** chicas estudian así.

– meistens nach den Indefinitbegleitern **todo**, **toda**, **todos** und **todas**.

▶ **Indefinitbegleiter**, S. 37

Pablo toca **la** guitarra y juega **al** tenis.

– bei **tocar** + Instrument oder **jugar** + Spiel.

In LA häufig ohne Artikel:

Pablo **toca guitarra y juega tenis.**

Der bestimmte Artikel steht nicht:

¿Vas **en autobús** al trabajo?

– bei nicht näher bestimmten Verkehrsmitteln.

• Buenos días, **señorita** López.
○ Hola, **Doctor** Pereda. ¿Cómo está?
• **Tío** Pepe, ¡qué gusto!

– vor **señor**, **señora**, **señorita**, den Titeln oder den Verwandtschaftsbezeichnungen in der direkten Anrede.

Doña Lola es mi tía.

– vor der Respektsform **don**, **doña**.

Mit bestimmtem Artikel wird **don**, **doña** abwertend oder ironisch gebraucht, auch ohne Namen: **Ya llegó la doña.**

Velázquez vivió en la época **de Felipe IV (Cuarto)**.

– bei Herrschernamen.

▶ **Ordnungszahlen**, S. 259

Begleiter des Substantivs

Bestimmter und unbestimmter Artikel

No **hablo inglés** ni **sé alemán**, pero hay libros **en español**. Creo que voy a **estudiar alemán** o a tomar un curso **de inglés**.

– in der Regel vor Sprachen nach den Verben **hablar**, **saber**, **estudiar**, **aprender** sowie nach den Präpositionen **en** oder **de**.

Hoy **es martes**.

– bei Wochentagen nach dem Verb **ser**.

En enero voy a Chile. Es que quiero ir en **(la) primavera**.

– vor Monatsnamen. Vor Jahreszeiten ist er nicht obligatorisch.

• Si estás **en casa**, mejor quédate **en cama**.

– bei einigen festen Ausdrücken.

Der Gebrauch von *lo*

Die neutrale Form **lo** wird nur im Singular gebraucht. Sie steht nie vor Substantiven.

• **Lo** fácil del español es la pronunciación.
◦ Sí, en francés no es **lo** mismo.

Lo wird verwendet, um andere Wortarten zu substantivieren.

Me sorprende **lo** inteligente que eres y **lo** bien que sabes cantar.

– um bei Adjektiven oder Adverbien den Grad auszudrücken. **Lo** wird dann durch *wie* übersetzt.

a lo mejor – *vielleicht*
por lo pronto – *vorläufig*

A **lo** mejor no le decimos nada a Juan por **lo** pronto.

– in bestimmten festen Ausdrücken.

Por favor, envíenos los datos **lo** más rápidamente posible.

– in der Konstruktion **lo más / menos** + Adverb + **posible** und bedeutet *so* + (Adverb) *wie möglich*.

• No me gusta **lo del** viaje con mis padres. Es que **lo de** visitar museos con ellos es súper aburrido. Y tú, ¿adónde vas?
◦ Nada, **lo de** siempre, al lago con mis abuelos.

▶ **Indefinitpronomen**, S. 93

– mit **de** + Substantiv, Infinitiv oder Adverb und bezeichnet Sachverhalte, Themen oder Situationen, die als bekannt gelten.

• Deme **lo que** tiene y dígame **todo lo que** sabe.
◦ ¡Cómo! Pero, ¡**lo que** pide es increíble!

– in Verbindung mit **que** + Verb und wird mit *(das,) was* übersetzt.

Begleiter des Substantivs
Bestimmter und unbestimmer Artikel

2. Der unbestimmte Artikel

Formen

	maskulin	feminin
Singular	**un** coche	**una** casa
Plural	**unos** coches	**unas** casas

> **!** Feminine Substantive mit betontem **a-** oder **ha-**: vgl. bestimmter Artikel, z. B. **un águila** *(ein Adler)*, **un hada** *(eine Fee)*.

Gebrauch

Quiero comprar **un** coche pequeño para ir a mi pueblo. En mi pueblo hay **un** bar nuevo que se llama "Paco".

■ Der unbestimmte Artikel wird im **Singular** verwendet, wenn man über eine unbestimmte Person oder Sache spricht oder wenn man in ein Thema einführt.

En Murcia viven **unos** buenos amigos míos.

■ Der unbestimmte Artikel wird im **Plural** verwendet, wenn man eine unbestimmte Menge von Sachen oder Personen benennt. **Unos** bzw. **unas** wird mit *einige* oder *ein paar* übersetzt.

La ciudad de México tiene **unos** 20 millones de habitantes.
Necesitamos **unos** cien gramos de queso.

■ – wenn man eine nicht genau definierte Zahlen- oder Mengenangabe macht. Dann bedeutet **unos** bzw. **unas** *ungefähr* oder *etwa*.

Der unbestimmte Artikel steht nicht:

Queremos comprar **coches** pequeños.

■ – wenn man über mehrere unbestimmte Personen oder Sachen spricht.

• ¿Tienes **coche**?
○ No, no necesito **coche**.

■ – wenn man im Allgemeinen über etwas spricht. Im Deutschen übersetzt man hier häufig mit *überhaupt* (ein Auto, z. B.).

> Beschreibt man das Objekt näher, braucht man den Artikel:
> **Tengo un coche azul.**
> **Necesito un coche grande.**

Camarero, ¡**otra** botella de **medio** litro, por favor!

■ – vor **otro** und meistens vor **medio**.

¡**Qué** suerte! ¿**Qué** tren has tomado para llegar tan pronto?

■ – bei Ausrufen oder Fragen mit **qué** + Substantiv.

> **!** **un medio litro**, **una media botella** sind ungefähre Mengenangaben, s. o.
> Hier bedeutet **un/a** *etwa* bzw. *ungefähr*.

Üben und Anwenden

Bestimmter und unbestimmter Artikel

1. Setzen Sie den bestimmten Artikel ein, wo er notwendig ist. *

a) • Perdonen, ¿son ustedes __los__ señores Restrepo?

   ○ No, _____ señor, _____ señores Restrepo viven enfrente.

b) • Hola, _____ ingeniero Álvarez, ¿qué tal?

   ○ Muy bien, gracias, _____ señora García, ¿y usted?

c) • _____ profesor es _____ señor Jiménez.

   ○ ¿_____ señor Jiménez? Pues no lo conozco.

d) • Oiga, _____ don Pablo, ¡teléfono! Es _____ señora Muñoz.

   ○ Gracias, _____ señorita Lozano.

e) • Soy amigo de _____ doctor Olivares.

   ○ ¡Ah, sí! Dicen que _____ doctor Olivares es un especialista famoso.

2. Übersetzen Sie bitte folgende Aussagen im Restaurant. *

a) Bitte noch ein Bier!

   Por favor, ¡otra cerveza!

*die Toilette –
los servicios*

b) Entschuldigung, wo ist die Toilette?

   _____

c) Das Beste ist die Paella.

   _____

d) Paella mag ich sehr.

   _____

*mit Kohlensäure –
con gas*

e) Haben Sie Mineralwasser mit Kohlensäure?

   _____

f) Und bitte noch einen halben Liter Rotwein.

   _____

g) Die Rechnung, bitte!

   _____

Üben und Anwenden

Bestimmter und unbestimmter Artikel

3. Markieren Sie die richtige Lösung. **

a) Perdón, ¿hay el (un) — banco por aquí?

b) En los   El   Los jueves tenemos siempre clase de español.

c) Camarero, ¿nos trae por favor — una las otra botella de Rioja?

d) ¿Has ido en el — del tren a Zamora?

e) Lo   El   — francés me gusta mucho, es muy musical.

f) Si quieres, conduzco yo. Para mí es el la lo mismo.

g) Juan toca muy bien la el de la guitarra.

4. Im Büro sind diese Aussagen zu hören. Wie lauten die Entsprechungen der deutschen Wörter in Klammern auf Spanisch? **

a) Lo siento, *(Herr Lozada)* __el señor Lozada__ no ha llegado todavía.

b) ¿Por qué no habéis propuesto _____ *(eine andere Lösung)*?

c) *(Was du sagas)* _____ es una noticia fantástica.

d) No sé dónde está _____ *(Frau Reyes)*.

e) No necesitas ponerte _____ *(deinen Mantel)*, no hace frío.

f) *(Am Donnerstag)* _____ voy a ver al cliente de Bilbao.

lo siento – *tut mir leid*
proponer – *vorschlagen*
la solución – *die Lösung*

ponerse – *anziehen (Kleidung)*
el abrigo – *der Mantel*
ir a ver – *besuchen*
el cliente – *der Kunde*

5. Entscheiden Sie, ob Sie hier einen Artikel brauchen, und setzen Sie ihn dann in die Lücken ein. **

a) __La__ señorita Luz es muy atractiva. Tiene __los__ ojos verdes y _____ pelo negro. Y tiene _____ trabajo muy interesante.

b) • ¿Ya ha llegado _____ profesor Gómez a _____ seminario?

○ No, llega en _____ tren _____ jueves a _____ diez de _____ mañana.

c) ¡Qué bien tocas _____ piano! ¿En _____ otoño das _____ concierto?

d) Vamos, Bertita, dile a _____ doctor todo _____ que te duele.

e) A mí _____ animales me encantan. Tengo _____ perro muy simpático.

f) ¡Qué rica ha estado _____ cena! ¿Pedimos _____ café?

Begleiter des Substantivs

Demonstrativbegleiter

Die Demonstrativbegleiter

1 ¿Ves ese autobús?

3 No, aquel autobús gris, el número 101.

2 ¿Este autobús rojo?

Mit den Demonstrativbegleitern kann man die Nähe bzw. Distanz zu etwas oder jemandem bestimmen.

1. Siehst du diesen Bus da? 2. Diesen roten Bus? 3. Nein, den grauen Bus mit der Nummer 101.

Man verwendet Demonstrativbegleiter, um auf Personen oder Sachen hinzuweisen. Normalerweise stehen sie vor dem Substantiv und stimmen mit ihm in Geschlecht und Zahl überein.

Im Spanischen gibt es drei Möglichkeiten, das räumliche, zeitliche oder geistige Verhältnis zu etwas oder jemandem auszudrücken.

▶ Adverbien, S. 53

este (de aquí)	Die Demonstrativbegleiter kommen oft mit den Adverbien **aquí** *(hier)*, **ahí** *(da)* und **allí** *(dort)* zusammen vor.
ese (de ahí)	
aquel (de allí)	

Beachten Sie, dass die maskulinen Formen nicht wie erwartet **esto** oder **eso** lauten. Diese sind Pronomen im Neutrum.

▶ Demonstrativpronomen, S. 87

Formen

	Maskulin		Feminin		Adverb
Singular	este	autobús	esta	casa	(de aquí)
	ese	autobús	esa	casa	(de ahí)
	aquel	autobús	aquella	casa	(de allí)
Plural	estos	autobuses	estas	casas	(de aquí)
	esos	autobuses	esas	casas	(de ahí)
	aquellos	autobuses	aquellas	casas	(de allí)

Begleiter des Substantivs

Demonstrativbegleiter

Gebrauch

¿Me explicas **este** ejemplo de aquí?

■ **Este**, **esta** und **estos**, **estas** werden verwendet, wenn man über Sachen oder Personen spricht, die sich direkt beim Sprecher bzw. der Sprecherin befinden.

Estos deberes de hoy están muy fáciles.
Esta tarde voy al dentista. **Este** año no he ido todavía.

■ **Este**, **esta** wird mit bzw. in Zeitangaben verwendet, die eng mit der Gegenwart verbunden sind.

• Con Luis hablé de política, aunque **este** tema no me interesa.
○ Yo no sé, ¡pero con **este** chico no se puede hablar de otra cosa!

■ **Este**, **esta** und **estos**, **estas** deuten auf eine Sache oder Person hin, die unmittelbar vorher erwähnt wurde oder die dem Sprecher bzw. der Sprecherin psychologisch sehr nahe steht (positiv oder negativ).

¿Me muestra **esos** zapatos de ahí, por favor?

■ **Ese**, **esa** und **esos**, **esas** werden verwendet, wenn man über Sachen oder Personen spricht, die in der Nähe des/der Angesprochenen sind.

¿Cómo se llamaba **esa** película del otro día?
Esa mañana decidí casarme y me dije: "**Ese** día seré más feliz."

■ **Ese**, **esa**, **esos** und **esas** werden mit bzw. in Zeitangaben verwendet, die nicht mit der Gegenwart verbunden sind.

No quiero contratar a Julián porque no sé quién es **esa** persona.

contratar – *einstellen*

■ Bezieht man sich mit **ese**, **esa** und **esos**, **esas** auf eine Sache oder Person, die man vorher erwähnt hat, drückt man damit eine Distanzierung und manchmal sogar eine abwertende Haltung aus.

El mío es **aquel** abrigo gris de allí, el de atrás.

el abrigo – *der Mantel*
atrás – *hinten*

■ **Aquel**, **aquella** und **aquellos**, **aquellas** nimmt man für alles, was sich weit weg vom Sprechenden bzw. Angesprochenen befindet.

En **aquellos** tiempos no había ordenadores.
En **aquel** entonces mandábamos las felicitaciones por correo.

■ Zeitangaben mit **aquel**, **aquella** und **aquellos**, **aquellas** weisen auf eine weit zurückliegende Vergangenheit hin.

Vergleichen Sie:
en ese entonces
(damals) mit
en aquel entonces
(zu jener Zeit)

Begleiter des Substantivs
Possessivbegleiter

Die Possessivbegleiter

> Possessivbegleiter zeigen den Besitz oder die Zugehörigkeit an.

1 Amigo **mío**, ¿cuál es **tu** número de móvil?

2 Quiero ponerlo en **mi** directorio.

1. Mein Freund, was ist deine Handynummer?
2. Ich möchte sie in mein Adressbuch aufnehmen.

Im Spanischen gibt es unbetonte Possessivbegleiter, die immer vor dem Substantiv stehen, und betonte Possessivbegleiter, die dahinter auftreten.

1. Unbetonte Possessivbegleiter

Formen

Besitzer \ Besitz	Singular		Plural	
yo	**mi**	coche / casa	**mis**	coches / casas
tú	**tu**	coche / casa	**tus**	coches / casas
él / ella / usted	**su**	coche / casa	**sus**	coches / casas
nosotros / nosotras	**nuestro** / **nuestra**	coche / casa	**nuestros** / **nuestras**	coches / casas
vosotros / vosotras	**vuestro** / **vuestra**	coche / casa	**vuestros** / **vuestras**	coches / casas
ellos / ellas / ustedes	**su**	coche / casa	**sus**	coches / casas

> Nur in der 1. und 2. Person Plural wird zwischen männlichem und weiblichem Besitz unterschieden. Das Geschlecht des Besitzers wird aber nie ausgedrückt.

Begleiter des Substantivs

Possessivbegleiter

Gebrauch

Estos son **mis** cuadernos y **mi** bolígrafo, y aquí están **vuestras** cosas.

Unbetonte Possessivbegleiter stehen immer vor dem Substantiv und stimmen mit ihm in der Zahl überein. Nur bei der 1. und 2. Person Plural *(unser/e/s, ihr/e/s)* wird auch das Geschlecht angepasst.

- ¿Son estas **sus** maletas?
- Son las maletas **de él/de Juan**, pero no las **de ella/de María**.

Su und **sus** haben viele Bedeutungsmöglichkeiten: Der Besitzer kann bei beiden **él**, **ella**, **usted**, **ellos**, **ellas** oder **ustedes** sein.
Su begleitet einen Besitz im Singular und wird daher mit *sein*, *ihr* oder *Ihr* übersetzt. **Sus** begleitet einen Besitz im Plural und bedeutet *seine*, *ihre* und *Ihre*.
Wenn nicht klar ist, wer gemeint ist, nimmt man statt **su** oder **sus** **de** + Substantiv bzw. **de** + Personalpronomen.

No me puedo poner **la** chaqueta porque todavía me duele **el** brazo.

Bei Kleidungsstücken und Körperteilen verwendet man anders als im Deutschen nicht den Possessivbegleiter, sondern den bestimmten Artikel.

2. Betonte Possessivbegleiter

Formen

Besitzer	Singular maskulin	Singular feminin	Plural maskulin	Plural feminin
yo	hijo **mío**	hija **mía**	hijos **míos**	hijas **mías**
tú	hijo **tuyo**	hija **tuya**	hijos **tuyos**	hijas **tuyas**
él / ella / usted	hijo **suyo**	hija **suya**	hijos **suyos**	hijas **suyas**
nosotros / nosotras	hijo **nuestro**	hija **nuestra**	hijos **nuestros**	hijas **nuestras**
vosotros / vosotras	hijo **vuestro**	hija **vuestra**	hijos **vuestros**	hijas **vuestras**
ellos / ellas / ustedes	hijo **suyo**	hija **suya**	hijos **suyos**	hijas **suyas**

▶ **Possessivpronomen**, S. 88

Begleiter des Substantivs

Frage- bzw. Ausrufbegleiter

Gebrauch

¡Hijos **míos**! ¡Qué alegría!
¿Esos son amigos **tuyos**? ¿De verdad?

Betonte Possessivbegleiter kommen seltener als unbetonte vor. Sie stehen hinter dem Substantiv und heben das Besitz- bzw. Zugehörigkeitsverhältnis besonders hervor.

- ¿Quién es este chico?
- Es un amigo mío.

Die Konstruktion unbestimmter Artikel + Substantiv + betonter Possessivbegleiter bezeichnet *eine/r von mehreren*.

> Hier muss man aufpassen, nicht wörtlich vom Deutschen her zu übersetzen!
> *Ein Freund von mir* heißt **un amigo <u>mío</u>**.

Die Frage- bzw. Ausrufbegleiter

1 ¡**Cuánta** gente!

2 ¿**En qué** restaurante habéis celebrado el fin de curso?

3 ¿**Qué** tapas habéis probado?

> Als Begleiter stehen **qué** und **cuánto** immer bei einem Substantiv.
>
> ▶ **Pronomen**, S. 72

1. Wie viele Leute! 2. In welchem Restaurant habt ihr den Kursabschluss gefeiert?
3. Welche Tapas habt ihr probiert?

Die Frage- und Ausrufbegleiter sind **qué** und **cuánto/-as/-os/-as**. Sie tragen immer einen Akzent.

> In LA wird auch **cuál/es** als Begleiter verwendet, z. B. ¿**Cuál regalo te gusta más?**
>
> el mejillón – *die Miesmuschel*
> la gamba – *der Shrimp*

Formen

	maskulin	feminin
Singular	¡**qué** vino!	¡**qué** paella!
Plural	¡**qué** mejillones!	¡**qué** gambas!
Singular	¡**cuánto** vino!	¡**cuánta** paella!
Plural	¡**cuánto**s mejillones!	¡**cuántas** gambas!

Begleiter des Substantivs

Frage- bzw. Ausrufbegleiter

Gebrauch

- ¿**Qué** países latinoamericanos conoces?
- He estado en Costa Rica. ¡**Qué** naturaleza tiene ese país!
- Sí, ¿verdad? Y me pregunto **qué** chico ha viajado tanto como tú.

Qué ist unveränderlich und wird meistens mit *welche/r/s* oder *was für (ein/e/r/s)* übersetzt. Es wird mit Substantiven verwendet, die Sachen oder Personen bezeichnen.

- ¿En **qué** problema piensas? ¿Por **qué** motivo estás preocupado?
- Es que no sé de **qué** andén sale nuestro tren.

el andén – *das Gleis*

Häufig verwendet man auch eine Präposition + **qué** + Substantiv.

¿**Qué hora es**?	*Wie spät ist es?*
¿**A qué hora** nos vamos?	*Um wie viel Uhr fahren wir los?*
¡**Qué horas son estas** de llegar!	*Wieso kommst du so spät?*

Bei einigen festen Wendungen ist die Übersetzung unterschiedlich.

- No hay nada en la nevera. ¡**Cuántas** cosas faltan!
- Huy, ¡es verdad! ¿Y **cuánto** dinero nos queda hasta fin de mes?

la nevera – *der Kühlschrank*

Der Begleiter **cuánto/-a/-os/-as** *(wie viel/e)* richtet sich in Geschlecht und Zahl nach dem Substantiv und fragt nach der Anzahl/Menge von etwas. Als Ausrufbegleiter drückt er eine hohe Menge aus.

¿Con **cuántos** huevos preparas el flan? ¿Para **cuántas** personas es esta receta?

Häufig verwendet man auch eine Präposition + **cuánto/-a/-os/-as** + Substantiv.

¿**Cuántos años** tenéis?	*Wie alt seid ihr?*
¿**Cuánto tiempo** necesitas?	*Wie lange brauchst du?*
¡**Cuántas veces** tengo que decirlo!	*Wie oft muss ich es noch sagen!*

Bei einigen festen Wendungen ist die Übersetzung unterschiedlich.

Üben und Anwenden

Demonstrativ-, Possessiv- u.a. Begleiter

1. Im Flughafen hören Sie folgende Aussagen. Setzen Sie die Sätze in den Singular. *

> Bitte beachten Sie, dass der maskuline Singular **este** und **ese** lautet!

a) • ¿De quién son esas maletas? ¿De aquellos señores?

   ○ <u>¿De quién es esa maleta? ¿De aquel señor?</u>

b) Aquí están estos paraguas. ¿Son de aquellas jóvenes?

   _____

c) Esos turistas han dejado estos mapas.

   _____

2. Zwei Freundinnen schauen sich einen Katalog an. Vervollständigen Sie den Dialog mit den richtigen Endungen. *

te matan – bringen dich um

a) • ¡Mira! ¿Te gusta est_a_ moda? Est___ zapatos te matan.

b) ○ Pero mira, est___ zapatillas son muy bonitas. Y con est___ faldita quedan muy bien, ¿no?

mono/-a – süß, hübsch

c) • Sí, est___ combinación es muy mona. ¿Ya has pedido algo por est___ catálogo?

d) ○ Sí, es muy fácil. Hay que llenar est___ formulario, pones aquí

la prenda (de ropa) – das Kleidungsstück

   est____ número, que es el de la prenda, y tu talla.

3. Sie zeigen einem Besucher vom Auto aus die Sehenswürdigkeiten Ihrer Stadt. Vervollständigen Sie mit den passenden Demonstrativbegleitern. *

> Manche Demonstrativbegleiter werden durch Artikel + evtl. Adverbien übersetzt, z.B. *der Platz dort drüben, das Gebäude da* usw.

a) Mira, Ángel, __esa__ plaza es la Plaza Central. ¿Y ves _____ edificio antiguo? Es el Ayuntamiento.

b) En _____ esquina hay otro edificio interesante, ¿lo ves? _____ edificio amarillo es el museo de artesanías.

c) En _____ calles, detrás de _____ parque, hay varias tiendas de recuerdos típicos.

d) _____ centro comercial es muy moderno. Y enfrente, ¿ves _____ casa? Ahí hay una pequeña galería de arte.

e) ¿Ya quieres comer? Podemos ir a uno de _____ restaurantes.

Üben und Anwenden

Demonstrativ-, Possessiv- u. a. Begleiter

4. Ordnen Sie diesen Dialog, indem Sie die Nummern 1–8 in die Klammern schreiben. *

a) (   ) • Sí, gracias. ¿Cuánto cuestan?

b) (1) • Buenos días. ¿Puedo ver esa chaqueta del escaparate, por favor?

c) (   ) • Mediana.

d) (   ) • No sé ... no mucho. Mmh. Pero me gustan aquellos pantalones de allí. ¿Los tiene en talla 40, en blanco o en gris?

e) (   ) ○ Huy, esta chaqueta ya sólo me queda en esta talla ... Es talla pequeña. Pero mire, esa chaqueta de ahí es parecida, ¿no le gusta?

f) (   ) ○ A ver ... Esa marca es muy buena, por cierto ... ¡Sí, mire! Estos pantalones blancos son justo de su talla. ¿Se los quiere probar?   *por cierto – übrigens*

g) (   ) ○ El precio está en esta etiqueta ... 49 euros.

h) (   ) ○ Por supuesto. Es esta chaqueta azul, ¿verdad? ¿Qué talla necesita?

5. Fügen Sie, wo es nötig ist, die richtigen Endungen hinzu. *

a) • ¡Oye, Marisa! ¿Quién es es_e_ niño tan guapo que tienes ahí?

   ○ Est____ niño tan guapo es mi sobrinito Bruno. ¡Y ya va a la escuela!

b) Los abuelos siempre dicen que antes todo era mejor. Pero en aquel____ época no había ni teléfono, ni ordenador, ni nada. ¡Qué horror!

c) • ¿A quién tengo que consultarle est____ asunto?

   ○ A aquel____ señor que está detrás del cristal, en es____ oficina de ahí, ¿lo ve usted?

d) • Est____ aviones llegan siempre con retraso.

   ○ Sí, ¡es____ línea aérea es terrible!   *la línea aérea – die Fluglinie*

e) ¿Me prestas es____ diccionario? No sé cómo se traduce est____ palabra.   *prestar – (aus)leihen*

f) Est____ ejercicios son muy fáciles, pero aquel____ no.

g) • ¡Uff! ¿Qué es es____ música tan rara?

   ○ ¡Pero mamá, por Dios! Es la última canción de est____ grupo. ¡Es genial!

Üben und Anwenden

Demonstrativ-, Possessiv- u. a. Begleiter

6. Markieren Sie die unbetonten Possessivbegleiter mit einer Farbe und die betonten mit einer anderen Farbe. *

a) • ¡Dios mío! ¿Es este su coche, señora?
○ No, es de una vecina mía. Ha entrado a la carnicería.
• Pues su vecina ha dejado a sus hijos en el coche, ¡y con este calor!

b) • ¡Vuestros amigos han salido, pero podéis hablar con Inés, una compañera suya.
○ ¡Muy bien! Pero, ¿cuándo regresan nuestros amigos?

regresar – zurückkehren

7. Setzen Sie die fehlenden Possessivbegleiter ein. *

a) • Lucas, ¿dónde pasas __tus__ vacaciones?
b) ○ Normalmente en Mallorca, porque _____ padres tienen una casa allí. Y Matías y yo podemos llevar también a _____ amigos.
c) • ¡Ah, sí! Oye, ¿cómo se llama esa amiga _____ tan guapa, la de la fiesta del otro día?
d) ○ Se llama Claudia, pero _____ novio es muy celoso.
e) • ¡Qué pena! Bueno, pero todas _____ amigas son muy majas. También esa compañera _____ de informática, sabes … ¿Me das _____ número de teléfono?
f) ○ ¿De Raquel? Pues no tengo _____ datos, tienes que venir a _____ clase un día y le preguntas directamente.

guapo / -a – gut aussehend
celoso / -a – eifersüchtig
majo / -a – nett (Spanien)

8. Sie wollen etwas über ein spanisch sprechendes Land in Afrika erfahren. Setzen Sie die richtigen Fragebegleiter ein. *

a) ¿ __Cuántos__ habitantes tiene Guinea Ecuatorial?
b) ¿_____ idiomas se hablan allí?
c) ¿A _____ horas de vuelo está Malabo, la capital?
d) ¿_____ sistema político tiene ese país?
e) ¿_____ gente habla español como idioma oficial en África?

Begleiter des Substantivs
Indefinitbegleiter

Die Indefinitbegleiter

1 ¿Practicas **algún** deporte?

2 Sí, **cada** día voy al gimnasio y hago **todos** los ejercicios en **varios** aparatos.

3 ¡Qué horror! A mí **ningún** aparato me gusta. Prefiero **otras** cosas ...

1. Treibst du irgendeinen Sport? 2. Ja, ich gehe jeden Tag ins Fitnessstudio und mache alle Übungen an mehreren Geräten. 3. Wie schrecklich! Mir gefällt überhaupt kein Gerät. Ich mag andere Sachen lieber...

> Indefinitbegleiter haben eine allgemeine unbestimmte Bedeutung. Meist sagen sie etwas über die Menge bzw. Verteilung von Personen oder Sachen aus.

Indefinitbegleiter sind Wörter wie **mucho/-a/-os/-as** *(viel/e)*, **todos/-as** *(alle)*, **ninguno/-a** *(kein/e/r/s)*, **cada** *(jede/r/s)* usw. Meistens stehen sie vor dem Substantiv und stimmen mit ihm in Geschlecht und Zahl überein. Hier sind die wichtigsten:

▶ **Indefinitpronomen**, S. 93

1. mucho, poco, bastante, demasiado, suficiente

Singular		Plural	
maskulin	feminin	maskulin	feminin
mucho sol	**mucha** luz	**muchos** días	**muchas** veces
poco sol	**poca** luz	**pocos** días	**pocas** veces
bastante sol	**bastante** luz	**bastantes** días	**bastantes** veces
demasiado sol	**demasiada** luz	**demasiados** días	**demasiadas** veces
suficiente sol	**suficiente** luz	**suficientes** días	**suficientes** veces

mucho – *viel/e*
poco – *wenig/e*
bastante – *ziemlich viel, reichlich*
demasiado – *zu viel*
suficiente – *genug, genügend*

Gebrauch

- ¿Hay **suficiente** comida?
- A ver ... En la nevera hay **bastante** queso y **mucho** jamón. Pero hay **poca** leche y no hay **demasiados** yogures.

Mucho, **poco** und **demasiado** stimmen mit dem Substantiv in Geschlecht und Zahl überein. **Bastante** und **suficiente** haben nur eine Form im Singular und fügen im Plural ein **-s** hinzu.

Begleiter des Substantivs

Indefinitbegleiter

2. alguno – ninguno

		Singular		Plural	
mask.	+ –	algún ningún	sello	algunos ningunos	sellos
fem.	+ –	alguna ninguna	carta	algunas ningunas	cartas

Gebrauch

- ¿Hay **(alg)una** película buena? Aquí hay **(alg)unos** anuncios …
- Pues a mí **ninguna** película me parece interesante.

Alguno, **alguna** bedeutet *irgendein/e/r/s*, während der Plural **algunos**, **algunas** mit *einige, ein paar* übersetzt wird. **Ninguno** wird fast nur im Singular verwendet und bedeutet *kein/e/r/s*. Häufig wird der unbestimmte Artikel **un/a** anstelle von **alguno/-a** verwendet.

▶ **Verneinung**, S. 227

- ¿Hay **algún** problema?
- No, no hay **ningún** problema.

Vor maskulinen Substantiven im Singular werden **alguno** und **ninguno** zu **algún** und **ningún** verkürzt.

el recado = el mensaje – *die Nachricht*

No he recibido **ninguna** llamada ni tampoco **ningún** recado.
No he recibido llamada **alguna** ni tampoco recado **alguno**.

In seltenen Fällen steht in verneinten Sätzen **alguno** bzw. **alguna** anstelle von **ningún** bzw. **ninguna** hinter dem Substantiv. Dies dient zur Bekräftigung: Man übersetzt dann mit *überhaupt kein/e*.

Feste Wendungen:

en alguna / ninguna parte	*irgendwo / nirgendwo*
alguna vez	*irgendwann, überhaupt*
ninguna vez	*kein einziges Mal*
algún día	*irgendwann*
algunos días	*an manchen Tagen*
de alguna manera, de algún modo	*irgendwie*
de ninguna manera, de ningún modo	*keinesfalls*
sin ninguna duda = sin duda alguna	*ohne jeden Zweifel*

Begleiter des Substantivs

Indefinitbegleiter

3. todo/-a/-os/-as

	maskulin	feminin
Singular	**todo el** pastel	**toda la** tarta
Plural	**todos los** pasteles	**todas las** tartas

Gebrauch

- **Todo el** día he pensado en **todas las** cosas que tengo que hacer.
- Tranquilo, recuerda que **toda la** gente tiene problemas y que **todos los** caminos llevan a Roma.

Zwischen dem Begleiter **todo/-a/-os/-as** und dem Substantiv steht meistens der bestimmte Artikel. **Todo el** bzw. **toda la** bedeuten im Singular *ganz* und im Plural *jede/r/s* bzw. *alle*.

- **Toda mi** vida he querido hacer un viaje al Caribe.
- Mira, **todos estos** catálogos tienen viajes bastante baratos.
- ¡Huy! ¡Qué precio! ¡Esta sí que es **toda una** oferta!

toda una oferta – *ein wahres Angebot*

Zwischen dem Begleiter **todo/-a/-os/-as** und dem Substantiv kann aber auch der unbestimmte Artikel, ein Possessiv- oder ein Demonstrativbegleiter stehen.

- En **toda** Alemania, **todo** accidente debe ser reportado a la policía.

reportar – *melden*

Ohne weitere Begleiter wird **todo** + Substantiv fast nur in der formellen Sprache verwendet, mit der Bedeutung *jede* oder bei nicht näher bestimmten geografischen Namen mit der Bedeutung *ganz*.

Feste Wendungen:

todos los días	*jeden Tag (als Gesamtheit)*
todo el día	*den ganzen Tag*
todo el mundo	*alle Welt, jedermann*
a todas horas	*zu jeder Zeit*
en todas partes	*überall*
de todas maneras, de todos modos	*in jedem Fall, auf alle Fälle*
en todo caso	*auf jeden Fall*
a toda costa	*um jeden Preis*
todo tipo de, toda clase de	*jede Art von*

Begleiter des Substantivs

Indefinitbegleiter

4. más / menos / tanto / -a / -os / -as

	unveränderlich		veränderlich	
	maskulin	feminin	maskulin	feminin
Sing.	**más** dinero	**más** suerte	**tanto** dinero	**tanta** suerte
Plural	**menos** amigos	**menos** fiestas	**tantos** amigos	**tantas** fiestas

Gebrauch

- Ya no hay **más** cerveza.
- Yo ya compro **menos** cerveza. No es bueno tomar **tanto** alcohol.

Más *(mehr)* und **menos** *(weniger)* sind unveränderlich, **tanto / -a / -os / -as** *(so viel)* richtet sich in Geschlecht und Zahl nach dem Substantiv.

- Tengo **más** dinero **que** tú.
- Posiblemente, pero tienes **menos** suerte **que** yo. Y yo tengo **tantos** amigos **como** tú.

Mit **más / menos ... que** *(mehr / weniger ... als)* und **tanto / -a / -os / -as ... como** *(so viel / e... wie)* kann man Substantive vergleichen.

la suerte – das Glück

▸ Vergleich der Substantive, S. 62

5. otro / -a / -os / -as, demás

Anders als im Deutschen wird vor **otro** nie der unbestimmte Artikel verwendet!

Gebrauch

- Pepe, ¿abres **otro** vino?
- Lo siento, ya no hay, pero puedo darte **otra** cosa.

Otro / -a / -os / -as stimmen in Geschlecht und Zahl mit dem Substantiv überein. Es bedeutet *ein / e andere / r / s, ein / e weitere / s / r*.

- ¡Pero había **otras dos** botellas! ¿Dónde están?

Ist ein Zahlwort vor dem Substantiv, so steht **otro** davor, d. h. in umgekehrter Reihenfolge als im Deutschen *(zwei weitere)*.

- ¿Quién se ha terminado **las demás** botellas de cerveza?
- Yo no, seguramente **la demás** gente.

Der / die andere / n kann man mit dem bestimmten Artikel + **otro / -a / -os / -as** bzw. **demás** wiedergeben. **Demás** ist unveränderlich.

Begleiter des Substantivs

Indefinitbegleiter

Feste Wendungen:

otra cosa / persona	etwas / jemand anderes
otra vez	noch einmal
¡Otra vez será!	Ein andermal!
otro día	ein anderes Mal
el otro día	neulich
en otro lugar / sitio	woanders
por otra razón, por otro motivo	aus einem anderen Grund

6. *cada*

Gebrauch

Aquí **cada** persona trabaja independientemente.

▪ **Cada** ist unveränderlich und steht immer im Singular. Es wird mit *jede/r/s (einzelne/r)* übersetzt.

Cada día hay una pequeña reunión para informar a los demás y **cada dos** semanas hay una reunión más larga con presentaciones.

▪ Folgt nach **cada** ein Zeitausdruck mit oder ohne Zahlwort, so drückt dies einen regelmäßigen Abstand aus.

Feste Wendungen:

cada vez	jedes Mal
cada vez más	immer häufiger, immer öfter
a cada rato	andauernd

7. *cualquier / a*

Gebrauch

A Angélica **cualquier** música latina le encanta.

▪ **Cualquier** ist unveränderlich und steht immer vor dem Substantiv im Singular. Es bedeutet *irgendein/e* bzw. *jede/r/s (beliebige)*.

No podemos llevar un regalo **cualquiera**.

▪ Nach einem unbestimmten Substantiv im Singular steht die unveränderliche Form **cualquiera** *(ein x-beliebige/r/s)*.

Begleiter des Substantivs

Indefinitbegleiter

Feste Wendungen:

cualquier cosa	*irgendwas, egal was*
cualquier persona	*irgendwer, egal wer*
cualquier día	*an irgendeinem Tag, egal wann*
cualquier cantidad (de)	*jede Menge*
a cualquier hora	*jederzeit*
en cualquier momento	*irgendwann*
en cualquier parte	*irgendwo*
de cualquier manera / modo	*irgendwie*

8. *mismo / -a / -os / -as*

Gebrauch

el mismo gusto – *der gleiche Geschmack*

- Tenemos **el mismo** gusto, nos gustan **los mismos** cantantes.
- Claro, y sobre todo, **la misma** canción…

Mismo / -a / -os / -as steht zwischen dem bestimmten Artikel und dem Substantiv und richtet sich in Geschlecht und Zahl nach diesem. Es wird mit *der / die / das gleiche* bzw. *der- / die- / dasselbe* wiedergegeben.

- ¡Cómo! ¿El jefe **mismo** te ha dado la noticia?
- Sí, ¡González **mismo**! Mi compañera **misma** lo ha visto.

Steht **mismo / -a / -os / -as** nach dem Substantiv oder nach Pronomen, wird es mit *selbst* oder *sogar* übersetzt.

9. *varios, diferentes, distintos, diversos*

Gebrauch

Tengo **varios** amigos en **diferentes** países de Latinoamérica.
Ya he estado en **distintas** ciudades y he visitado **diversos** lugares.

Varios *(mehrere)*, **diferentes** *(verschiedene)*, **distintos** und **diversos** *(unterschiedliche)* stehen immer vor einem Substantiv im Plural und richten sich in Geschlecht nach diesem.

Üben und Anwenden

Indefinitbegleiter

1. Setzen Sie die Indefinitbegleiter in diese Minidialoge ein. *

a) • ¡Tengo __mucha__ hambre! ¿Tienes _____ dulce?

   ○ Sí, mira, aquí tengo _____ caramelos. Toma.

b) • ¿Perdone, está Araceli?

   ○ Aquí no hay _____ persona con ese nombre. Se equivoca.

c) • Necesito _____ cosa para protegerme del sol, hay _____ luz y con las lentillas …

   ○ Pero Alfonso, si tienes _____ gafas de sol, ¿por qué no has traído unas?

algún, cualquier, demasiada, mucha, ninguna, tantas, varios

las lentillas – *die Kontaktlinsen*

2. Vervollständigen Sie mit den Übersetzungen der Indefinitbegleiter die Aussagen eines schwierigen Kunden im Reisebüro. *

a) Quiero volar con *(einer anderen)* __otra__ línea aérea. Esta es muy impuntual.

b) ¿No hay *(ein anderes)* _____ hotel más céntrico?

c) Resérveme por favor *(andere)* _____ excursiones, estas salen muy temprano por la mañana.

d) ¿Me puede recomendar *(weitere)* _____ lugares de interés? En el catálogo hay muy pocas infomaciones.

e) ¡Creo que prefiero ir a *(una otra)* _____ agencia de viajes!

3. Achim hat einen Sprachkurs in Barcelona angefangen und schreibt seine ersten Eindrücke in einer E-Mail. Setzen Sie jeweils eine passende Form von **todo** ein. *

a) Por fin estoy en Barcelona. __Todo el__ ambiente me encanta.

b) _____ compañeros de la escuela son alumnos internacionales.

c) Tenemos seis horas de clase y _____ profesoras son muy simpáticas.

d) Quiero explorar _____ ciudad y conocer _____ los bares y discotecas.

e) Voy a salir _____ las noches con _____ compañeros.

f) Creo que dormiré muy poco durante _____ estancia, ¡pero puedo descansar a la vuelta!

todo el, toda la, todos los, todas las

el ambiente – *die Atmosphäre*
dormiré – *Futur von* dormir
la estancia – *der Aufenthalt*
la vuelta – *die Rückkehr*

Üben und Anwenden

Indefinitbegleiter

4. Welcher Begleiter passt hier? Entscheiden Sie. **

a) • ¿Tienes (alguna)/ ninguna pastilla contra el dolor?

○ Lo siento, pero no tengo algún/ningún medicamento aquí.

b) • Quería comprar algún/ningún libro para las vacaciones, pero alguna/ninguna novela de las que vi me gustó.

○ Qué raro, yo pienso que hay algunas/ningunas muy buenas…

c) • ¿Has estado alguna/ninguna vez en un restaurante senegalés?

○ No, no conozco algún/ningún restaurante africano. ¿Y tú?

d) • Perdone, ¿hay alguna/ninguna playa por aquí?

○ Sí, pero para llegar no hay algún/ningún camino realmente.

realmente –
hier: eigentlich

5. Pilar erinnert sich an die Sommeraufenthalte ihrer Kindheit. Welche Endungen fehlen in ihrer Erzählung? **

a) Cad_a_ vez íbamos al mism___ lugar, siempre al mism___ pueblo, pero con diferent___ personas.

b) En much____ ocasiones íbamos con tod___ mis tíos y sus familias, así había vari____ primas de la mism___ edad y no había ning___ problema para pasar el tiempo.

c) La casa era pequeña pero tenía suficient___ espacio, aunque en cada habitación dormía bastant___ gente.

trepar – klettern

d) Cerca había algun____ playas con much____ rocas para trepar y vari____ cuevas para explorar.

e) Tod____ las niñas íbamos juntas, por eso ning___ adulto se preocupaba.

f) Algun____ veces venía algun____ abuela u otr___ amiga de mi madre, pero era más aburrido porque no traían a ning___ niño.

g) A mí me gustaba estar con mi abuela Dorotea porque algun___ noches me leía cuentos y otr____ veces me contaba sobre su vida, ¡sabía tant___ cosas!

Adjektive

1 ¿Me opero? Tengo los labios demasiado **delgados** y los ojos muy **pequeños**, ¿no crees?

2 ¡Qué va! Eres una mujer muy **guapa**, ¡tienes una cara **perfecta**!

Mit Adjektiven kann man Eigenschaften von Personen und Sachen beschreiben.

1. Soll ich mich operieren lassen? Ich habe zu dünne Lippen und sehr kleine Augen, meinst du nicht? 2. Ach was! Du bist eine sehr hübsche Frau, du hast ein perfektes Gesicht!

Angleichung der Adjektive

Adjektive richten sich in Geschlecht und Zahl immer nach dem Substantiv. Diese Übereinstimmung gilt auch dann, wenn ein Verb wie **ser**, **estar** oder **parecer** zwischen Substantiv und Adjektiv steht.

▶ **Substantiv**, S. 10

	maskulin	feminin
Singular	**el** sombrero blanc**o**	**la** chaqueta blanc**a**
Plural	**los** sombreros blanc**os**	**las** chaquetas blanc**as**

Anders als im Deutschen passt man im Spanischen das Adjektiv auch nach einem Verb an: **Estas** chaquetas me parecen car**as**.

Nur einige Farbadjektive, die von einem Substantiv abstammen, sind unveränderlich, z. B. **lila**, **naranja**, **rosa** und **violeta**. Auch wenn **claro**, **oscuro** oder ein Substantiv (z. B. **vino**) die Farbe näher bestimmen, bleibt das Farbadjektiv unveränderlich:

- ¿Te gustan los coches **violeta** o **amarillo limón**?
- No, pero los coches **rojo vino** o **azul oscuro** son muy bonitos.

claro – *hell*
oscuro – *dunkel*
amarillo limón – *zitronengelb*
rojo vino – *weinrot*

Bezieht sich ein Adjektiv auf zwei oder mehrere Substantive, so gelten folgende Regeln:

Juan lleva chaquet**a** y corbat**a** blanc**as** y sombrer**o** y zapat**os** blanc**os**.

Haben die Substantive das gleiche Geschlecht, so verwendet man die entsprechende maskuline bzw. feminine Form im Plural.

Juan lleva corbat**a** y sombrer**o** blanc**os**.

Bei unterschiedlichem Geschlecht nimmt man die maskuline Pluralform und vermeidet, dass das Substantiv, das direkt vor dem Adjektiv steht, feminin ist, um keinen „Missklang" zu erzeugen.

Adjektive

Angleichung der Adjektive

1. Feminine Form der Adjektive

> Dies gilt auch für Partizipien (z. B. **cerrado**), wenn sie als Adjektiv verwendet werden.

▸ **Partizip**, S. 187

holgazán – *faul*
pequeñín – *klitzeklein*
dormilón – *verschlafen, „Schlafmütze"*

maskulin	feminin	
guap**o**	guap**a**	Adjektive, deren maskuline Form auf **-o** endet, bilden die feminine Form auf **-a**.
bonit**o**	bonit**a**	
cerrad**o**	cerrad**a**	
conservad**or**	conservad**ora**	Adjektive, die auf **-dor**, **-án**, **-ín** und **-ón** enden, hängen ebenfalls in der femininen Form **-a** an und verlieren dabei evtl. den Akzent.
holgaz**án**	holgaz**ana**	
pequeñ**ín**	pequeñ**ina**	
dormil**ón**	dormil**ona**	
franc**és**	franc**esa**	Nationalitätsadjektive, deren maskuline Formen auf Konsonant enden, fügen auch in der femininen Form ein **-a** hinzu.
alem**án**	alem**ana**	
español	españ**ola**	
andaluz	andaluz**a**	
agradabl**e**	agradabl**e**	Alle anderen Adjektive haben die gleiche Form für beide Geschlechter.
fác**il**	fác**il**	
optim**ista**	optim**ista**	
belg**a**	belg**a**	Dies gilt auch für Nationalitätsadjektive, die auf **-a**, **-e**, **-í** oder **-ú** enden.
canadiens**e**	canadiens**e**	
israel**í**	israel**í**	
hind**ú**	hind**ú**	

> Merke: Nationalitätsadjektive werden im Spanischen kleingeschrieben!

2. Plural der Adjektive

trabajador – *fleißig, tüchtig*
cortés – *höflich*

Singular	Plural	
simpátic**o**	simpátic**os**	Endet ein Adjektiv auf unbetontem Vokal, hängt man im Plural ein **-s** an.
trabajad**ora**	trabajad**oras**	
grand**e**	grand**es**	
fác**il**	fác**iles**	Endet ein Adjektiv auf Konsonant, **-í** oder **-ú**, fügt man in der Regel **-es** hinzu.
trabajad**or**	trabajad**ores**	
iran**í**	iran**íes**	
j**o**ven	j**ó**venes	
cort**és**	cort**eses**	Bei **-án** und **-és** entfällt dabei der Akzent.
catal**án**	catal**anes**	
feli**z**	feli**ces**	Endet ein Adjektiv auf **-z**, ist die Pluralendung **-ces**.
auda**z**	auda**ces**	

audaz – *kühn, mutig*

Adjektive

Stellung der Adjektive

> 1 ¿Conoces **muchas** marcas de vinos **chilenos**?

> 2 Sí, los vinos **tintos chilenos** son fantásticos.

1. Kennst du viele Marken chilenischer Weine? 2. Ja, die chilenischen Rotweine sind fantastisch.

Adjektive stehen in der Regel hinter dem Substantiv, das sie beschreiben.

Vor dem Substantiv stehen:

¡**Otra** botella! Hay que brindar, porque vamos a ganar **mucho** dinero.	brindar – *anstoßen, darauf trinken*
– **mucho**, **poco**, **tanto**, **demasiado**, **varios** und **otro**.	
Hablas con Adriana **todo el** día, aunque la ves **todos los días**.	
– **todo** + bestimmter Artikel.	
¡Qué **rica** ensalada!	
– Adjektive bei Ausrufen mit ¡**Qué** + Adjektiv + Substantiv!	
¡Es una **estupenda** receta!	
– Adjektive, die man ganz besonders hervorheben möchte.	

! In einem Ausruf mit **qué** kann man das Adjektiv auch nachstellen, aber dann muss **tan** oder **más** davorstehen:
¡**Qué** ensalada **tan/más** rica!

Einige Adjektive weisen Bedeutungsunterschiede durch ihre Stellung auf.

antiguo	ehemalig/e/r/s	un **antiguo** colega	
	alt (historisch)		un pueblo **antiguo**
cierto	gewisse/r/s	un **cierto** tiempo	
	wahr, glaubwürdig		una noticia **cierta**
medio	halbe/r/s	**medio** litro	
	durchschnitts-		la temperatura **media**
mismo	gleich	el **mismo** día	
	selbst		la jefa **misma**
nuevo	neu (andere)	la **nueva** idea	
	neu (nicht alt)		la casa **nueva**
pobre	bedauernswert	un **pobre** hombre	
	arm		un hombre **pobre**
simple	einfach, leicht	una **simple** respuesta	
	einfach, einfältig		una personalidad **simple**
triste	leidvoll	una **triste** historia	
	traurig		una historia **triste**
viejo	langjährig	una **vieja** amiga	
	alt		una mujer **vieja**

Vor **otro** und **medio** steht kein unbestimmter Artikel!

▶ **Indefinitbegleiter**, S. 37

Adjektive

Verkürzung einiger Adjektive

Das Adjektiv, das sinngemäß enger mit dem Substantiv verbunden ist, wird zuerst genannt,
z. B. una **iglesia** **protestante** **barroca**.

estupendo – *toll*
casero – *hausgemacht*

Beziehen sich mehrere Adjektive auf ein Substantiv, so stehen sie meist hinter diesem, mit Ausnahme von **mucho**, **poco**, **todo** usw., die immer vorangestellt werden und jenen, die ihre Bedeutung durch Voranstellung ändern, z. B. Tengo **muchos viejos** amigos **españoles simpáticos**.

Will der Sprecher/die Sprecherin ein(ig)e Eigenschaft(en) besonders hervorheben, so platziert er/sie die entsprechenden Adjektive vor dem Substantiv. Die restlichen Adjektive stehen hinter dem Substantiv. Z. B.: Esta es una **estupenda** y **fácil** receta **casera** del pastel de queso.

Verkürzung einiger Adjektive

> 1 ¿Y este precio?
> ¡Aquí hay un **gran** error!

> 2 ¿O es un **mal** chiste?

1. Und dieser Preis? Hier gibt es einen großen Fehler! 2. Oder ist es ein schlechter Witz?

▶ Zu **algún**, **ningún**: Indefinitbegleiter, S. 38

▶ Zu **primer**, **tercer**: Ordnungszahlen, S. 259

Bueno nachgestellt bedeutet bei Personen *gutmütig, brav*. Vgl. **Eres un buen amigo y una persona buena.**

1. *buen, mal, algún, ningún, primer, tercer*

Einige Adjektive werden um das **-o** verkürzt, wenn sie im Singular vor einem maskulinen Substantiv stehen. Stehen sie danach, dann behalten sie ihre Endung. Dies ist der Fall bei:

Este es un **buen** ejemplo.	bueno ▶	buen
Jorge es un **mal** amigo.	malo ▶	mal
¿Hay **algún** banco por aquí?	alguno ▶	algún
No hay **ningún** banco por aquí.	ninguno ▶	ningún
Vivo en el **primer** piso.	primero ▶	primer
Vivo en el **tercer** edificio.	tercero ▶	tercer

Die feminine Form bzw. der Plural dieser Adjektive wird nicht verkürzt, z. B. la prime**ra** vez, los buen**os** ejemplos.

2. *gran*

- Leonardo es un **gran** artista.
- Sí, la Mona Lisa es una **gran** obra de arte.
- Pero no es un cuadro **grande**, ¿verdad?

Steht **grande** im Singular vor dem Substantiv, wird es immer verkürzt. Dann bedeutet es *großartig*. Steht es aber nach dem Substantiv, wird es nicht verkürzt und bedeutet *groß*.

Adjektive

Unterschiede bei Adjektivkonstruktionen

Unterschiede bei Adjektivkonstruktionen

Manchmal gibt es zwischen dem Spanischen und dem Deutschen Unterschiede bei der Verwendung von Adjektiven bzw. Adjektivkonstruktionen.

Gebrauch

ein **goldener** Ring	un anillo **de oro**

■ Mit der Präposition **de** + Substantiv drückt man das Material aus.

ein **kleiner** Junge	un niño pequeñ**ito** / un niñ**ito**

■ Klein bzw. groß drückt man auch gerne anhand der Suffixe **-ito** / **-ote** aus.

warm machen	calentar
kalt werden	enfriarse
besser / **schlechter** werden	mejorar / empeorar

■ Manche deutschen Verb + Adjektiv-Konstruktionen entsprechen spanischen Verben.

das Hauptgericht	el plato **principal**
der Innenhof	el patio **interior**

■ Für manche deutschen zusammengesetzten Substantive braucht es im Spanischen eine Konstruktion aus Adjektiv + Substantiv.

*Soy una persona **deportista** que usa siempre ropa **deportiva**.*
Ich bin eine sportliche Person, die immer sportliche Kleidung trägt.

■ Sport- bzw. sportlich hat zwei Entsprechungen: Bei Personen heißt es **deportista**, bei Sachen **deportivo**.

ein **un**wichtiges Thema	un tema **poco importante**

■ Deutsche Adjektive mit *un-* werden mit **poco** + Adjektiv übersetzt, wenn es im Spanischen keine Entsprechung mit dem Präfix **in-** gibt.

> Auch Adjektive lassen sich verkleinern bzw. vergrößern, z. B. **pequeñito** *(sehr klein)*, **grandote** *(sehr groß)*.

49

Üben und Anwenden

Adjektive

Wortliste: alegre, barato, corto, feo, interesante, moderno, ~~negro~~, pequeño, rico, viejo

1. Finden Sie in der angegebenen Liste die Gegensätze. *

a) blanco — negro
b) nuevo — _____
c) triste — _____
d) grande — _____
e) pobre — _____
f) caro — _____
g) aburrido — _____
h) bonito — _____
i) antiguo — _____
j) largo — _____

2. Zaubern Sie eine Speisekarte mit sechs Tapas aus diesem Wirrwarr. *

fritas con tomate – aceitunas – bravas – ensalada – jamón – manchego – queso – sardinas – patatas – mixta – negras – serrano

_____

_____

3. Vroni beschreibt ihre Au-pair-Familie. Vervollständigen Sie, wenn nötig, die Endungen. *

Einige spanische Adjektive ähneln zwar deutschen bzw. englischen Wörtern, haben aber andere Endungen. Vgl. **conservador** – *konservativ*, **serio** – *serious* und **catastrófico** – *katastrophal*

encantador – *entzückend, sehr nett*
amable – *freundlich*
cariñoso – *lieb*
bajita – *etwas klein*
atender – *betreuen*
hostil – *unfreundlich*
inquieto – *unruhig, zappelig*
mono – *süß, nett (Umgangssprache)*
precioso – *wunderschön*

a) La familia es encantador_a_ y todos son muy amabl____. Charo, la madre, es muy cariños____ y alegr____. Es una mujer rubi__ y bajita con los ojos muy azul____. Trabaja medi____ día y además atiende a la abuela, que vive aquí también y ya está muy mayor____.

b) El padre es un poco más seri___. Es bastante conservador____, pero no es hostil___. Es alt___ y delgad___ y siempre lee revistas económic___. Creo que trabaja en una empresa internacional____ y que piensa que su trabajo es súper important_____.

c) Los niños son muy pequeñ____ y creo que son muy inquiet_____ y activ_____. ¡Su habitación siempre está en un estado catastrófic___! Pero ellos son muy mon____, Carlitos es moren___ y un poco gordit___ y Laurita es rubi___ como su mamá y tiene los ojos más precios___ que he visto. ¡Seguro que voy a estar muy ocupad_____ con ellos!

Üben und Anwenden

Adjektive

4. Alberto arbeitet in einer Wäscherei und sortiert die Wäsche nach Farben. Schreiben Sie die Kleidungsstücke mit der entsprechenden Farbe auf. *

a) rojo: 3 blusa, 1 pantalones
b) azul marino: 2 pantalones
c) marrón: 1 chaqueta
d) blanco: 5 camisa
e) verde: 1 blusa, 1 jersey
f) naranja: 1 vestido

a) tres blusas y unos pantalones rojos, _____

_____

_____

_____

_____

5. Übersetzen Sie in diesen Minidialogen die Adjektive in Klammern. *

a) • ¿Qué tal tu ____nueva____ *(neu)* jefa?

   ○ Bien, parece muy _____ *(fleißig)*.

b) • Niños, ¡sois muy _____ *(faul)*! ¡Siempre frente a la tele!

   ○ Pero estamos mirando un documental _____ *(wissenschaftlich)*.

c) • ¿Por qué estás _____ *(traurig)*, Cristóbal?

   ○ No, no; sólo estoy un poco _____ *(müde)*.

d) • Estos ejercicios son muy _____ *(leicht)*.

   ○ Y además son _____ *(nützlich)* y _____ *(amüsant)*.

neu – nuevo
fleißig – trabajador
faul – holgazán
wissenschaftlich – científico
traurig – triste
müde – cansado
leicht – fácil
nützlich – útil
amüsant – divertido

6. In der Zeitung wird viel angeboten. Verbinden Sie die Substantive mit den passenden Adjektiven. *

OFREZCO

a) cámaras
b) guitarra
c) ordenador
d) préstamos
e) cajas
f) antena
g) perrita

1) clásica española
2) cariñosa pastor alemán
3) rápidos y fáciles
4) portátil
5) parabólica
6) digitales
7) fuertes

el préstamo – das Darlehen
la caja fuerte – der Safe
el perro pastor alemán – der deutsche Schäferhund
portátil – tragbar
parabólico – hier: Parabol-

Üben und Anwenden

Adjektive

7. An welcher Stelle steht das Adjektiv hier richtig? Streichen Sie das falsch platzierte Adjektiv durch. *

a) Es la primera vez ~~primera~~ que estoy aquí.

b) Este es un buen restaurante buen.

c) ¡Eso me parece un mal chiste mal!

d) ¡Mmmh! ¡Qué buena receta buena!

e) Pare por favor enfrente de tercer edificio tercer a la izquierda.

f) ¡No tengo ningún problema ningún!

g) ¡Esa es una gran película grande!

el chiste – der Witz
¡Pare! – Halten Sie!

8. Kulturfarben. Ergänzen Sie bitte. **

a) El abeto es el árbol de la Navidad porque siempre es ____verde____.

b) Cuando amas a alguien le regalas rosas _____.

c) En la primavera los narcisos son _____.

d) Como señal de luto, en nuestra cultura la gente lleva ropa _____.

e) Las novias llevan un vestido y un velo _____ como símbolo de pureza.

f) Cuando nace un bebé, muchas personas les regalan a las niñas vestidos _____ y a los niños varones, jerseys _____.

g) La luz _____ de los semáforos significa "alto"; la luz _____ pide poner atención y la luz _____ nos permite seguir.

h) Los extintores de fuego siempre son _____.

i) ¿De qué color es la esperanza? Es _____, naturalmente.

el abeto – die Tanne

el luto – die Trauer
el velo – der Schleier
la pureza – die Reinheit
varón – männlich
el semáforo – die Ampel
alto – stopp
el extintor (de fuego / de incendios) – der Feuerlöscher
la esperanza – die Hoffnung

Adverbien

1. Afortunadamente, hoy vamos a llegar muy rápido a la playa.
2. Sí, porque la carretera no está tan llena.

1. Glücklicherweise werden wir heute sehr schnell zum Strand kommen.
2. Ja, weil die Landstraße nicht so voll ist.

Das Adverb beschreibt alles, was kein Substantiv oder Pronomen ist. Z. B. beschreibt es eine Handlung (ein Verb) oder eine Eigenschaft (ein Adjektiv).

Im Spanischen gibt es ursprüngliche und von einem Adjektiv abgeleitete Adverbien. Sie geben z. B. an, wann, wie, wo, auf welche Weise und ob überhaupt etwas passiert. Adverbien sind immer unveränderlich und bestimmen

– ein Verb,	La profesora explica **bien**.
– ein anderes Adverb,	Sabe motivar **muy** bien.
– ein Adjektiv,	El curso es **muy** interesante.
– oder den ganzen Satz näher.	**Naturalmente** aprendo mucho.

Ursprüngliche Adverbien

Adverbien, die nicht von einem Adjektiv abgeleitet werden, nennt man ursprüngliche Adverbien. Sie haben keine typische Form bzw. Endung, jedoch lassen sie sich leichter lernen, wenn man sie in folgende Gruppen unterteilt:

1. Adverbien der Zeit

- ¿Vamos al cine **hoy** o **mañana**?
- **Ahora** no lo sé, **luego** te digo.

Adverbien

Ursprüngliche Adverbien

Adverbien der Zeit sagen aus, wann etwas passiert.

ahora	*jetzt*	entonces	*dann, damals*
hoy	*heute*	mañana	*morgen*
antes	*vorher, früher*	después	*danach*
ya	*schon*	todavía	*noch*
luego	*dann, nachher*	pronto	*bald*
siempre	*immer*	nunca	*nie*
temprano	*früh*	tarde	*spät*
ayer	*gestern*	anoche	*gestern Abend / Nacht*
mientras	*während*	recién	*soeben*

> In manchen Regionen von LA verwendet man **recién** im Sinne von *gerade* zusammen mit Verben, z. B. **Recién ha salido.** Ansonsten wird es nur vor Partizipien als Adjektiv verwendet, z. B. **recién nacido** *(neugeboren)*, **recién publicado** *(soeben veröffentlicht)*.

2. Adverbien des Ortes

- El museo, ¿está **lejos**?
- No, no. Está **cerca**. ¿Lo ve? **Allí enfrente**, señor.

Adverbien des Ortes schildern, wo etwas passiert oder sich befindet.

aquí / acá	*hier*	allí / allá	*dort*
cerca	*nahe*	lejos	*weit weg*
delante	*vor*	adelante	*vorne*
detrás	*hinter*	atrás	*hinten*
dentro	*drinnen*	fuera	*draußen*
adentro	*innerhalb*	afuera	*außerhalb*
arriba	*oben*	abajo	*unten*
encima	*oben drauf*	debajo	*unten drunter*
junto / al lado	*neben*	enfrente	*gegenüber*
alrededor	*drum herum*		

▶ **Demonstrativbegleiter**, S. 28

3. Adverbien der Menge bzw. des Grades

- Julia es **muy** inteligente.
- Es **demasiado** inteligente para mí, sólo habla de filosofía.

Diese Adverbien sagen aus, wie stark oder schwach eine Eigenschaft ist oder mit welcher Intensität eine Handlung ausgeführt wird.

mucho	*viel, häufig*	poco	*wenig, selten*
muy	*sehr*	tan(to)	*so (viel / sehr)*
algo	*etwas*	nada	*überhaupt nicht*
demasiado	*zu (sehr)*	bastante	*ziemlich*
más	*mehr*	menos	*weniger*
casi	*fast*	sólo	*nur*
además	*außerdem*	excepto	*außer*
suficiente	*reichlich*		

▶ Zu **muy – mucho** und **tan – tanto**: Vergleich, S. 62, 64, 67

> Bitte folgende Adverbien auseinanderhalten:
> **bastante** = *ziemlich*
> **suficiente** = *reichlich*

Adverbien

Abgeleitete Adverbien auf -mente

4. Adverbien der Art und Weise

- **Así** lo haces **bien**.
- No sé... Pienso que lo hago **mal**.

Adverbien der Art und Weise schildern, wie etwas vor sich geht.

bien	*gut, richtig*	mal	*schlecht, falsch*
regular	*mittelmäßig*	fatal	*schrecklich*
rápido	*schnell*	despacio	*langsam*
así	*so*	hasta	*sogar*

5. Adverbien der Verneinung, der Bejahung und der Vermutung

- Pepe **ya no** va a nadar, ¿verdad?
- **No**, pero yo **sí. Quizá** voy mañana.

Mithilfe dieser Adverbien kann man etwas bejahen, verneinen oder eine Vermutung zum Ausdruck bringen.

sí	*ja, doch*	no	*nein, nicht*
también	*auch*	tampoco	*auch nicht*
ni	*und auch, weder*	quizá(s)	*vielleicht*

Abgeleitete Adverbien auf *-mente*

Adverbien, die von einem Adjektiv abgeleitet werden, bildet man, indem man an die feminine Form des Adjektivs die Endung **-mente** anhängt.

▶ Feminine Formen des Adjektivs, S. 46

Adjektiv	**Adverb**
tranquilo	tranquilamente
fácil	fácilmente
probable	probablemente

Hat ein Adjektiv einen Akzent, bleibt er auch beim Adverb erhalten.

De aquí se llega a la estación **fácil**, **cómoda** y **rápidamente**.

Werden mehrere abgeleitete Adverbien für ein Bezugswort bzw. Satz verwendet, dann erhält nur das letzte die Endung **-mente**. Die anderen werden durch die feminine Form des Adjektivs ausgedrückt.

bueno	**bien**	Diese Adverbien sind
malo	**mal**	unregelmäßig.

Merke:
1. Nach **ser** steht nie **bien** bzw. **mal**!
2. Bei Personen bedeutet **estar bien / mal** *gesund / krank sein*.

Adverbien

Adverbiale Ausdrücke

Adjektive als Adverbien

> 1 Silvia, ¡ven **rápido**! ¿Ya sabes que Víctor vuelve **pronto** a casa?

> 2 ¿Qué? ¡Pepa, no te oigo, habla más **alto**! ¿No puedes hablar más **claro**?

---

1. Silvia, komm schnell! Weißt du schon, dass Víctor bald nach Hause zurückkommt?
2. Was? Pepa, ich höre dich nicht, sprich lauter! Kannst du nicht deutlicher sprechen?

> Durch den Akzent unterscheidet man das Adverb **sólo** *(nur)* vom Adjektiv **solo** *(allein)*.

Manche Adverbien haben die gleiche Form wie das männliche Adjektiv, bleiben aber unveränderlich. Dazu zählen: **rápido** *(schnell)*, **pronto** *(bald)*, **alto** *(laut)*, **claro** *(deutlich, klar)*, **limpio** *(fair)*, **sólo** *(nur)*, **mucho** *(viel, häufig)* und **poco** *(wenig, selten)*.

Einige davon haben außerdem eine zusätzliche abgeleitete Form auf **-mente**, z. B. **rápido / rápidamente**, **sólo / solamente**.

Unterscheidung zwischen Adjektiv und Adverb

▶ **Adjektiv**, S. 45

Im Spanischen unterscheidet sich das Adjektiv grundsätzlich vom Adverb. Diese Unterscheidung ist wichtig, weil man Adjektive an die Substantive, auf die sie sich beziehen, anpassen muss, Adverbien dagegen unveränderlich sind. Bitte vergleichen Sie:

Adjektive:
María es una **buena** cocinera.
Prepara recetas muy **buenas**, pero **pocas** son **fáciles**.

Adverbien:
María cocina **bien**.
presumir – *angeben*
Prepara **bien** las recetas. Presume **poco** y hace todo **fácilmente**.

Adverbiale Ausdrücke

> 1 Yo voy a nadar **con frecuencia**.

> 2 Trato de ir a la piscina **por lo menos** una vez **por semana**, **por lo general** los jueves.

---

1. Ich gehe oft schwimmen. 2. Ich versuche mindestens einmal die Woche ins Schwimmbad zu gehen, meistens donnerstags.

Adverbien

Stellung des Adverbs

Manchmal werden deutsche Adverbien nicht durch ein Adverb, sondern durch einen **adverbialen Ausdruck** wiedergegeben. Hier eine Auswahl:

a veces	*manchmal*	a menudo	*häufig*
a tiempo	*rechtzeitig*	a propósito	*absichtlich*
cada vez más	*immer öfter*	con curiosidad	*neugierig*
con frecuencia	*häufig*	con cuidado	*sorgfältig, vorsichtig*
con gusto	*gern*		
de inmediato	*sofort*	con calma	*in Ruhe*
de memoria	*auswendig*	de repente	*plötzlich*
de vez en cuando	*ab und zu*	de verdad	*wirklich*
en general	*im Allgemeinen*	de cerca / lejos	*von nahem / weitem*
en absoluto	*keineswegs*		
los sábados	*samstags*	en seguida	*sofort*
no … hasta	*erst*	en realidad	*eigentlich*
por cierto	*übrigens*	muchas veces	*oft, häufig*
por la mañana	*vormittags*	nunca más	*nie mehr*
por suerte	*zum Glück*	por fin	*endlich*
por supuesto	*selbstverständlich*	por lo general	*meistens*
sobre todo	*vor allem*	por desgracia	*leider*
rara vez	*selten*	tal vez	*vielleicht*

> **En seguida** wird heute meistens in einem Wort geschrieben: **enseguida**.

Stellung des Adverbs

Meistens stehen Adverbien bzw. adverbiale Ausdrücke

– vor dem Adjektiv,	Lulú es **muy** impuntual.
– vor dem Satz,	**Frecuentemente** calcula
– vor dem Adverb	**muy** mal su tiempo.
– und nach dem Verb.	Viene **tarde con frecuencia**.

Bei mehreren Adverbien zu einem Verb gibt es verschiedene Varianten:

Ahora solamente queremos hacer un viaje corto.
Ahora queremos hacer **solamente** un viaje corto.
Ahora queremos hacer un viaje corto **solamente**.
Solamente queremos hacer un viaje corto **ahora**.
Solamente queremos hacer **ahora** un viaje corto.

Man muss nur Acht geben, dass man keine Verbeinheit unterbricht, z. B.:

Hilfsverb + Partizip
ir a, **tener que** + Infinitiv
Modalverb (z. B. **saber**, **poder**, **querer**, **deber**) + Infinitiv.

> Vgl. **Es una frase bien dicha.** *(Das ist ein gut formulierter Satz)* und **Has dicho bien la frase.** *(Du hast den Satz gut formuliert).*

Adverbien

Deutsche Adverbien, spanische Verbkonstruktionen

Deutsche Adverbien, spanische Verbkonstruktionen

▶ **Perfekt**, S. 119

▶ **Modalverben**, S. 104

▶ **Besondere Verben**, S. 202

Einige Adverbien im Deutschen entsprechen häufig gebrauchten spanischen Konstruktionen, die ein Verb enthalten. Hier die wichtigsten:

Me gusta ir en tren. Ich fahre **gerne** mit dem Zug.	**me gusta** + Infinitiv *gerne*
Está lloviendo aquí. Hier regnet es **gerade**.	**estar** + Gerundium *gerade, im Augenblick*
El tren **acaba de llegar**. Der Zug ist **gerade** angekommen.	**acabar de** + Infinitiv *gerade, vor kurzem*
Sigue lloviendo. Es regnet **immer noch**.	**seguir** + Gerundium *weiter, immer noch*
Prefiero esperar en la estación. Ich warte **lieber** am Bahnhof.	**preferir** + Infinitiv *lieber*
¡Por fin! Ha **dejado de llover**. Endlich regnet es **nicht mehr**!	**dejar de** + Infinitiv *nicht mehr*
No **tardo en** llegar a casa. Ich komme **gleich** nach Hause.	no **tardar en** + Infinitiv *gleich*
¡Oh! ¡**Vuelve a** empezar a llover! Ach! Es fängt **wieder** an zu regnen!	**volver a** + Infinitiv *wieder, noch einmal*
¡Aquí no **suele llover** tanto! Hier regnet es **gewöhnlich** nicht so viel!	**soler** + Infinitiv *gewöhnlich, normalerweise*

Üben und Anwenden

Adverbien

1. Setzen Sie bitte die Adjektive oder die entsprechenden Adverbien in diese Minidialoge ein. *

a) • ¿Y qué tal Enrique? ¿Es un __buen__ trabajador?
   ○ Sí, trabaja _____ y es muy agradable además.

b) • Mira, María habla _____ con sus amiguitas.
   ○ Me encanta. Siempre parece muy _____ esa niña.

c) • A Jorge le encantan las motos _____.
   ○ Sí, pero es peligroso. Me parece que conduce demasiado _____.

d) • ¿Cómo es Casares, es un lugar _____?
   ○ Exactamente. Ahí podemos pasar _____ las vacaciones.

e) • Ese director es muy _____.
   ○ Sí, sus películas describen _____ a los jóvenes y eso me pone de _____ humor.

Bitte kürzen Sie die Adjektive **bueno** und **malo** vor männlichen Substantiven im Singular!

a) bueno
b) alegre
c) rápido
d) tranquilo
e) malo

2. Ordnen Sie die Sätze zu einem Dialog in einem Büro, indem Sie die Nummern 1–8 in die Klammern schreiben. *

( ) ¿Está aquí el Sr. Salgado?
( ) ○ Está **bien**, **muchas** gracias. Es usted muy **amable**.
( ) Pero **por supuesto** puede dejarme los papeles.
(1) ○ **Buenos** días, Srta. Perea.
( ) **Sólo** traigo estos papeles para él.
( ) Está en una reunión **urgente**.
( ) • No, **lamentablemente** no está, pero vuelve **pronto**.
( ) Yo se los doy **luego personalmente**.

3. Markieren Sie hinterher die Adjektive mit einer Farbe und die Adverbien bzw. adverbialen Ausdrücke mit einer anderen Farbe. *

Üben und Anwenden

Adverbien

4. **Bien** oder **bueno**? Das ist bei diesen Anzeigen die Frage. *

la capacitación –
die Weiterbildung
el directivo –
die Führungskraft
el taller – *die Werkstatt*

a) Puesto de directivo. <u>Buen</u> salario, cursos de capacitación.
b) Piso amueblado, _____ comunicado, _____ precio.
c) Aprenda a hablar _____ inglés. _____ profesores, _____ preparados.
d) Taller mecánico, _____ servicios, todas las marcas.

5. Auch in Spanien ist Fußball für viele eine wöchentliche Leidenschaft. In diesem Artikel fehlen die Adverbien bzw. adverbialen Ausdrücke. Die Anfangsbuchstaben der Wörter helfen Ihnen, das richtige Wort zu finden. **

a menudo – a tiempo – al final – bien – caóticamente – Casi – con mucho gusto – de repente – En realidad – Hoy – lamentablemente – mucho – Por fin – por la tarde – Por lo general – Por supuesto – Pronto – rápido – sobre todo – también – todavía – totalmente

el polideportivo –
der Sportclub
la pasión –
die Leidenschaft
el equipo del barrio –
die Mannschaft des Wohnviertels
el partido –
das (Fußball-)Spiel
tardar –
lange brauchen
colocarse – *hier: sich hinstellen*
el primer tiempo –
die 1. Halbzeit
marcar un gol –
ein Tor schießen
el ganador –
der Gewinner
la asfixia – *die Atemnot*
el fúbol dominical –
der Sonntagsfußball

a) Los domingos <u>por la tarde</u>, el aparcamiento del polideportivo del barrio se llena <u>t_____</u>. b) <u>P_____</u> será el momento del deporte y, <u>a_____</u>, de la pasión. c) <u>H_____</u> hay que vestirse <u>r_____</u>, <u>t_____</u> quieren tomar una foto del equipo del barrio antes del partido. d) Se nota que no lo han hecho <u>m_____</u>, tardan en discutir hasta que se colocan <u>b_____</u>. e) <u>P_____</u> se deciden, porque hay que empezar <u>a_____</u>. f) <u>P_____</u> estos deportistas del pueblo juegan un poco <u>c_____</u>, pero <u>c_____</u>. g) <u>C_____</u> al terminar el primer tiempo, <u>d_____</u> alguien marca un gol. h) <u>P_____</u>, las caras de los ganadores están rojas de felicidad, pero <u>t_____</u> de asfixia. i) En el segundo tiempo <u>l_____</u> caen dos goles más; <u>a_____</u> el equipo del barrio ha perdido. j) Da igual. <u>E_____</u> el fútbol dominical es, <u>s_____</u>, el momento de los amigos y de pasar un rato divertido.

Üben und Anwenden

Adverbien

6. Dieser Romanabschnitt beschreibt die erste Begegnung zwischen Rafa, der in einer Buchhandlung arbeitet, und Soledad. Suchen Sie die passenden Adverbien bzw. Adverbialausdrücke aus. **

a) `Ya`/Todavía era un poco `antes`/tarde , pero Rafa estaba poniendo `después`/todavía unos libros en la estantería cuando, `de pronto`/pronto se acercó el dueño de la librería con una chica.

la estantería – *das Regalsystem*
el dueño – *der Besitzer*

b) • Mira, Rafa, Soledad trabajará aquí contigo desde `mañana`/ `por la mañana` .

○ Y a ella le dijo `enseguida`/tal vez :

c) • Mira, Soledad, este es Rafa, de quien ya te he hablado `luego`/ `antes` . Lleva `mucho`/algo trabajando en el negocio y lo conoce `perfectamente`/en absoluto .

el negocio – *das Geschäft*
la duda – *hier: die Frage*

d) `Hasta`/Así se conocieron. Los primeros días, Soledad tenía dudas `constantemente`/enseguida y `nunca`/siempre Rafa le ayudaba muy `generalmente`/amablemente .

e) `Por lo general`/Poco a poco empezó una amistad que muy `pronto`/ `después` se convirtió en otra cosa …

la amistad – *die Freundschaft*
convertirse – *werden zu*

7. Aus den Wirtschaftsnachrichten entnehmen Sie folgende Informationen. Bitte ergänzen Sie die Adjektive bzw. die abgeleiteten Adverbien. **

a–b temporal
c–d activo
e–f regular
g–h profesional

a) El año pasado se crearon 170 mil empleos ___temporales___ .
b) Muchas empresas pueden dar nuevos puestos, pero sólo _____ .
c) Las mujeres participan _____ en el mundo laboral.
d) Un 44,7 % de la población _____ son mujeres.
e) En las empresas hay reuniones _____ para analizar la situación.
f) Los jefes se reúnen _____ con los representantes del sindicato.
g) Las pequeñas empresas ganan más si las asesoran _____ .
h) También es mejor para las empresas familiares tener la dirección en manos _____ y no necesariamente en las de algún pariente.

temporal – *befristet*
regular – *regelmäßig*
el sindicato – *die Gewerkschaft*
asesorar – *beraten*
el/la pariente – *der/die Verwandte*

Vergleich, Steigerung und Verstärkung

Vergleich der Substantive

Adjektive, Adverbien, Substantive und Verben lassen sich steigern und vergleichen.

1 Aunque Simón es **mucho mayor** que Lola, se entienden **tan** bien **como** otras parejas **más jóvenes**.

2 Sí, porque él es tan joven de corazón **como** ella. Es la persona **más simpática** que conozco.

1. Obwohl Simón viel älter als Lola ist, verstehen sie sich so gut wie andere jüngere Paare.
2. Ja, weil er genauso jung im Herzen ist wie sie. Er ist einfach die netteste Person, die ich kenne.

Vergleich der Substantive

1. Komparativ: Ungleichheit und Gleichheit

Yo tengo	**más**	dinero	/	**menos**	suerte	**que** tú.
Voy a	**más**	lugares	/	**menos**	fiestas	

Die Ungleichheit wird mit **más / menos** *(weniger)* + Substantiv + **que** *(mehr / weniger ... als)* ausgedrückt.

Yo tengo	**tanto**	dinero	/	**tanta**	suerte	**como** tú.
Voy a	**tantos**	lugares	/	**tantas**	fiestas	

Die Gleichheit wird mit **tanto / -a / -os / -as** + Substantiv + **como** *(so viel/e ... wie)* ausgedrückt.

Tanto ist beim Vergleich der Substantive Begleiter und richtet sich in Geschlecht und Zahl nach ihnen.

▶ **Indefinitbegleiter**, S. 37

2. Superlativ: die höchste Stufe

María es	**la que**	tiene	**más**	dinero	**de** todos
Mis primos son	**los que**	tienen	**menos**	problemas.	

Die höchste Stufe des Vergleichs erfolgt mithilfe eines Relativsatzes.

Vergleich, Steigerung und Verstärkung
Vergleich der Adjektive und Adverbien

3. Vergleich mit *más / menos / tanto* als Pronomen

- ¿Suerte? Yo tengo **tanta como** cualquiera.
- ¡Qué va!, yo creo que tienes **más que** muchos.

Ist der Kontext klar, kann man auch ohne Substantiv vergleichen.

▸ ¡Qué va! – *Ach was!*

Vergleich bei Zahlen und Mengen

Esto cuesta **más de** cien euros, pero es **menos del** doble.

Bei Zahlen und Mengen schließt man das Bezugswort des Vergleichs mit **de** direkt an.

- ¿Tienes dinero? **No** necesito **más de** diez euros.
- Lo siento, **no** tengo **más que** cinco.

In verneinten Sätzen bedeutet **más / menos de** + Zahl / Menge *höchstens / mindestens*, während **más que** mit *nur* übersetzt wird.

▸ más / menos del doble, **Bestimmter Artikel**, S. 21

Vergleich der Adjektive und Adverbien

1. Komparativ: Ungleichheit und Gleichheit

Adjektive muss man in Geschlecht und Zahl weiterhin dem Substantiv anpassen, Adverbien sind immer unveränderlich. Ansonsten ist der Vergleich bei Adjektiv und Adverb parallel.

Pepe es **más** fuerte pero **menos** simpático **que** tú.
Estas chicas son **más** guapas **que** las otras.
Lola hace deporte **más** frecuentemente **que** Clara.
Clara corre **menos** rápido **que** Lola.

Die Ungleichheit wird mit **más / menos** + Adjektiv / Adverb + **que** *(mehr/weniger … als)* ausgedrückt.

Eres **más** simpática y corres **más** rápido **de lo que** yo creía.

Beim Komparativ verwendet man **de** als Vergleichswort, wenn nach dem Adjektiv oder Adverb ein Relativsatz mit **lo que** + Verb folgt.

> Beim Vergleichen von Adjektiven und Adverbien bestimmt man, ob eine Eigenschaft bzw. die einer Handlung überlegen, unterlegen oder gleich ist.

> **!** Adjektive, die in ihrer Bedeutung einen Vergleich beinhalten, z. B. **anterior** *(vorherig)*, **posterior** *(später)* usw. bilden keinen Komparativ.

Vergleich, Steigerung und Verstärkung

Vergleich der Adjektive und Adverbien

tan guapo como –
so gut aussehend wie

Pepe es	**tan**	simpático	**como**	Luis.
Estas chicas son		guapas		las otras.
Pepe hace deporte	**tan**	frecuentemente	**como**	Luis.
Los chicos corren		rápido		Lola.

Gleichheit wird mit **tan** + Adjektiv / Adverb + **como** ausgedrückt.

Elena es guapa **como** su madre y corre rápido **como** el rayo.

Ohne **tan** werden Gleichheitsvergleiche ausgedrückt, die zu erwarten sind bzw. einen logischen Zusammenhang haben.

Ohne das Vergleichswort **como** bedeutet **tan** *so*, z. B. ¡Hablas <u>tan</u> bien alemán! ¡Soy <u>tan</u> feliz! *(Du sprichst so gut Deutsch! Ich bin so glücklich!)*

2. Superlativ: Der höchste Grad

| Lola es | **la** | **más** | simpática | (**del**) | grupo). |
| Estos chicos son | **los** | **menos** | guapos | (**de la**) | clase). |

Beim Adjektiv wird der höchste Grad des Vergleichs nicht durch eine eigene Form ausgedrückt, sondern einfach, indem man den bestimmten Artikel vor die Vergleichsform setzt. Das Bezugswort des Vergleiches kann mit **de** angeschlossen werden.

Vgl. im Deutschen: *die schönste Sache (der Welt)*.

▶ **Haupt- und Nebensätze**, S. 232

| Nicolás es | **el** (chico) | **que** corre **más** rápido **de** todos. |
| Mis hijas son | **las** (chicas) | **que** corren **menos** rápido. |

Der Superlativ des Adverbs (z. B. *am schnellsten, am wenigsten*) wird mithilfe eines Relativsatzes gebildet.

3. Superlativ auf *-ísimo*

1 Tengo que hablar **clarísimo** contigo.

2 Este asunto es **urgentísimo**. ¡Necesitamos resultados **urgentísimamente**!

---

1. Ich muss äußerst klar mit dir reden:
2. Diese Angelegenheit ist sehr dringend. Wir brauchen dringendst Ergebnisse!

▶ **Adverbien mit Adjektivform**, S. 56

Die Endung **-ísimo** drückt einen sehr hohen Grad einer Eigenschaft bzw. einer Steigerung aus. Diese Form heißt „absoluter Superlativ" und wird im Deutschen mit *sehr*, *äußerst* wiedergegeben. Beim Adjektiv kommt sie oft vor, wobei die Anpassung an das Substantiv weiterhin erfolgt.

Vergleich, Steigerung und Verstärkung
Vergleich der Adjektive und Adverbien

Bei Adverbien mit Adjektivform, z. B. **rápido**, **pronto**, **alto**, **claro** usw., sowie bei **mucho** und **tanto** ist sie häufiger als bei den Adverbien auf **-mente**. Bei diesen ersetzt die Endung **-ísimamente** den Endvokal des Adjektivs. Auch diese Adverbien sind wie immer unveränderlich.

guap**o** ▸ guap**ísimo**	Bei Endung auf Vokal bzw. auf unbetontem Diphthong, ersetzt man diesen durch **-ísimo**.	
inteligent**e** ▸ inteligent**ísimo**		
limp**io** ▸ limp**ísimo**		
jove**n** ▸ joven**císimo**	Endet ein Adjektiv auf **-n** oder **-r**, hängt man **-císimo** an.	
trabajado**r** ▸ trabajador**císimo**		
fáci**l** ▸ facil**ísimo**	An andere Adjektive hängt man einfach **-ísimo** an.	
difíci**l** ▸ dificil**ísimo**		
amable ▸ amabil**ísimo**	Ein paar Adjektive haben eine unregelmäßige Form auf **-ísimo**.	
antiguo ▸ antiqu**ísimo**		
mucho ▸ much**ísimo**	Einige Indefinitbegleiter bzw. -Pronomen haben auch eine Form auf **-ísimo**.	
poco ▸ poqu**ísimo**		
tanto ▸ tant**ísimo**		

> **!** Keine Form auf **-ísimo** haben:
> 1. Adjektive, die sehr ausdrucksstark sind, z. B. **fantástico**, **enorme** usw.
> 2. Das Adverb mit Adjektivform **sólo**.
> 3. **Malísimo** wird häufig durch **pésimo** ersetzt.

▸ **Indefinitbegleiter** und **-Pronomen**, S. 37, 93

Manche Formen verändern ihre Schreibweise, damit die Aussprache erhalten bleibt:

blan**c**o ▸ blan**qu**ísimo	c ▸ qu vor i
lar**g**o ▸ lar**gu**ísimo	g ▸ gu vor i
feli**z** ▸ feli**c**ísimo	z ▸ c vor i

4. Unregelmäßige Steigerungsformen beim Adjektiv

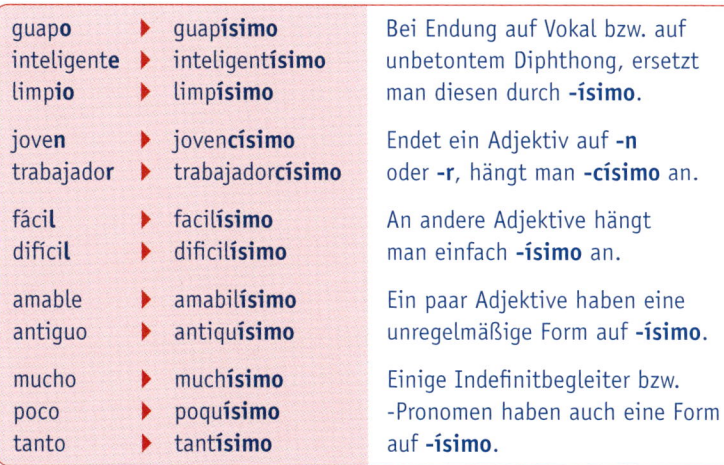

1. Los dibujos de Gloria son **buenos**, pero los de Lourdes son **mejores**.
2. Es que Lourdes es **mayor** que Gloria, aunque Gloria es **más grande**.

---

1. Die Zeichnungen von Gloria sind gut, aber die von Lourdes sind besser.
2. (Denn) Lourdes ist älter als Gloria, obwohl Gloria größer ist.

Einige Adjektive haben eine unregelmäßige Steigerungsform, die für beide Geschlechter gleich ist. Im Plural fügt man **-es** hinzu:

> **!** **más** und **menos** bilden keinen Plural!

Vergleich, Steigerung und Verstärkung

Vergleich der Adjektive und Adverbien

> Bitte merken:
> Bei diesen unregelmäßigen Formen entfällt das Steigerungsadverb **más**.

	unregelmäßig	regelmäßig
mucho	**más**	—
poco	**menos**	—
bueno	**mejor**	más bueno
malo	**peor**	más malo
grande	**mayor**	más grande
pequeño	**menor**	más pequeño/-a
alto	**superior**	más alto
bajo	**inferior**	más bajo

> Die Körpergröße von Personen beschreibt man meistens mit den Adjektiven **alto/bajo**.

Mi hijo **menor** es muy **alto**, pero mi hija **mayor** es bastante **baja**.
Mein jüngster Sohn ist sehr groß, aber meine älteste Tochter ist ziemlich klein.

Einige Adjektive haben sowohl eine unregelmäßige als auch eine regelmäßige Steigerungsform. Dabei gibt es Bedeutungsunterschiede: Auf Personen bezogen übersetzt man die unregelmäßigen Formen **mayor/menor** mit *älter/jünger* und **mejor/peor** mit *besser/schlechter*. Die regelmäßigen Formen beziehen sich eher auf die Größe: **más grande/pequeño** heißt *größer/kleiner* und **más bueno/malo** *gutmütiger/gemeiner*. **Superior** und **inferior** beziehen sich auf Überlegenheit bzw. Unterlegenheit, meistens bei der Qualität einer Sache.

> Gabriela es **la** (hija) **menor** (**de** la familia).

■ Der Superlativ wird gebildet, indem man den bestimmten Artikel hinzufügt und evtl. den Bezug mit **de** ausdrückt:

Feste Wendungen:

una persona mayor	eine ältere Person
mayor/menor de edad	volljährig/minderjährig
lo mejor/lo peor	das Beste/das Schlimmste

5. Unregelmäßige Steigerungsformen beim Adverb

> 1 Antes practicaba **mucho**, pero ahora entreno **más**.

> 2 Eso está **bien**. ¡Cada vez juegas **mejor** al tenis!

---

1. Früher übte ich viel, aber jetzt trainiere ich mehr.
2. Das ist gut so. Du spielst immer besser Tennis!

Vergleich, Steigerung und Verstärkung

Verstärkung mit muy und mucho

Das Adverb hat nur wenige unregelmäßige Vergleichsformen:

mucho / muy	▶	más
poco	▶	menos
bien	▶	mejor
mal	▶	peor

Más bien ist ein fester Ausdruck und bedeutet *eher, lieber*.

Mucho bildet auch bei Gleichheit eine Ausnahme. Die Vergleichsform lautet **tanto como** und steht direkt hinter dem Verb, z. B.:

En casa mi marido hace **tanto como** yo.

Verstärkung mit *muy* und *mucho*

Tan *(so)* und **tanto** *(so viel)* wird wie **muy** und **mucho** verwendet.

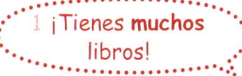

1. Du hast sehr viele Bücher! 2. Ja, weil ich sehr gerne lese. Es ist sehr interessant!

Sehr und *viel* kann man im Spanischen mit den Wörtern **muy** und **mucho** ausdrücken. Wann verwendet man welches?

Gebrauch

Las clases son **muy** interesantes. El profesor sabe explicar **muy** bien.

▎ **Muy** *(sehr)* steht vor einem Adjektiv oder einem Adverb.

Tengo **muchas** clases y **muchos** cursos.
Tengo **muchas** más clases que tú.

▎ **Mucho** *(viel/e)* als Begleiter des Substantivs ist veränderlich, auch wenn **más/menos** dazwischensteht.

• Estudio **mucho**.
○ Eres **mucho** más aplicado que yo. Pero no eres **mucho** mejor.
• ¿Te gusta estudiar? ○ Sí, **mucho**.

▎ **Mucho** *(sehr, viel)* ist unveränderlich, wenn es als Adverb fungiert, das heißt nach Verben, vor Adjektiven oder Adverbien im Komparativ, oder wenn es allein steht, z. B. als Antwort.

Muy steht nie vor **mucho**! *Sehr viel* heißt **muchísimo**.

▶ **Indefinitbegleiter**, S. 37

Üben und Anwenden

Vergleich, Steigerung und Verstärkung

1. Vervollständigen Sie diese Vergleiche. **

a) En las empresas todavía hay más jefes __que__ jefas y las mujeres lamentablemente no ganan tant___ dinero _____ los hombres.

lamentablemente – *bedauerlicherweise*
la cosecha – *die Ernte*

b) Este verano ha habido menos lluvia _____ normalmente y por eso no tendremos tant____ cosechas _____ siempre.

c) Tú piensas que no tengo tant____ dificultades _____ tú, ¡pero yo sé que tú no tienes tant_____ problemas _____ yo!

2. Bei einer Modenschau tauschen zwei Zuschauerinnen Kommentare aus. Ergänzen Sie bitte die Endungen und die fehlenden Vergleichswörter. *

a) • Me parece que la túnica gris es más bonit_a_ _que_ la azul, ¿y a ti?

b) ○ También. Y el vestido rojo me parece menos anticuad___ _____ el marrón.

c) • ¡Mira ese modelo deportivo! Hoy en día la ropa de materiales sintéticos es tan fresc___ _____ la de algodón.

el algodón – *die Baumwolle*
la lana – *die Wolle*

d) Claro, pero encuentro los jerseys de algodón más cómod___ _____ los de lana.

e) ¡Uff! ¿Qué es esto? ¡Este abrigo es tan horribl___ _____ el otro!

3. Hier haben Sie einige Tipps, um Ihre Sprachkenntnisse zu festigen. Suchen Sie aus. *

a) La (mejor)/ mayor manera de aprender un idioma es viajar al país.

hoy en día – *heutzutage*
aun – *sogar*
los subtítulos – *die Untertitel*
alquilado/-a – *hier: ausgeliehen*

b) Hoy en día los viajes son mucho menor / menos caros de / que antes.

c) También hay cursos que ofrecen más / mayor servicios que / como otros por el mismo precio.

d) Pero aun si se queda en casa, mirar en idioma original y con subtítulos películas alquiladas en dvd es más / tan fácil de / que nunca.

Üben und Anwenden

Vergleich, Steigerung und Verstärkung

4. Welche Sätze gehören zusammen? Verbinden Sie die Sätze. *

a) Pedro siempre llega a tiempo.
b) ¡Esta tarta tiene mucha azúcar!
c) ¿Ya conoces a Minerva?
d) ¡Mira el precio de estos relojes!
e) ¡Qué difícil situación!
f) ¿Quieres más cava?

1) ¡Hombre, sí! Está durísima.
2) ¡Qué barbaridad! Están carísimos.
3) Sí, es puntualísimo.
4) Gracias, está riquísimo.
5) Está dulcísima, ¿verdad?
6) ¿La secretaria? Es amabilísima.

a tiempo – *pünktlich*
¡Qué barbaridad! – *Das ist die Höhe! / Wie schrecklich!*
el reloj – *die Uhr*
el cava – *der Sekt*

5. Geschwisterrivalitäten gibt es wohl überall! Vervollständigen Sie die Sätze mit passenden Komparativformen. *

a) • Yo tengo muchos juguetes.   ○ Yo tengo más.
b) • ¡Mi dinosaurio es muy malo!   ○ El mío es _____.
c) • ¡La abuela te da pocos regalos!   ○ ¡A ti te da _____!
d) • Este CD es muy bueno.   ○ Este es _____.
e) • Mi cuarto es muy grande.   ○ El mío es _____.
f) • Tú siempre serás el menor.   ○ Y tú, _____.

serás – *du wirst sein*, Fut. von **ser**

6. Wussten Sie, dass es in Argentinien die meisten Psychologen gibt? In diesem Text sind 10 Wörter zu viel. Streichen Sie sie bitte! ***

a) En Buenos Aires hay más qué de 15.000 psicólogos. b) Se dice que los argentinos siempre han estado tan mucho cómodos con los tratamientos como igual con su tradición de beber mate. c) Además, hoy los precios por consulta son mucho más baratos que de antes. d) Después de la crisis económica, las terapias son muy más necesarias que nunca. e) Gracias a ellas, aun la gente que ha perdido mucho de dinero o su puesto de trabajo no está tan deprimida que como antes de los tratamientos. f) Si en casa hay mucha que tensión, también el rendimiento escolar de los chicos es más peor. g) Hoy la economía por suerte está mejor que de hace unos años y sin duda, el trabajo de los psicólogos ha ayudado para lograr una actitud positiva.

el mate – *der Mate-Tee*
el tratamiento – *die Behandlung*
la consulta – *hier: der Arzttermin*
la tensión – *die Spannung*
el rendimiento – *die Leistung*
lograr – *erreichen*
la actitud – *die Einstellung, die Haltung*

Üben und Anwenden

Vergleich, Steigerung und Verstärkung

7. In einer Werbeagentur haben wir diese Aussagen gehört. Übersetzen Sie bitte die Vergleiche. **

a) Esta fotocopiadora trabaja *(leiser als)* __más silenciosamente que__ la del segundo piso.

la campaña – *die Kampagne*
eficiente – *effizient, leistungsfähig*

b) Durante la campaña podemos hablar *(weniger ruhig als)* _____ _____ nunca, porque hay mucho estrés en el ambiente.

c) ¡Eres muy eficiente! Algunos de mis colegas no reaccionan *(so schnell wie)* _____ tú cuando les pido ayuda.

d) Los productos anunciados en los periódicos se van a vender *(besser als)* _____ los del portal web porque llegan a más público.

el público – *das Publikum*

e) Los clientes no compran *(so viel wie)* _____ antes. Hoy tenemos que trabajar *(härter)* _____.

8. Im Lehrerzimmer diskutieren zwei Kollegen über ihre Schüler. Vergleichen Sie bitte den/die erstgenannte(n) Schüler/in mit dem/der zweitgenannten. *

a) Enrique canta muy bien. Pepe canta bien.
   __Enrique canta mejor.__

b) Sonia hace deporte. Sara hace muchísimo deporte.
   _____

c) Juliana hace deberes. Carlitos no hace deberes casi nunca.
   _____

d) Pedro ha hecho dos presentaciones. María ha hecho tres.
   _____

la letra – *hier: die Handschrift*

e) La letra de Eduardo es horrible. La letra de Gonzalo es fea.
   _____

Üben und Anwenden

Vergleich, Steigerung und Verstärkung

9. Zu Hause bei der Großfamilie Méndez wird viel ‚gesteigert'! Ersetzen Sie bitte die unterstrichenen Wörter durch die Form auf **-ísimo**. Schreiben Sie sie an den Rand. **

a) ¡Qué horror, Paco! ¡Siempre pones la radio **muy alto**!   _altísimo_

b) Queda **muy claro** que no puedes ir a la fiesta, Antonia.   _____

c) ¡Jimena, la abuela llama **muy raramente**, por lo menos salúdala!   _____

d) Mamá, ¿cuándo compras los nuevos libros? Los necesito **muy pronto**.   _____

e) ¿Por qué protestas **tanto**, Miguelito? ¡Si sólo te voy a bañar!   _____

10. Zwei ehemalige Schulkameradinnen treffen sich auf der Straße. Setzen Sie die richtige Steigerungsform ein. *

a) • ¡Cristina! ¿Qué tal? ¿Qué sabes de los compañeros del Instituto?   incluso – *sogar*

     ○ Pues, José Luis es director de banco. Trabaja __mucho__, incluso los fines de semana hace _____ horas extra.

b) • Claro. Ser _____ importante significa también tener _____ trabajo. ¿Y Rocío?

c) ○ Rocío, que es ama de casa, organiza _____ actividades para sus hijos. También participa _____ en grupos de padres.

d) • ¡Qué bien! ¿Sabes algo de Joaquín?

     ○ Sí, Joaquín está _____ enfermo, ha sufrido _____ operaciones.

     sufrir – *erleiden*

e) • ¡Pobre! Ha tenido una vida _____ dura. ¡Qué pena! ¿Y de Laura?

f) ○ Laura trabaja en una agencia de viajes _____ grande. Habla _____ lenguas y eso, claro, es _____ práctico para su trabajo.

    • ¿Y tú? ¿Trabajas cerca de aquí?

g) ○ Sí, _____ cerca. Soy vendedora en la tienda "Maxx". Como es _____ céntrica, veo a _____ gente. _____ veces veo también a los ex-compañeros y hablo _____ con ellos de los viejos tiempos …

Vokabelhilfen rechts: mucho, mucha, muchos, muchas, muy

Pronomen

Personalpronomen

Pronomen

1 ¿Con **quién** vas al cine?

2 **Yo** creo que con mis amigas, porque a **ellas les** gusta el mismo actor que a **mí**.

3 Bueno, ¡que **te** diviertas!

1. Mit wem gehst du ins Kino? 2. Ich glaube, mit meinen Freundinnen, weil ihnen derselbe Schauspieler gefällt wie mir. 3. Na dann viel Spaß!

Pronomen ersetzen Substantive. Man benutzt sie z. B., um Wiederholungen zu vermeiden. Davon zu unterscheiden sind die Begleiter, die zusammen mit dem Substantiv vorkommen.

▶ **Begleiter**, S. 20

Personalpronomen

Personalpronomen ersetzen Personen, Personengruppen oder Sachen. Sie können verschiedene Rollen im Satzgefüge haben.

1. Subjektpronomen

Subjektpronomen werden im Spanischen viel seltener als im Deutschen verwendet.

1 Silvia, ¿eres **tú**?

2 Sí, ¡soy **yo**!

1. Silvia, bist du's? 2. Ja, ich bin es!

1. In LA wird das **vosotros/vosotras** durch **ustedes** ersetzt: **Niños, ¿qué quieren ustedes?**
2. In Argentinien, Paraguay und Uruguay verwendet man **vos** statt **tú** und zwar mit eigener Verbform: **¿Me escuchás vos?**

Subjektpronomen beantworten die Frage *Wer?* Im Spanischen werden sie nur für Personen, aber nie für Sachen gebraucht, d. h. das Pronomen *es* als Subjekt gibt es nicht.

Formen

	Singular		Plural	
1. Person	**yo**	*ich*	**nosotros/nosotras**	*wir*
2. Person	**tú**	*du*	**vosotros/vosotras**	*ihr*
3. Person	**él**	*er*	**ellos/ellas**	*sie*
	ella	*sie*		
	usted	*Sie*	**ustedes**	*Sie*

Pronomen

Personalpronomen

Gebrauch

- ¿Dónde estás?
- ¿Dónde está la oficina?
- Estoy en la oficina.
- Está en el centro.

Da man meistens das Subjekt an den Endungen der Verben erkennt, braucht man die Subjektpronomen im Spanischen für Personen nur selten und für Sachen nie.

- Señora López, ¿qué profesión tiene **usted**?
- Soy enfermera. Y **ustedes**, ¿qué profesión tienen?

Wird eine Person gesiezt, verwendet man **usted** für die höfliche Anrede. Das entsprechende Verb steht in der 3. Person Singular. Werden mehrere Personen gesiezt, verwendet man **ustedes** mit dem dazugehörigen Verb in der 3. Person Plural.

- ¿Quién viaja a Bilbao, el señor Díaz o **usted**?
- **Él** viaja mañana, **yo** no.
- Ah. ¿Y quién es el señor Díaz?
- Soy **yo**.

Subjektpronomen werden zur Unterscheidung verschiedener Personen oder zu deren Hervorhebung benötigt. Die Stellung des Subjektpronomens hinter dem Verb dient der Betonung, sonst stehen sie in Aussagesätzen meistens vor dem Verb.

Reportera: Chicas, ¿**vosotras** pagáis cuando salís con amigos?
Elena: **Nosotras** sí, por supuesto.
Julián: Así son las chicas modernas: **ellas** pagan lo suyo. Pero si **nosotros** las invitamos, pagamos **nosotros**.

Für *wir*, *ihr* und *sie* verwendet man eine feminine Form, wenn man ausschließlich über Frauen spricht: **nosotras**, **vosotras**, **ellas**. Ist jedoch mindestens eine männliche Person mit von der Partie, wird **nosotros**, **vosotros** bzw. **ellos** gebraucht.

Ello

Estamos en una crisis. **Ello** significa que tenemos que gastar menos.

Selten wird auch eine Form des Subjektpronomens im Neutrum verwendet: **Ello** wird mit *dies* übersetzt und steht für einen Sachverhalt, eine Situation oder anstelle eines ganzen Satzes.

Durch den Akzent unterscheiden sich die Pronomen **tú** und **él** jeweils von dem Possessivbegleiter **tu** und dem bestimmten Artikel **el**.

1. **Usted** und **ustedes** werden als Zeichen der Höflichkeit relativ häufig gebraucht.
2. Auf Schildern usw. findet man oft die Abkürzungen **Ud./Vd.** für **usted** und **Uds./Vds.** für **ustedes**.

Statt **ello** wird auch das Demonstrativpronomen **esto** gebraucht.

Pronomen

Personalpronomen

2. Betonte Pronomen nach Präpositionen

> 1 ¿Por qué te ríes de **mí**?

> 2 ¡Qué va! Me río **contigo**.

Nach einer Präposition steht im Spanischen nicht der Dativ- bzw. Akkusativ des Pronomens wie im Deutschen. Sie müssen hier umdenken!

1. Warum lachst du über mich? 2. Ach, was! Ich lache mit dir.

Formen

Der Akzent unterscheidet das Pronomen **mí** vom Possessivbegleiter, z. B. **mi** casa.

Person	Singular		Plural	
1.	a / para	**mí conmigo**	a / para / con	**nosotros / nosotras**
2.	a / para	**ti contigo**	a / para / con	**vosotros / vosotras**
3.	a / para / con	**él**	a / para / con	**ellos**
	a / para / con	**ella**	a / para / con	**ellas**
	a / para / con	**usted**	a / para / con	**ustedes**

Gebrauch

! Nach **entre**, **según**, **incluso** und **menos** verwendet man für Personen die Subjektformen.

Por **mí** podemos salir. ¿Los problemas? ¡Ya no pienses en **ellos**!

Nach einer Präposition (**a**, **de**, **en**, **para**, **por**, **sin**, etc.) verwendet man die Subjektpronomen außer bei der 1. und 2. Person Singular, die die Formen **mí** (mit Akzent) und **ti** (ohne Azkent) haben.

- ¿Vienes **conmigo** a comer?
- No, lo siento. Ya le he dicho a Pepe que voy **con él** más tarde.

Die Präposition **con** verschmilzt mit den Sonderformen der 1. und 2. Person Singular zu **conmigo** und **contigo**.

- Estos chocolates son **para** ti y **para** mí, ¿vale?

Normalerweise wird vor jedem Pronomen die Präposition wiederholt.

▶ Verdoppelung von Akkusativ- und Dativpronomen, S. 78

- Ana quería ver esta película, pero no ha venido.
- **A mí** esto **me** llama mucho la atención. **A ella le** interesaba mucho.
- ¿Llamamos a su madre para preguntar?
- ¿Por qué no **la** llamamos **a ella** directamente al móvil?

Akkusativ- und Dativobjekte werden häufig mit Hilfe von **a** + betonten Pronomen verstärkt oder näher definiert.

Pronomen

Personalpronomen

3. Direkte Objektpronomen

1 ¿Me quieres? ¿Aceptas este anillo?

2 ¡Sniff! Claro que lo acepto…, ¡y claro que te quiero!

> Direkte Objektpronomen werden auch Akkusativpronomen genannt. Sie beantworten die Frage *Wen?* oder *Was?*

---

1. Liebst du mich? Nimmst du diesen Ring an?
2. Schnüff! Klar, dass ich ihn annehme… und klar, dass ich dich liebe!

Formen

Direkte Objektpronomen ersetzen ein direktes Objekt, d. h. ein Substantiv als Verbergänzung. Sie stehen normalerweise unmittelbar vor dem Verb. **Me**, **te**, **nos** und **os** stehen für Personen, **lo** und **la** für Sachen und Personen.

	Singular		Plural	
1. Person	**me**	*mich*	**nos**	*uns*
2. Person	**te**	*dich*	**os**	*euch*
3. Person	**lo (le)**	*ihn, es*	**los (les)**	*sie*
	la	*sie, es*	**las**	*sie (nur feminin)*
	lo / la	*Sie*	**los / las**	*Sie*

> Anders als im Deutschen unterscheidet man im Spanischen bei der 3. Person Plural und bei den Sie-Formen des Akkusativpronomens nach dem Geschlecht.

Gebrauch

Lo

- ¿Y el libro?
- ¿Lo tiene Pepe?

- No **lo** encuentro. Tengo que buscar**lo**.
- No sé, no **lo** he visto. Voy a llamar**lo**.

Lo ersetzt eine männliche Person oder Sache im Akkusativ.

- Estamos en una crisis.
- Ya **lo** sé, pero no es tan grave.

Lo steht für einen Sachverhalt, eine Situation oder einen ganzen Satz.

> In den Ländern, in denen **vos** verwendet wird, sind die dazugehörigen Objektpronomen die gleichen wie von **tú**: ¡A vos no **te** veo!

Pronomen

Personalpronomen

- ¿Es usted el jefe?
- Esto es fácil, ¿verdad?
- ○ Yo no **lo** soy, **lo** es el señor Pardo.
- ○ Claro que **lo** es.

Lo ersetzt ein Substantiv oder ein Adjektiv nach **ser** oder **estar**.

La, los, las

- ¿Y la llave?
- ¿La tiene Lina?
- ○ No **la** encuentro. Tengo que buscar**la**.
- ○ Quizá, pero no **la** he visto. Voy a llamar**la**.

La steht für eine weibliche Person oder Sache im Akkusativ.

- ¿Y los libros? ¿Y dónde están la pluma y el lápiz?
- ○ No **los** encuentro. Tengo que buscar**los**.
- ¿Los tienen los chicos?
- ○ Quizá, pero no **los** he visto. Voy a llamar**los**.

Los steht für mehrere Personen oder Sachen im Akkusativ, von denen mindestens eine maskulin ist.

- ¿Dónde están las llaves?
- ○ No **las** encuentro. Tengo que buscar**las**.
- Quizá las tienen las chicas.
- ○ Puede ser, pero no **las** he visto. Tengo que llamar**las**.

Las steht für mehrere weibliche Personen oder Sachen im Akkusativ.

- ¿Hay una oficina de turismo?
- ¿Hay hoteles buenos aquí?
- ○ Sí **la** hay, está muy cerca.
- ○ Sí **los** hay, y muy buenos.

Lo, **la**, **los** oder **las** ersetzen ein Substantiv bei **hay**.

Le / Les als Akkusativobjekt

- ¿Conoces a Juan?
- ¿Conoces a los señores Pérez?
- ○ Sí, **le** conozco.
- ○ Sí, **les** conozco.

In einigen Gegenden Spaniens werden **lo** und **los** durch **le** und **les** als direkte Objektpronomen ersetzt, aber nur für männliche Personen.

Les invitamos cordialmente a la celebración de aniversario.

Auch in anderen Gegenden ist dieser Gebrauch in der schriftlichen formellen Sprache verbreitet.

Pronomen

Personalpronomen

4. Indirekte Objektpronomen

> 1 Estos jerseys **me** gustan. ¿**Me** compras uno?

> 2 No, ¡ya no **te** compro nada más hoy! ¡Hemos gastado demasiado!

---
1. Diese Pullover gefallen mir. Kaufst du mir einen?
2. Nein, ich kaufe dir heute nichts mehr! Wir haben zu viel ausgegeben!

Indirekte Objektpronomen, auch Dativpronomen genannt, beantworten die Frage *Wem?*
Meistens ersetzen sie ein indirektes Objekt, d. h. ein Dativobjekt.

Formen

	Singular		Plural	
1. Person	**me**	*mir*	**nos**	*uns*
2. Person	**te**	*dir*	**os**	*euch*
3. Person	**le**	*ihm, ihr*	**les**	*ihnen*
	le	*Ihnen*	**les**	*Ihnen*

Nur in der 3. Person unterscheiden sich die Formen der indirekten von den direkten Objektpronomen.

Anders als im Deutschen wird aber im Singular nicht nach dem Geschlecht unterschieden.

Gebrauch

Si Paquito **nos** trae buenas notas, **le** vamos a comprar una bicicleta.

■ Die indirekten Objektpronomen ersetzen indirekte Objekte.

• A Daniel este pintor **le** interesa mucho. ¿**Os** gustan sus cuadros?
○ Pues no sé... Algunos **me** parecen muy raros.

■ Sie stehen bei Empfindungsverben wie **gustar**, **encantar**, **interesar**, **molestar**, **parecer**, **doler** und **faltar**.

▶ **Verben mit Dativ**
S. 215

• **Me** es imposible comprar la casa, el dinero no me alcanza.
○ No importa, cariño, ¡este piso **nos** basta!

■ Man verwendet sie auch bei einigen unpersönlichen Ausdrücken, z. B. **ser (im)posible** / **necesario** / **suficiente**, **alcanzar**, **bastar** usw.

cariño – *Liebling*

• ¿**Le** puedo preguntar algo?
○ Claro, Doña María, **la** escucho.

■ Manchmal ist der Kasus nach einem Verb anders als im Deutschen!

! Im Spanischem stehen mit Dativ u. a. **preguntar** *(fragen)*, **mentir** *(anlügen)*; mit Akkusativ u. a. **seguir** *(folgen)*, **felicitar** *(beglückwünschen)* und **escuchar** *(zuhören)*.

77

Pronomen

Personalpronomen

5. Verdoppelung von Akkusativ- und Dativpronomen

1 **A Juan** no **lo** veo. ¿Ha salido?

2 **A mí** no **me** ha dicho nada.

3 **Eso** no **lo** entiendo. ¡**Al jefe** no **le** va a gustar nada!

1. Juan sehe ich nicht. Ist er weggegangen? 2. Mir hat er nichts gesagt. 3. Das verstehe ich nicht. Dem Chef wird das bestimmt gar nicht gefallen!

Akkusativ- und Dativobjekte können im Spanischen „verdoppelt" werden, dann stehen im selben Satz sowohl Objekt (mit Substantiv oder betontem Pronomen) als auch unbetontes Pronomen. Dabei steht das unbetonte Pronomen immer vor dem Verb.

Gebrauch

el triciclo – das Dreirad

Le vamos a comprar una bicicleta **al niño** / **a Paquito**.
A las niñas les vamos a regalar triciclos, porque son más pequeñitas.

In der Regel wird das indirekte Objektpronomen der 3. Person Singular oder Plural verdoppelt, auch wenn das Substantiv bzw. der Name im selben Satz erwähnt wird. Das Dativobjekt kann am Anfang oder am Ende des Satzes stehen.

Im Deutschen hebt man die Stimme, um diesen Effekt der Bekräftigung zu erlangen.

El libro lo he leído en un solo día.
A Susana y a Gloria no **las** voy a invitar.

Will man das direkte Objekt verstärken oder hervorheben, so stellt man es an den Satzanfang und verdoppelt es durch ein Objektpronomen.

Merke: **a** + betontes Pronomen darf nie ohne Verdoppelung stehen! Z.B. sind **me** und **la** bei <u>A mí</u> esto no **me** parece bien bzw. <u>A ella</u> no **la** veo obligatorisch.

A mí esto no **me** parece bien. ¿Qué **os** parece **a vosotros**?
A ella no **la** voy a consultar.

Man verdoppelt Objektpronomen mit **a** + betontes Pronomen, wenn man den Kontrast bzw. die Meinung bekräftigen möchte.

Mi hija siempre **lo** cuenta **todo**.

Wird **todo** als direktes Objekt verwendet, tritt es meistens mit **lo** auf.

Pronomen

Personalpronomen

6. Reflexivpronomen

> 1 Yo siempre **me** ducho con agua fría.

Reflexivpronomen sind eine besondere Art von Objektpronomen.

> 2 Así **me** pongo fuerte contra la gripe.

▶ **Reflexive Verben**, S. 216

1. Ich dusche immer mit kaltem Wasser. 2. So härte ich mich gegen Grippe ab.

Formen:

(yo)	**me**	llamo
(tú)	**te**	llamas
(él, ella, usted)	**se**	llama
(nosotros/-as)	**nos**	llamamos
(vosotros/-as)	**os**	llamáis
(ellos, ellas, ustedes)	**se**	llaman

Bis auf die 3. Person Singular und Plural **se** *(sich)* sind die Reflexivpronomen mit den Objektpronomen identisch!

Gebrauch

• ¿**Os** divertís?   ○ ¡Sí! ¡Nunca **nos** hemos divertido tanto!

▎Sie werden bei reflexiven Verben mitgebeugt.

Hoy los chicos se escuchan a **sí** mismos y no se ponen de acuerdo entre **sí**!

▎Nach einer Präposition verwendet man die Form **sí**. **Entre sí** bedeutet *untereinander*.

Mis amigos siempre llevan el móvil **consigo**.

▎Die Präposition **con** verschmilzt zu der Sonderform **consigo**.

el (teléfono) móvil – *das Handy*

No siempre es fácil, pero **uno se** acostumbra.

▎Bei unpersönlichen Aussagen verwendet man **uno/-a se**.

acostumbrarse a algo – *sich an etwas gewöhnen*

Pronomen

Personalpronomen

7. Stellung der Objekt- und Reflexivpronomen

Ein Pronomen im Satz

¿A Juana? No **le** he enviado un e-mail, **la** veo en el colegio.
¡No **la** llames! Hoy **se** queda para la clase de deporte.

In der Regel stehen Objekt- und Reflexivpronomen vor dem konjugierten Verb. Bei zusammengesetzten Zeiten stehen sie deshalb vor dem Hilfsverb **haber**.

¿La carta? Felipe está escribiéndo**la**. / Felipe **la** está escribiendo.
¿La leche? Voy a comprar**la**. / **La** voy a comprar.

Beim Gerundium sowie bei Infinitivkonstruktionen, z. B. Modalverb + Infinitiv, **ir a** + Infinitiv oder **tener que** + Infinitiv, können die Pronomen an das Gerundium oder den Infinitiv angehängt werden. Sie können aber auch vor dem konjugierten Verb stehen.

Busca a Pedro.   ¡Búsca**lo**!

Beim bejahten Imperativ müssen die Pronomen angehängt werden.

> Wenn Pronomen angehängt werden, bekommt das Verb häufig einen Akzent, damit die ursprüngliche Betonung erhalten bleibt: **búscalo**, **escribiéndola**.

Mehrere Pronomen in einem Satz

- Las manos, ¿**te las** has lavado ya?
- **Me las** estoy lavando. / Estoy lavándo**melas**.

Das Reflexivpronomen steht vor dem direkten Objektpronomen, d. h. **me lo**, **te la**, **se los**, **se las** usw.

- Los zapatos azules, ¿**me los** dejas?
- No, lo siento, hoy no **te los** puedo dejar / hoy no puedo dejár**telos**.

Das indirekte Objektpronomen steht vor dem direkten Objektpronomen, d. h. **me lo**, **te la**, **nos las**, **os los** usw.

- ¿Quién **le** ha regalado las rosas a Carmen?
- **Se las** ha enviado un amigo, y el CD **se lo** he regalado yo.

Stehen die indirekten Objektpronomen (Dativ) **le** und **les** vor dem direkten Objektpronomen (Akkusativ) **lo**, **la**, **los**, **las**, dann werden **le** und **les** durch **se** ersetzt.

> Das Reflexiv- bzw. Dativpronomen steht immer <u>vor</u> dem Akkusativ!

> le / les +
> lo ▶ se lo
> la ▶ se la
> los ▶ se los
> las ▶ se las

Üben und Anwenden

Personalpronomen

1. Übersetzen Sie bitte. *

a) Wo ist das Auto? Funktioniert es nicht?

¿Dónde está el coche? ¿No funciona?

b) Herr Mata, Sie wohnen weit weg, nicht wahr? Ich auch.

_____

c) Jesús und María arbeiten seit einem Monat. Sie arbeitet in einer Bank und er in einem Supermarkt.

_____

d) • Dieses Bild ist sehr interessant. ○ Ja, es ist sehr modern.

_____

e) • Die neue Kollegin?
○ Ich bin es nicht, sie ist das. Ich bin nur zu Besuch.

_____

> Bitte vergessen Sie nicht, dass es kein Pronomen für das deutsche *es* als Subjekt gibt!

desde hace un mes – *seit einem Monat*

estar de visita – *zu Besuch sein*

2. Verónica unterhält sich mit einer Freundin auf einer Party. Vervollständigen Sie bitte das Gespräch mit den fehlenden Pronomen. *

a) • Estos son mis hijos. He tenido que venir con __ellos__ porque hoy no ha venido Nuria, mi "canguro".

b) ○ ¿Cuánto tiempo lleva Nuria con _____ de "canguro", Verónica?

c) • Tres meses. Pero entre _____ y _____ a veces es un poco informal.

d) ○ Pues yo tengo una "canguro" excelente. Mira, es esa chica que está detrás de _____. Si quieres, puedes hablar con _____.

"la canguro" – *in Spanien „Babysitter"*

3. Welche Sätze gehören zusammen? Verbinden Sie die Sätze. *

a) ¡Huy, qué manos tan sucias, hijito!
b) Esta falda me queda muy bien.
c) La sopa está demasiado sosa.
d) A mí no me gusta el nuevo colega.
e) La situación está muy difícil.
f) ¡Qué rica está la tarta de fresas!

1) ¿Me das un poco para probarla?
2) No lo creo, yo soy optimista.
3) Ahora me las lavo, mamá.
4) ¿Se la paso a la caja?
5) ¡Hombre, pero si no lo conoces!
6) ¿Le falta sal? ¿Te la paso?

Üben und Anwenden

Personalpronomen

4. Übersetzen Sie bitte die Wörter in Klammern anhand von Präposition + Pronomen. **

a) • A Juan lo veo, pero María, ¿dónde está? *(Sie)* _A ella_ no la veo.

   ○ Hombre, *(dir)* _____ te lo digo, ¡yo sé que no va a venir!

b) • Martha, ven *(mit mir)* _____. Tenemos que solucionar el conflicto *(zwischen dir und mir)* _____, sin nadie más.

   ○ No, Pablo, yo ya no quiero hablar más *(mit dir)* _____. ¡*(Für mich)* _____, ya todo está dicho!

c) • … Y de pronto vi a un hombre *(hinter uns)* _____, comisario.

   ○ No, Loreto, estaba *(vor dir)* _____, pero como estaba oscuro…

5. Ersetzen Sie die in der Frage fett gedruckten Wörter durch die entsprechenden direkten Objektpronomen in diesem Interview. *

a) • Yanbal, **tus admiradoras** te aman, ¿no es así?

   ○ Pues sí, afortunadamente, y yo _las_ amo a ellas también.

b) • Dime, ¿compones tú mismo **todas tus canciones**?

   ○ No, algunas _____ compone mi hermano, que también es del grupo.

c) • ¿Conoces desde hace mucho tiempo a todos los miembros?

   ○ Bueno, **a mi hermano** ____ he conocido de toda la vida, jeje, y a **Chalo y a David** ____ conozco desde la escuela.

la gira – *die Tournee*

d) • ¿Cuándo vais a hacer **la próxima gira** para presentar **los nuevos temas**?

   ○ _____ vamos a hacer el mes que viene. ____ queremos hacer por todo el país, así todos vosotros _____ vais a conocer muy pronto.

6. Schreiben Sie die letzte Antwort der Übung 5 mit der geänderten Stellung der Pronomen auf.

_____

_____

_____

Üben und Anwenden

Personalpronomen

7. Verdoppeln Sie die hervorgehobenen Objekte mithilfe der unbetonten Pronomen. *

a) No, señor Cano. No _les_ he podido enviar los paquetes **a los clientes**.

b) **A mí** _____ encanta la pizza. ¿Vamos a un restaurante italiano?

c) ¿Por qué no _____ das de comer **al gato**? Tiene hambre.

d) Y ahora, ¿por qué esa cara, hijito? ¿**A ti** qué _____ duele?

e) El profesor _____ va a explicar la gramática **a vosotros**, no a mí.

f) Yo ya no _____ presto dinero **a mis compañeros**, porque nunca pagan.

g) **A nosotras** Leticia no _____ ha presentado a su novio, no lo conocemos.

h) Nacho está muy nervioso. Es que _____ va a pedir un aumento **a su jefe**.

i) ¿Quién _____ ha traído este pastel **a los niños**? ¡Mmmh! Está muy rico.

el aumento –
die (Gehalts-)Erhöhung

8. Setzen Sie bitte die Reflexivpronomen ein. *

a) Mario siempre _se_ prueba toda la ropa de la tienda, ¡es horrible!

b) Uff, ¡_____ aburrimos mucho en vacaciones! No hay nada que hacer.

c) La verdad es que _____ preocupo demasiado y por eso no _____ decido.

d) ¿Por qué _____ ponéis así? Tenemos que relajar_____ un poco, ¿no?

e) • ¿Ya _____ despides? ¿No _____ quedas un poco más de tiempo?

f) ○ No, _____ tengo que ir porque a esta hora _____ va el último tranvía.

> Haben Sie gemerkt, was **se** alles sein kann? 1. Reflexivpronomen, 2. indirektes Objektpronomen, wenn **lo**, **la**, **los** oder **las** unmittelbar folgen und 3. das unpersönliche *man*, z. B. **¿Cómo se escribe?**

el tranvía –
die Straßenbahn

9. Übersetzen und „verdoppeln" Sie die unterstrichenen Objekte. **

a) Laura sehe ich nicht mehr.

_____.

b) Diese Rechnungen zahlen wir sofort.

_____.

c) Nur euch liebe ich so sehr!

_____.

Üben und Anwenden

Personalpronomen

10. Setzen sie die fehlenden Pronomen ein. *

> Merken Sie sich bitte folgende Reihenfolgen: **me / te / se** + **lo / la / los / las**.

a) • ¿Mamá, me compras un helado?
   ○ Sí, claro que _te_ _lo_ compro, Juanito.

b) • ¿Nos da esas revistas por favor, señor?
   ○ Sí, ahora ____ ____ doy, señores.

c) • ¿Me prestas dinero, María?
   ○ No, no ____ ____ puedo prestar porque no tengo.

d) • Camarero, ¡otras dos cervezas, por favor!
   ○ Sí, señores, enseguida ____ ____ traigo.

e) • ¿Nos recomienda usted este restaurante?
   ○ Sí, ____ ____ recomiendo, señoritas.

f) • ¿Nos das los libros, Pepe?
   ○ Claro, chicos, ahora ____ ____ doy.

11. Ersetzen Sie die unterstrichenen Wörter dieser Zeitungsüberschriften durch Pronomen. **

La empresa CF vende <u>aparatos médicos</u> a bajo costo <u>a países pobres</u>.

▶ ¿A cuánto _se_ _los_ vende?

> **!** In Zeitungsüberschriften wird häufig auf die Verdopplung der Dativobjekte verzichtet, um Platz zu sparen und prägnant zu sein.

La Seguridad Social anuncia <u>más ayudas</u> <u>a las familias</u>.

▶ ¡Siempre _____ _____ anuncia!

El gobierno no <u>nos</u> mandará <u>más tropas</u>.

▶ ¿Seguro no _____ _____ mandará?

Los ciudadanos piden <u>una explicación</u> <u>al Ministro</u>.

▶ ¡Hombre, claro que _____ _____ piden!

Los médicos recetan <u>demasiadas medicinas</u> <u>a sus pacientes</u>.

▶ ¿Por qué _____ _____ recetan?

Üben und Anwenden

Personalpronomen

12. Reagieren Sie, indem Sie mithilfe der Wörter rechts die Sätze vervollständigen. Achten Sie dabei auf die Stellung der Pronomen. **

a) • ¿De dónde has sacado ese vestido tan sexy?
   ○ _Me lo he comprado_ en la playa.   comprado he lo me

b) • ¿Le han gustado las blusas a María?
   ○ No sé, _____ ahora mismo.   está las probando se

c) • ¡Qué bonito bolígrafo! Es muy original.
   ○ Si lo quieres, _____.   regalar lo puedo te

d) • ¿Dónde está Carolina? ¿Se ha ido con Ramón?
   ○ Sí, justamente _____ al cine.   ha con ido él se

e) • Señorita, ¿ya está lista la carta para firmarla?
   ○ Ya casi, señor López. En un minuto _____ a su oficina.   a voy la se llevar

13. Bei welchen Sätzen der vorherigen Übung kann die Reihenfolge der Pronomen auch anders sein? Schreiben Sie die Sätze neu und notieren Sie deren Buchstabe. **

___) _____
___) _____
___) _____

14. Suchen Sie in diesem Prospekt über Argentinien die richtigen Pronomen aus. **

a) Argentina te/se invita a conocer el país y a sus habitantes. ¿Has pensado alguna vez en los argentinos y en las diferencias culturales?

b) Es muy interesante pensar en las/ellas para entender los/ellos mejor.

c) Todos sabemos que —/los comen mucha carne y también que lo/la exportan a otros países.

d) Quizá usted conoce la tradición del mate pero, ¿sabía usted que —/lo toman en un ritual de amigos que proviene de los gauchos?

e) Quizá por esas tradiciones se/— tienen otras prioridades que nos/nosotros : para les/ellos lo más importante es vivir la vida.

> Bitte daran denken: Subjektpronomen nur für Personen! **Lo/la** sind keine Subjektpronomen!

Üben und Anwenden

Personalpronomen

f) La capital del país es Buenos Aires. La/— tiene 12 millones de habitantes. Sus habitantes te/se llaman "porteños".

g) Buenos Aires es una ciudad enorme. ¡En ella/nos hay mucho tráfico!

h) El clima en Buenos Aires es agradable, pero en otras regiones de Argentina, lo/— es muy diferente.

i) Argentina es un país muy variado y grande. A ti/tu , ¿ te/les gustaría visitar se/lo también?

15. Enrique, unser Romanheld, denkt darüber nach, wie er die Trennung von seiner Geliebten Luisa besser verkraften kann. Setzen Sie die fehlenden Pronomen und den Akzent, wenn nötig, ein. ***

a) Enrique puso la foto que Luisa __le__ había dado delante de ____ en su escritorio y ____ miró con amor.

b) "Ahora siempre estarás con_____," _____ dijo.

c) Luego _____ _____ repitió a ____ mismo:

d) "Sí, ahora _____ siempre estará con_____, pero _____ pregunto si también tiene mi foto con_____ todo el tiempo."

e) Entonces decidió escanear una foto de los dos y mandar_____ anexa en el siguiente emilio.

f) Así Luisa podría convertir____ en protector de pantalla, y Enrique estaría con _____ todo el tiempo.

g) "¡Qué buena idea", _____ felicitó Enrique a _____ mismo.

escanear – *scannen*

el emilio – *Umgangssprache: E-Mail*

el protector de pantalla – *Bildschirmschoner*

Die Demonstrativpronomen

1. ¿Qué coche te gusta más, **este** o **ese**?
2. A mí me encanta **aquel** rojo convertible.

Demonstrativpronomen stehen für Substantive. Sie bestimmen die Nähe, die man zu etwas oder jemandem hat.

1. Welches Auto gefällt dir besser, dieses oder das da? 2. Ich finde jenes rote Cabriolet toll.

Die meisten Formen der Demonstrativpronomen und -begleiter sind gleich. Sie richten sich in Geschlecht und Zahl nach dem Substantiv, das sie ersetzen.

▶ **Demonstrativbegleiter**, S. 28

Formen

	Maskulin	Feminin	Neutrum	Adverb
Singular	este	esta	esto	(de aquí)
	ese	esa	eso	(de ahí)
	aquel	aquella	aquello	(de allí)
Plural	estos	estas		(de aquí)
	esos	esas		(de ahí)
	aquellos	aquellas		(de allí)

Früher musste man die maskulinen und femininen Formen durch einen Akzent von den Demonstrativbegleitern unterscheiden. Heute ist er nicht mehr obligatorisch. Nur die Formen im Singular Neutrum weisen niemals einen Akzent auf.

Gebrauch

Quería queso de **este**, aceitunas de **esas** y cacahuetes de **aquellos**.

■ Das räumliche, zeitliche oder geistige Verhältnis, das der Sprecher bzw. die Sprecherin zu einer bezeichneten Sache oder Person hat, wird durch ein entsprechendes Demonstrativpronomen ausgedrückt.

De mis hijas Beatriz y Ana María, **esta** se parece a su padre, y **aquella** se parece a mí.

■ Verweist man auf zwei zuvor genannte Substantive, bezieht sich **aquel** auf das erste, während **este** mit *letztere/r/s* übersetzt wird.

- ¿Qué es **eso**?
- **Esto** es una máquina para hacer helado.

■ **Esto**, **eso** und **aquello** beziehen sich immer auf Sachverhalte oder auf Sachen, die noch zu definieren sind.

1. **Esto**, **eso** und **aquello** stehen nie mit einem Substantiv zusammen!
2. Häufige Redewendungen mit **eso** sind: **Eso es** *(das stimmt/gute Idee!)*, **eso sí** *(das schon/auf jeden Fall)*, **por eso** *(deswegen)*.

el cacahuete – die Erdnuss

Pronomen

Possessivpronomen

Die Possessivpronomen

Possessivpronomen ersetzen Substantive. Sie zeigen Besitz oder Zugehörigkeit an.

▶ **Possessivbegleiter**, S. 30

1 ¿Y este loro? Es igual al **mío**. El **mío** ya dice algunas palabras.

2 Pues el **mío** es más listo que el **tuyo**, no sólo habla, ¡además canta!

1. Und dieser Papagei? Er ist wie meiner. Meiner sagt schon einige Wörter.
2. Nun, meiner ist schlauer als deiner, er spricht nicht nur, er singt außerdem noch!

Die Formen der Possessivpronomen entsprechen denen der betonten Possessivbegleiter. Sie richten sich in Geschlecht und Zahl nach dem Substantiv, das sie ersetzen.

Formen

Wie beim Possessivbegleiter wird das Geschlecht des Besitzers nicht zum Ausdruck gebracht.

Besitzer \ Besitz	Singular maskulin	Singular feminin	Plural maskulin	Plural feminin
yo	(el) **mío**	(la) **mía**	(los) **míos**	(las) **mías**
tú	(el) **tuyo**	(la) **tuya**	(los) **tuyos**	(las) **tuyas**
él / ella / usted	(el) **suyo**	(la) **suya**	(los) **suyos**	(las) **suyas**
nosotros / nosotras	(el) **nuestro**	(la) **nuestra**	(los) **nuestros**	(las) **nuestras**
vosotros / vosotras	(el) **vuestro**	(la) **vuestra**	(los) **vuestros**	(las) **vuestras**
ellos / ellas / ustedes	(el) **suyo**	(la) **suya**	(los) **suyos**	(las) **suyas**

Gebrauch

- ¿De quién es este libro, es **tuyo**?   ○ Sí, es **mío**.
- No he escuchado bien. ¿De quién es?   ○ ¡**Mío**!

Mit **ser** oder allein beantworten Possessivpronomen die Frage nach dem Besitzer einer Sache bzw. der Zugehörigkeit einer Person.

- Mi coche no tiene aire acondicionado. ¿Vamos en **el tuyo**?

Ansonsten steht das Possessivpronomen immer mit dem bestimmten Artikel.

Die Frage- bzw. Ausrufepronomen

1 ¿A **quién** buscamos?
Hay mucha gente.

2 Sí, ¡**cuánta**!
No se ve nada.

Im Unterschied zu den Frage- und Ausrufebegleiter stehen die Pronomen ohne Substantiv.

▶ **Frage- und Ausrufebegleiter**, S. 32

1. Wen suchen wir? Es gibt viele Leute. 2. Ja, wie viele! Man sieht nichts.

Formen

		Sache	Person	Auswahl	Menge
Singular	mask.	qué	quién	cuál	cuánto
	fem.				cuánta
Plural	mask.		quiénes	cuáles	cuántos
	fem.				cuántas

Frage- und Ausrufepronomen tragen immer einen Akzent.

Qué steht nie für Personen.

Gebrauch

- ¿**Qué** haces? ¿**Qué** lees? ¿En **qué** piensas?
- ¡**Qué** te has creído! ¿Eres la policía para preguntar tanto?

▎**Qué** *(was)* ist unveränderlich und steht ausschließlich für Sachen bzw. Sachverhalte.

- ¿Para **qué** necesitas esto?
- ¿De **qué** me hablas? ¿Por **qué** preguntas?

▎Mit Präpositionen ist die Übersetzung unterschiedlich:
para qué *(wofür)*, **por qué** *(warum)*, **de qué** *(worüber)* usw.

Die Antwort auf **por qué** ist **porque** (ein Wort und ohne Akzent).

- ¿**Quién** es, a **quién** estás llamando, con **quién** hablas?
- Pero, ¡con **quién** me he casado! Siempre quieres saberlo todo.

▎**Quién/es** steht für Personen, die nicht bekannt bzw. nicht bestimmt sind. Wenn man im Voraus weiß, dass man nach mehreren Personen fragt, verwendet man **quiénes**.

Da **quién/es** Personen ersetzt, muss beim direkten Objekt die Präposition **a** davorstehen.

▶ **Substantiv im Satzgefüge**, S. 16

Pronomen

Frage- bzw. Ausrufepronomen

- ¿**Cuál** te gusta más, esta o aquella?
- Me da igual. ¿Tú **cuál** de las dos prefieres?

Cuál/es *(welche/r/s)* wird nur als Fragepronomen verwendet. Es fragt nach einer Person oder einer Sache und dient der Auswahl aus einer Menge. Ist diese nicht klar, wird sie durch **de** + Substantiv, Zahl oder Pronomen zum Ausdruck gebracht.

Auch vor **cuál/es** als direktem Objekt steht die Präposition **a**, wenn es Personen ersetzt: ¿**A cuál** de tus hermanos quieres más?

¿**Cuál** es la capital de Bolivia?
¿**Cuál** es su apellido materno? ¿**Cuál** es su número de teléfono?

Mit **cuál/es** fragt man nach etwas, das man voraussetzt, z. B., dass jedes Land eine Hauptstadt und eine Währung bzw. jede Person einen (Nach-)Namen, eine Adresse und eine Telefonnummer hat usw.

- ¿**Quién** ha ido contigo al cine? • *Wer ist mit dir ins Kino gegangen?*
- Un amigo. ○ *Ein Freund.*
- ¿**Cuál**? / ¿**Qué** amigo? • *Wer? / Welcher Freund?*

Wenn die Frage nach der Identität bereits beantwortet wurde, kann man entweder mit dem Pronomen **cuál** oder mit dem Begleiter **qué** + Substantiv weiterfragen.

- ¿**Cuánto** necesita Mario al mes? ¿Dos mil euros?
- Sí, es terrible, nos va a dejar pobres. ¡**Cuánto** gasta este chico!

dejar pobre/s – *in Armut stürzen*

Cuánto/-a/-os/-as *(wie viel/e)* richtet sich in Geschlecht und Zahl nach dem Substantiv und fragt nach der Anzahl bzw. Menge. Als Ausrufepronomen drückt es eine große Menge aus *(wie sehr/sehr viel)*.

Bei einigen festen Wendungen ist die Übersetzung unterschiedlich.

¿**Cuánto** dura/tarda la película?	*Wie lange dauert der Film?*
¿**Cuánto** llevas aquí?	*Wie lange bist du schon hier?*
¿**Cuánto** mide?	*Wie groß sind Sie?*
¿**Cuánto** pesa?	*Was wiegen Sie?*
¿**Cuánto** cuesta?	*Was kostet es?*
¿**Cuánto** es (en total)?	*Wie viel ist es insgesamt?*
¿**A cuánto** están los tomates?	*Was kosten heute die Tomaten?*

Üben und Anwenden

Demonstrativ-, Possessiv-, Frage- und Ausrufepronomen

1. Von wem sind diese Aussagen: von der Verkäuferin der Boutique (la vendedora = V) oder von der Kundin (la cliente = C)? *

a) ¿Por qué no se prueba este? Es la última moda. (V)
b) Quería ver ese rojo, el de la izquierda. ( )
c) Aquel no lo tengo en otra talla, lo siento. ( )
d) Mire usted, esos de ahí están rebajados. ( )
e) Aquella no la tiene en azul, ¿verdad? ( )
f) No, con esto que traigo realmente no combina. ( )
g) ¡Esta me encanta! Me la llevo. ( )

2. In einer Bar. Ergänzen Sie die Endungen der Demonstrativpronomen. *

a) • Hola, Paco. Me das por favor unas sardinas, de es _as_ con tomate.
b) ○ Yo quiero queso. Es____ manchego de ahí tiene muy buena pinta.
c) • Y nos das un vaso de vino tinto, de aque____ del otro día, ¿sabes?
d) □ De es___ ya no me queda. Pero tengo est___, también muy bueno.
e) • Vale, probaremos de es___.
f) □ Aquí está todo. Est_____ es para ti... Y est___ para la señorita.

el bar – *Kneipe und Cafetería*

tener buena pinta – *lecker aussehen*

3. Vervollständigen Sie diese Minidialoge im Flugzeug mit den passenden Possessivpronomen. *

a) • ¿De quién es este bolso? ¿Es __suyo__, señor?
   ○ No, el _____ está debajo de mi asiento.
b) • Estas tazas son _____, ¿verdad, niños? ¿Queréis más chocolate?
   ○ ¡Sí, sí! Esas tazas son _____. La blanca es la _____.
c) • Miriam, ¿esa revista es _____? ¿Me la dejas un momento?
   ○ No es _____. Las _____ son estas, si quieres leerlas...
d) • Imposible dormir contigo aquí en mi asiento, hijo. ¡Vete al _____!
   ○ Es que el _____ está muy atrás y ahí se mueve más el avión, mami.

mía   ~~suyo~~
mías   mía
mío   mío
        vuestras
nuestras
tuyo   tuya

el asiento – *der Sitz*
atrás – *hinten*

Üben und Anwenden

Demonstrativ-, Possessiv-, Frage- und Ausrufepronomen

4. Der Tag des Heiligen Sant Jordi ist auch Tag des Buches in Katalonien. Wie Imma Monsó signieren viele Autoren ihre Bücher und sprechen mit ihren Lesern. Suchen Sie das richtige Pronomen aus. **

a) – Me encanta mi/mío trabajo, – dice, – y también mis/míos lectores. b) Ese día nos dicen sus/suyas opiniones sobre nuestras/nos novelas y sus/suyos personajes, y nos piden las nuestras/nos sobre muchos temas: c) "Los padres de José son como los mis/míos. Dime, ¿los tus/tuyos son así también?" d) "Yo soy divorciada y la relación con mi/mío marido es terrible. ¿Cómo Charo puede vivir con el suo/suyo en tu/tuya novela?" e) "Es usted muy feminista. ¿Cuándo vosotras las mujeres aceptaréis vos/vuestras tareas?" y más cosas así… f) El día es muy intenso, pero al final me alegro de volver a lo más/mío.

lo mío – mein Ding

5. Setzen Sie die Fragepronomen ein. *

a) Perdone, ¿ __cuál__ es la caja para cambiar cheques de viaje?

b) • Esta es, señor. ¿_____ quiere cambiar?
   ○ 500 euros.

c) • ¿_____ es el titular, usted?

d) ○ Sí. ¿Por _____?
   • Es que necesito su documento de identidad.

cambiar – hier: wechseln
el titular – hier: der Antragsteller

6. Hier haben Sie sechs ganz verschiedene Situationen. Was fehlt: **qué** oder **cuál**? *

a) ¿ __Qué__ me pongo, falda o pantalones?

b) Mi amor, ¿_____ tienes, _____ te pasa?

c) ¿_____ es la moneda de Costa Rica?

d) Tengo queso manchego y suizo. ¿_____ preferís?

e) ¿_____ hacemos? ¿Vamos al parque o al gimnasio?

f) ¿_____ es su correo electrónico?

Pronomen

Indefinitpronomen

Die Indefinitpronomen

1 ¿**Algo** más?
2 No, creo que es **todo**.
3 ¿No te parece **suficiente**?

1. Noch etwas? 2. Nein, ich glaube, es ist alles. 3. Findest du es nicht genug?

Die meisten Indefinitpronomen entsprechen den Indefinitbegleitern, werden jedoch ohne Substantiv verwendet.

> Indefinitpronomen ersetzen unbestimmte Personen oder Sachen.

> Nur die Indefinitpronomen **algo**, **alguien**, **nada** und **nadie** gibt es nicht als Begleiter.

▶ **Indefinitbegleiter**, S. 37

Indefinitpronomen bezüglich Anzahl oder Menge

1. *mucho, poco, bastante, demasiado, suficiente*

Singular		Plural	
maskulin	feminin	maskulin	feminin
mucho	**mucha**	**muchos**	**muchas**
poco	**poca**	**pocos**	**pocas**
bastante	**bastante**	**bastantes**	**bastantes**
demasiado	**demasiada**	**demasiados**	**demasiadas**
suficiente	**suficiente**	**suficientes**	**suficientes**

Gebrauch

- ¿Hay **suficiente** en la nevera?
- A ver… Quesos hay **bastantes**. Pero postres hay **pocos** y helados no hay **demasiados** tampoco.

■ **Mucho**, **poco** und **demasiado** stimmen mit dem Substantiv in Geschlecht und Zahl überein. **Bastante** und **suficiente** haben nur eine Form für den Singular und fügen für den Plural ein **-s** hinzu.

Pronomen

Indefinitpronomen

2. alguien – nadie, algo – nada, alguno – ninguno

Steht ein „negatives" Indefinitpronomen nach einem Verb, so muss **no** oder ein anderes Verneinungswort (z. B. **tampoco**) davor stehen.

1 ¿Ya nadie quiere **nada**?

2 Bueno, yo sí. Dame **alguna** de esas tapas que están en la mesa.

1. Will niemand mehr etwas?
2. Ok., ich schon. Gib mir irgendeine dieser Tapas, die auf dem Tisch sind.

		Sache	Person	Sache / Person maskulin	feminin
Singular	+	algo	alguien	alguno	alguna
	–	nada	nadie	ninguno	ninguna
Plural	+			algunos	algunas

Gebrauch

- Te pasa **algo**, ¿verdad?
- ○ ¡Qué va! No me pasa **nada**.

Algo *(etwas)* und **nada** *(nichts)* ersetzen Sachen.

- ¿Has visto a **alguien**?
- ○ No, no he visto a **nadie**.

Alguien *(jemand)* und **nadie** *(niemand)* ersetzen Personen.

Es gibt nur ganz wenige Wendungen, in denen **ningunos / -as** im Plural vorkommt, z. B. **No tengo ningunas ganas.** *(Ich habe überhaupt keine Lust.)*

- Aquí están las fotos. ¿Nos sirve **alguna** para la presentación?
- ○ ¡Uff! Creo que no nos sirve **ninguna**.

Alguno / -a / -os / -as beziehen sich auf Sachen oder Personen. Sie richten sich in Geschlecht und Zahl nach dem Substantiv, das sie ersetzen. **Alguno** bedeutet *irgendein / e / r / s*, während der Plural **algunos**, **algunas** mit *einige, manche* übersetzt wird. **Ninguno** wird praktisch nur im Singular verwendet und bedeutet *kein / e / r / s*.

- ¿Puede venir **alguno de** vosotros?
- ○ Lo siento, pero en este momento no puede ir **ninguno del** grupo.

Alguno bzw. **ninguno de** + Pronomen / Artikel + Substantiv bedeutet *eine / r / s* bzw. *keine / r / s von / aus*.

Pronomen

Indefinitpronomen

3. uno / -a

Uno tiene que tener cuidado. **Una** también, por supuesto.
Man muss aufpassen. „Frau" auch, selbstverständlich.

▪ **Uno / -a** als Pronomen bedeutet *man*, hat aber im Unterschied zum Deutschen auch „offiziell" eine feminine Form.

Unos van, **otros** vienen.

▪ Der Plural **unos / -as** bedeutet „einige".

> **Unos / -as** steht oft im Kontrast zu **otros** *(andere)*.

4. todo / -a / -os / -as

Vivo en Barcelona porque hay de **todo**. ¡Es que quiero **todo** o nada!

▪ Das Pronomen **todo** im Singular Maskulinum bedeutet *alles*.

- ¿Vamos **todos** al cine?
- ¿Te doy un trozo de esta pizza?
- ○ Sí, pero antes quiero comer.
- ○ **La** quiero **toda**, ¡tengo hambre!

▪ Ansonsten richtet sich **todo / -a / -os / -as** in Geschlecht und Zahl nach dem Substantiv, das es ersetzt, und bedeutet im Singular *ganz* und im Plural *alle*. Zusammen mit der 1. bzw. 2. Person Plural des Verbs kann es als *wir* bzw. *ihr alle* wiedergegeben werden.

Feste Wendungen:

sobre todo	*hauptsächlich*
después de todo	*schließlich*
del todo	*völlig, ganz*
así y todo	*und trotzdem*
de todo un poco	*von allem etwas*

> Ist **todo / -a / -os / -as** direktes Objekt, wird es in der Regel mit dem Akkusativpronomen **lo / la / los / las** vor dem Verb verdoppelt.
>
> ▶ **Verdoppelung Personalpronomen**, S. 78

5. tanto / -a / -os / -as

¿Por qué has comprado **tanto**? Si aquí ya no vivimos **tantos**, ¿no?

▪ Das Pronomen **tanto** bedeutet *so viel / e* und richtet sich in Geschlecht und Zahl nach dem Substantiv, das es ersetzt.

Pronomen

Indefinitpronomen

Weitere Indefinitpronomen

1. *otro/-a/-os/-as, demás, cada uno/-a*

- Si todavía quedaba cava en la botella, ¿por qué has abierto **otra**?
- Porque ahora mismo vienen Laura y las **otras** para brindar contigo.

Otro/-a/-os/-as stimmen in Geschlecht und Zahl mit dem Substantiv überein. Es bedeutet *ein/e andere/r/s, ein/e weitere/s/r, noch ein/e.*

> Anders als im Deutschen wird der unbestimmte Artikel vor **otro** nie verwendet!

- Anda, ¡sirve copas para **las demás**! **Lo demás** no importa ahora.

Demás ist unveränderlich und kommt immer mit dem bestimmten Artikel zusammen vor. Es bedeutet *alle/s andere*.

Aquí **cada uno** de nosotros ayuda en la cocina.

Cada uno/-a und bedeutet *jede/r/s Einzelne/r*. Die Zugehörigkeitsgruppe kann mit der Präposition **de** angegeben werden.

Feste Wendungen mit **uno** und **otro**:

unos y otros	*sowohl die einen als auch die anderen*
uno u otro	*der eine oder der andere*
uno al otro	*einer dem anderen*

2. *cualquiera, varios*

- No podemos invitar a **cualquiera**.

Cualquiera steht fast immer im Singular und bedeutet *jeder (Beliebige)*.

Hoy vinieron todas las primas y **varias** me preguntaron por ti.

Varios/-as *(mehrere)* steht immer im Plural und richtet sich im Geschlecht nach dem Substantiv, das es ersetzt.

> Steht der unbestimmte Artikel davor, hat es eine abwertende Bedeutung: **Es un cualquiera** *(Er ist irgendwer)*.
> Die Pluralform **cualesquiera** ist sehr selten.

3. *mismo/-a/-os/-as*

Siempre es **lo mismo** contigo, tus excusas siempre son **las mismas**.

Lo mismo bedeutet *das Gleiche*. Ansonsten steht *mismo/-a/-os/-as* immer mit dem bestimmten Artikel und richtet sich in Geschlecht und Zahl nach dem Substantiv. Es wird mit *der/die/das Gleiche* bzw. *der-/die-/dasselbe* wiedergegeben.

Relativpronomen

1 El hotel **que te recomiendo** está muy cerca de la playa.

2 Las playas **a las que** puedes ir desde allí están muy limpias.

---

1. Das Hotel, das ich dir empfehle, ist in der Nähe des Strandes.
2. Die Strände, zu denen du von da aus gehen kannst, sind sehr sauber.

Relativsätze werden meist durch Relativpronomen eingeleitet. Aber auch der Relativbegleiter **cuyo** und einige Relativadverbien können diese Funktion übernehmen. Der Einfachheit halber führen wir sie hier alle auf.

> Relativpronomen leiten einen Nebensatz ein und haben meistens ein Bezugswort im Hauptsatz.

▶ **Haupt- und Nebensätze**, S. 232

1. Relativpronomen

Relativpronomen ersetzen ein Substantiv. Ersetzen sie eine Person als direktes Objekt, dann steht die Präposition **a** davor.

Formen

	Sache	Person	Sache/Person maskulin	Sache/Person feminin	Sachverhalt neutrum
Singular	que	quien	el que el cual	la que la cual	lo que lo cual
Plural	que	quienes	los que los cuales	las que las cuales	

> Im Gegensatz zu den Fragepronomen tragen Relativpronomen keinen Akzent.

▶ **Fragepronomen**, S. 89

Pronomen

Relativpronomen

Vor einem Relativsatz setzt man nur dann ein Komma, wenn er zusätzliche Information gibt und nicht zur Identifikation dient: **La paella, que es de Valencia, es popular en toda España.**

Quien kommt in vielen Sprüchen und Volksweisheiten vor, z. B. **Quien busca, encuentra.** *(Wer sucht, der findet.)*.

el atasco – *der Stau*
por lo que/cual – *hier: weswegen*

▸ **Bestimmter Artikel**, S. 21

Gebrauch

Este es el chico **que** sabe cocinar. La paella **que** hace es estupenda, pero la receta con **que** la prepara es un secreto.

■ **Que** ist unveränderlich und kann sich auf Personen als Subjekt und Sachen als Subjekt oder direktes Objekt beziehen. Bei Sachen steht es manchmal auch nach den Präpositionen **a**, **con**, **de** und **en**.

Luz no es la única a **quien** he consultado. **Quienes** saben más son María y Raúl, ahora son ellos en **quienes** confío para solucionar esto.

■ **Quien** wirkt formeller als **que**. **Quien** bezieht sich auf eine Person, **quienes** auf mehrere Personen. Nach längeren Präpositionen bevorzugt man **el que**, **la que**, **los que** und **las que**.

La hermana de Pablo es la única a **la que** quiero y con **la que** deseo casarme. Con ella quiero ir al lugar **del que** te he hablado tanto…

■ **El que**, **la que**, **los que** und **las que** richten sich in Geschlecht und Zahl nach dem Bezugswort. Sie werden anstelle von **que** oder **quien** verwendet, besonders dann, wenn weitere Bezugswörter in Frage kämen oder nach Präpositionen.

Este es el cliente **del cual** le he hablado. Estuvimos juntos en aquella conferencia en León después de **la cual** me invitó a visitar su fábrica.

■ **El cual**, **la cual** … werden anstelle von **el que**, **la que** … besonders in formellen Kontexten oder nach längeren Präpositionen verwendet.

• Los visitantes no han llegado, **lo que/lo cual** nos preocupa.
○ Tranquila. He oído en la radio que hubo un accidente, por **lo que/** por **lo cual** podría haber un atasco en las carreteras.

■ Als Subjekt werden **lo que** und **lo cual** mit *was* übersetzt, aber nach Präpositionen ist die Übersetzung unterschiedlich. Sie ersetzen Inhalte bzw. Aussagen eines vorangehenden Satzes.

• **Lo que** te voy a decir es muy importante.
○ **Todo lo que** dices es importante para mí.

■ Für Inhalte und Aussagen, die sich auf einen nachgestellten Satz beziehen, verwendet man ausschließlich **(todo) lo que**.

2. Relativbegleiter *cuyo/-a/-os/-as*

	maskulin	feminin
Singular	**cuyo**	**cuya**
Plural	**cuyos**	**cuyas**

A la presentación vendrán una pintora **cuyos** ▶ cuadros han sido expuestos en Nueva York y un director **cuyas** ▶ películas han recibido premios en San Sebastián.

■ Anders als *dessen*, *deren* im Deutschen richtet sich **cuyo** nach dem folgenden Substantiv und nicht nach dem Bezugswort im Hauptsatz.

Die Relativbegleiter **cuyo/-a/-os/-as** werden vor allem in formellen Kontexten verwendet. Sie richten sich in Geschlecht und Zahl nach dem folgenden Substantiv. Begleiten sie eine Person als direktes Objekt, dann steht die Präposition **a** davor.

3. Relativadverbien

1 Mira el plano, estas son las ruinas **adonde** vamos. Son de la época **cuando** los mayas tenían mucho poder.

2 Pues el camino por **donde** vamos me parece peligroso.

3 No te preocupes, el guía conoce la manera **como** hay que llegar. Esta es la región **donde** trabaja siempre.

---

1. Schau mal auf den Plan, dies sind die Ruinen, zu denen wir hingehen. Sie stammen aus der Zeit, als die Mayas viel Macht hatten. 2. Hmm, der Weg, auf dem wir gehen, scheint mir gefährlich. 3. Mach dir keine Sorgen, der Reiseleiter weiß, wie man dahin kommt. Das ist die Gegend, in der er immer arbeitet.

Relativadverbien sind unveränderlich. **Donde** *(wo)* bezieht sich auf einen Ort. Man verwendet es auch in Verbindung mit Präpositionen, wobei **adonde** zusammengeschrieben wird. **Cuando** *(wann)* bezieht sich auf die Zeit, **como** *(wie)* auf die Art und Weise.

Üben und Anwenden

Indefinit- und Relativpronomen

1. Übersetzen Sie bitte die Wörter in den Minidialogen. *

a) • Parece que no hay *(niemand)* __nadie__ aquí.

  ○ A ver… ¡Hoooola! ¿Hay *(jemand)* _____ en casa?

b) • ¿Tienes hoy *(etwas)* _____ que hacer?

  ○ No, *(nichts)* _____ . Podemos salir juntos a tomar algo, si quieres.

c) • ¿Ha llamado *(jemand)* _____ esta mañana?

  ○ Pues ha habido dos llamadas. ¿Por qué, esperas *(irgendeinen)* _____ en especial?

la llamada – *der Anruf*

d) • Pepe no está. ¿Le digo *(etwas)* _____ de tu parte?

  ○ No, *(nichts)* _____ , gracias. Yo llamo más tarde.

de tu parte – *von dir*

2. Paco ist Kellner. Er kann nicht einschlafen, weil ihm alles, was die Kunden so im Laufe des Tages zu ihm sagten, durch den Kopf geht! Wie lauten die Sätze? Wählen Sie aus. **

a) Ya no quiero (nada) – alguien – algo más, muchas gracias.

b) Esta puerta ya está cerrada, ¿hay una otra – la otra – otra en otro lado?

c) ¡Uff! Lo siento, pero no tengo billetes pequeños, tengo que pagarle con algunos – uno – todo de cien.

d) En este barrio no conozco a uno – ninguno – nadie . Por eso vengo a conversar contigo…

¡Qué ilusión! – *Wie ich mich freue!*

e) ¡Qué ilusión! ¡Por fin tenemos tanto – suficiente – demasiado para comprar el coche! ¿Qué te parece?

f) Ponme lo mismo – mismos – demás del otro día. ¿Cómo dices que se llama ese cóctel?

Üben und Anwenden

Indefinit- und Relativpronomen

3. Mirna hat einige zweifelhafte Gesundheitstipps in der Zeitung gelesen. Sie ist empört und hat die Seiten zerrissen. Was stand da drauf? Notieren Sie die vollständigen Sätze. **

a) Las dietas – ayudan – a nadie – no

  Las dietas no ayudan a nadie.

b) azúcar – consumo de – preocuparse por – reducir el – Uno no debe

  _____

c) suficientes – Las vitaminas de – los alimentos naturales – no son

  _____

d) de la gente – es necesario – ¿Ejercicio? – tanto! – hace demasiado, ¡no – La mayoría

  _____

  _____

e) tres aspirinas – A cualquiera – le ayuda tomar – diarias

  _____

4. Süßigkeiten haben in Spanien das ganze Jahr Saison. Vervollständigen Sie den Text mit den passenden Pronomen, die Anfangsbuchstaben helfen Ihnen dabei. ***

alguien – Algunos – cada uno – Cualquiera – demasiado – muchos – nada – nadie – nadie – otros – pocos – suficientes – tantos

a) En España hay _muchos_ días festivos y para c_____ hay dulces especiales. b) A_____ se preparan típicamente en casa, pero las posibilidades de comprarlos son s_____ como para que n_____ tenga que quedarse sin comerlos. c) C_____ conoce los turrones, pero p_____ saben que hay t_____ diferentes. d) En Navidades parece que siempre comemos d_____ y por eso hay además dulces como roscos, mazapanes y o_____ muchos más. e) Incluso en Cuaresma n_____ se resiste a los dulces de Semana Santa: entonces n_____ es tan rico como los típicos buñuelos o las torrijas. Los españoles son un pueblo goloso: ¿hay a_____ que lo dude?

el turrón – *die bekannteste Süßigkeit, meistens aus Mandeln*
el rosco – *der Kringel*
el mazapán – *das Marzipan*
la Cuaresma – *die Fastenzeit*
la Semana Santa – *die Karwoche*
el buñuelo, la torrija – *typische Süßigkeiten in der Fastenzeit*
goloso – *naschhaft*

Üben und Anwenden

Indefinit- und Relativpronomen

a) que
b) donde
c) quien
d) adonde

5. Hier ist ein kurzer Artikel über einen berühmten Koch. Wo müssen die Relativpronomen hin? Setzen Sie bitte einen Pfeil ↓. *

a) Juan Mari Arzak es un cocinero famoso ↓ vive en San Sebastián.
b) El restaurante trabaja es muy conocido por su cocina tan original.
c) Su mujer, trabaja en su restaurante, es su mejor colaboradora.
d) El restaurante Arzak es un lugar van clientes de todo el mundo.

6. Claudia telefoniert mit ihrer Mutter von ihrer ersten eigenen Wohnung aus. Formulieren Sie die Sätze in Haupt- und Nebensätze um und ergänzen Sie die Relativpronomen. **

a) Por fin estoy en el piso. ¡He soñado con el piso tanto tiempo! ▶
¡Por fin estoy en el piso _con el que he soñado tanto tiempo_ !

b) He encontrado a una vecina en el pasillo. La vecina me ha saludado muy amablemente. ▶ Una vecina, _____
_____

c) Ahora estoy en el salón. Desde el salón se escucha el ruido de los pájaros del parque. El parque está enfrente del edificio. ▶ _____
_____

como
~~cuya~~
cuyo
cuyos
lo que
que
que
que
que/quienes

el presupuesto – *hier: das Budget*
el Caribe – *die Karibik*

7. Hier sind einige Informationen über Kuba und den Tourismus. Vervollständigen Sie die Sätze mit den passenden Relativpronomen. **

a) Los cubanos, _cuya_ situación ha sido muy difícil desde los años 90, siempre encuentran maneras _____ mejorar sus pequeños presupuestos. **b)** Algunos venden cosas _____ fabrican o preparan, otros arreglan aparatos _____ valor es ya histórico, otros prefieren llevar en el taxi a los turistas, _____ sólo piensan en disfrutar sus vacaciones. **c)** Es el reciente desarrollo del turismo _____ le ha permitido a muchas personas viajar a Cuba. **d)** Descansan en las aguas cristalinas del Caribe y en las playas blancas _____ son ya de leyenda. **e)** Sin embargo, cuando pasean por el centro de La Habana, _____ edificios fotografían con entusiasmo, muchos de estos turistas no ven la vida tan dura _____ tienen los cubanos.

Verben

Verbsorten

Aufgrund ihrer Funktion im Satz kann man Verben in drei Gruppen unterteilen:

> Verben können Handlungen, Vorgänge und Wahrnehmungen ausdrücken oder Zustände beschreiben.

1. Vollverben

Vollverben sagen selbstständig etwas über ein Subjekt aus. Sie sind

– transitiv, wenn sie ein direktes Objekt (wen oder was?) benötigen.	**Leo** un libro. *Ich lese ein Buch.*
– intransitiv, wenn sie kein Objekt benötigen.	¿**Salimos**? *Gehen wir aus?*
– intransitiv mit Dativ, wenn sie nur von einem indirektem Objekt begleitet werden.	El hotel **me gusta**. *Das Hotel gefällt mir.*
– reflexiv, wenn Subjekt und Objekt gleich sind (ich = mich).	**Me despido.** *Ich verabschiede mich.*
– unpersönlich, wenn sie nur in der 3. Person Singular vorkommen.	¡**Llueve** otra vez! *Es regnet wieder!*

> Das Verb spielt eine zentrale Rolle im Satz. Es bestimmt sowohl die inhaltliche Aussage eines Satzes als auch die Stellung der einzelnen Satzglieder.
>
> ▶ **Satzstellung**, S. 230

2. Hilfsverben

Hilfsverben dienen zur Bildung anderer Verbkonstruktionen.

– **haber** + Partizip bilden die zusammengesetzten Zeiten, z. B. das Perfekt.	**He** dormido bien. *Ich habe gut geschlafen.*	▶ **Perfekt**, S. 119
– **ser** + Partizip bilden das Passiv.	Lima **fue** fundada en 1535. *Lima wurde 1535 gegründet.*	▶ **Passiv**, S. 240
– **estar** + *Gerundio* bildet eine Verbalperiphrase.	**Estoy** estudiando. *Ich lerne gerade.*	▶ **Verbalperiphrasen**, S. 191

Verben

Verbformen

3. Modalverben

Modalverben sind eine besondere Art der Hilfsverben. Sie stehen in der Regel vor dem Infinitiv eines anderen Verbs und drücken aus, dass zu einer Handlung der Wunsch, die Möglichkeit bzw. Erlaubnis, die Fähigkeit, die Notwendigkeit usw. besteht, z. B.:

– **querer**	möchten	**Quiero** divertirme.
– **poder**	können	**Puedo** llamar a Genaro.
– **saber**	können (wissen wie)	Pero no **sabe** bailar.
– **tener que**	müssen	**Tiene que** aprender.

Verbformen

Der Verbstamm sagt aus, was das Verb bedeutet. Die Endung fügt weitere Informationen hinzu, z. B. zu welcher Konjugationsgruppe das Verb gehört (**-ar**, **-er**, **-ir**), wer etwas tut usw.

Stamm – Endung			Stamm – Endung		
com	er	– essen	viv	ir	– leben
beb	er	– trinken	mor	ir	– sterben

1. Nicht konjugierte Formen

! Das Partizip Perfekt ist nur in seiner Funktion als Adjektiv oder in der Passivkonstruktion veränderlich.

▶ **Nicht konjugierte Formen des Verbs**, S. 182

Nicht konjugierte Verbformen sind in der Regel unveränderlich und können keinen selbstständigen Satz bilden. Ihre Endungen sagen nichts über die Person, die Anzahl, die Zeit des Verbs oder dessen Modus aus. Sie sind:

– der Infinitiv	compr**ar**
– das Gerundium	compr**ando**
– das Partizip Perfekt	compr**ado**

2. Konjugierte Formen

Ein Verb zu konjugieren bedeutet, es an das Subjekt anzupassen und die erwünschte Zeit sowie den Modus zum Ausdruck zu bringen. All diese Informationen kann man den Verbendungen entnehmen, z. B.:

		Stamm	Endung
– Person:	1. (ich)	compr	
– Anzahl:	Singular	teng	o
– Zeit:	Präsens	prueb	
– Modus:	Indikativ (Wirklichkeitsmodus)		

Modus

Weiterhin gibt die Endung eines spanischen Verbs an, ob die Handlung für den Sprecher tatsächlich passiert (Indikativ), ob es sich um etwas handelt, das sich in seinem Kopf abspielt, z. B. ein Wunsch, eine Befürchtung usw. *(Subjuntivo)*, ob es etwas ist, was passieren könnte (Konditional) oder ob es sich um einen Befehl (Imperativ) handelt.

compr	as	– Präsens **Indikativ**, 2. Person Singular
	es	– Präsens *Subjuntivo*, 2. Person Singular
	arías	– **Konditional** I, 2. Person Singular
	a	– **Imperativ**, 2. Person Singular

Zudem vermitteln alle Modi (außer dem Imperativ) Informationen über den Zeitpunkt der Handlung, z. B. Präsens = Gegenwart. Jede Verbzeit wird durch bestimmte Endungen für die verschiedenen Personen signalisiert.

▸ **Zeiten des Indikativs**, S. 106

▸ **Zeiten des *Subjuntivo***, S. 158

Regelmäßige und unregelmäßige Verben

Nach der Endung des Infinitivs unterscheidet man drei Konjugationsgruppen: **-ar**, **-er** und **-ir**. Jede dieser Gruppen folgt einem bestimmten Konjugationsmuster für die verschiedenen Zeiten.

Regelmäßige Verben		
habl**ar**	▸ habl**o**	– haben für alle Personen und Zeiten den gleichen Stamm wie der Infinitiv.
aprend**er**	▸ aprend**es**	– folgen den Mustern der Personenendungen ihrer Konjugationsgruppe.
escrib**ir**	▸ escrib**es**	
Gruppenverben		
cerr**ar**	▸ **cierr**o	– haben je nach Zeit für bestimmte Personen einen abweichenden Stamm.
jug**ar**	▸ **jueg**as	– folgen den Mustern der Personenendungen ihrer Konjugationsgruppe.
conoc**er**	▸ **conozc**o	
hac**er**	▸ **hag**o	
Unregelmäßige Verben		
estar	▸ estoy	– können sowohl einen abweichenden Stamm als auch abweichende Personenendungen aufzeigen.
ser	▸ eres	

Die meisten unregelmäßigen Verben lassen sich in Gruppen unterteilen, d. h. auch bei unregelmäßigen Formen gibt es gewisse Regelmäßigkeiten. Dies erleichtert das Lernen!

Die Verben, die im Präsens unregelmäßig sind, sind es nicht unbedingt in anderen Zeiten. Z. B. **cerrar** und **conocer** sind im *Indefinido* und im Futur regelmäßig.

Ist ein Verb in einem anderen enthalten, so wird es auf dieselbe Weise konjugiert, z. B. **escribir** *(schreiben)* und **describir** *(beschreiben)*, **probar** *(probieren)* und **comprobar** *(beweisen)*, **reír** *(lachen)* und **sonreír** *(lächeln)* usw.

Zeiten des Indikativs

Überblick

Zeiten des Indikativs

Der Indikativ drückt aus, dass das, was behauptet wird, für den Sprecher bzw. die Sprecherin ‚objektiv' wirklich ist.

Überblick

Vivo en un pueblo pequeño. *Ich lebe in einem kleinen Dorf.*	Präsens
Nunca **he vivido** en una ciudad. *Ich habe nie in einer Stadt gelebt.*	Perfekt
Antes **vivía** con mis padres. *Früher wohnte ich bei meinen Eltern.*	Imperfekt
Pero ayer **me mudé**. *Aber gestern zog ich um.*	Indefinido
Siempre **había querido** algo propio. *Ich hatte mir immer etwas Eigenes gewünscht.*	Plusquamperfekt
Decoraré a mi gusto. *Ich werde nach meinem Geschmack dekorieren.*	Futur I
En un mes **habré terminado**. *In einem Monat werde ich fertig sein.*	Futur II

Zeiten des Indikativs

Präsens

Präsens

> Normalmente **recibo** e-mails de mis amigos y los **respondo** enseguida.

Normalerweise bekomme ich E-Mails von meinen Freunden und beantworte sie sofort.

> Handlungen und Gewohnheiten der Gegenwart sowie zeitunabhängige Tatsachen werden im Präsens ausgedrückt.

1. Regelmäßige Verben

Für alle regelmäßigen Verben einer Gruppe gelten folgende Endungs- und Betonungsmuster:

Infinitiv	comprar	vender	discutir
(yo)	compro	vendo	discuto
(tú)	compras	vendes	discutes
(él/ella/usted)	compra	vende	discute
(nosotros/-as)	compramos	vendemos	discutimos
(vosotros/-as)	compráis	vendéis	discutís
(ellos/ellas/ustedes)	compran	venden	discuten

> Subjektpronomen werden im Spanischen kaum gebraucht, weil man die Person an der Verbendung erkennt.
>
> ▶ **Subjektpronomen**, S. 72

Hier eine Auswahl regelmäßiger Verben:

-ar

ayudar	*helfen*	bajar	*hinuntergehen, senken*
cambiar	*wechseln, sich ändern*	entrar	*eintreten*
esperar	*(er-)warten, hoffen*	estudiar	*lernen*
ganar	*verdienen, gewinnen*	hablar	*sprechen*
limpiar	*putzen*	llamar	*rufen, anrufen*
llegar	*ankommen*	llevar	*(mit-)nehmen*
pagar	*bezahlen*	pasar	*vorbei-/hereingehen*
preguntar	*fragen*	preparar	*vorbereiten*
tomar	*nehmen*	viajar	*reisen*

-er

aprender	*(er-)lernen*	beber	*trinken*
comer	*essen*	creer	*glauben*
escoger	*aussuchen*	leer	*lesen*
responder	*(be-)antworten*	vender	*verkaufen*

-ir

abrir	*(er-)öffnen*	escribir	*schreiben*
decidir	*entscheiden*	discutir	*streiten, diskutieren*
permitir	*erlauben*	recibir	*erhalten*
subir	*hochgehen, steigen*	vivir	*leben, wohnen*

> **!** Kein **-o** in der 1. Person Singular haben nur die unregelmäßigen Verben **ser (soy)**, **estar (estoy)**, **dar (doy)**, **ir (voy)**, **saber (sé)** und das Hilfsverb **haber (he)**.

> 1. Die meisten spanischen Verben enden auf **-ar**.
> 2. **Creer** und **leer** haben außer in der 1. Person zwei **e**, z. B. **crees**, **leemos**.
>
> ▶ zu **escoger**: Änderung in der Schreibweise, S. 109

Zeiten des Indikativs

Präsens

2. Gruppenverben mit Vokalveränderung: o ▶ ue, e ▶ ie, e ▶ i

Im Wörterbuch sind diese Verben meist mit einem *(ue)*, *(ie)* bzw. *(i)* gekennzeichnet.

> 1 ¿**Puedes** venir, por favor?

> 2 No, ahora no **quiero**, estoy ocupado.

1. Kannst du bitte kommen? 2. Nein, jetzt möchte ich nicht, ich bin beschäftigt.

Gruppe Infinitiv	o ▶ ue poder	e ▶ ie pensar	e ▶ i repetir
(yo)	puedo	pienso	repito
(tú)	puedes	piensas	repites
(él, ella, usted)	puede	piensa	repite
(nosotros / -as)	podemos	pensamos	repetimos
(vosotros / -as)	podéis	pensáis	repetís
(ellos, ellas, ustedes)	pueden	piensan	repiten

!
1. Nur bei **jugar** *(spielen)* wird aus **u ▶ ue**.
2. Bei den stammbetonten Formen erhält **oler** *(riechen)* ein zusätzliches **h**: **hue**lo, **hue**les, **hue**le, olemos, oléis, **hue**len.

In diesen Gruppen wird der Stammvokal nur bei den stammbetonten Formen verändert. Hier eine Auswahl:

o ▶ ue			
almorzar	*zu Mittag essen*	contar	*zählen, erzählen*
costar	*kosten*	dormir	*schlafen*
encontrar	*finden*	morir	*sterben*
mostrar	*zeigen*	mover	*bewegen*
poder	*können*	probar	*probieren*
recordar	*erinnern*	soñar	*(er-)träumen*
volar	*fliegen*	volver	*zurückkehren*

e ▶ ie			
cerrar	*schließen*	despertar	*wecken*
empezar	*anfangen*	encender	*einschalten, anzünden*
entender	*verstehen*	mentir	*lügen*
querer	*wollen, lieben*	pensar	*denken*
perder	*verlieren*	preferir	*bevorzugen*
recomendar	*empfehlen*	sentir	*fühlen*

e ▶ i			
corregir	*korrigieren*	elegir	*(aus-)wählen*
medir	*messen*	pedir	*bestellen, bitten*
reír	*lachen*	repetir	*wiederholen*
seguir	*weitermachen, folgen*	servir	*bedienen, funktionieren*

Nur **querer** + Person heißt *lieben*, z. B. ¡**Te quiero** mucho!

Alle Verben mit Wechsel **e ▶ i** gehören der Konjugationsgruppe **-ir** an.

Zeiten des Indikativs

Präsens

3. Änderungen in der Schreibweise in der 1. Person Singular

Damit die Aussprache des Infinitivs in allen Formen des Verbs erhalten bleibt, wird manchmal die Schreibweise angepasst. Dies ist der Fall bei der 1. Person einiger Verben. Bei den anderen Personen behält man den Stamm des Infinitivs. Hier haben Sie die Beispiele, die Regeln und weitere Verben.

- ¿Esco**ges** tú el menú?
- Claro, lo esco**jo** enseguida.

Verben auf **-ger** oder **-gir**:
g ▶ j vor **o**.

coger	nehmen	elegir (i)	(aus-)wählen
proteger	(be-)hüten	recoger	abholen, pflücken

- ¿Te conven**ces**?
- No, no me conven**zo**.

Verben auf **-cer** oder **-cir**:
c ▶ z vor **o**.

cocer (ue)	garen, kochen	torcer (ue)	drehen, abbiegen

- ¿Quieres se**gui**rme?
- ¡Claro que te si**go**!

Verben auf **-guir**:
gu ▶ g vor **o**.

distinguir	auseinanderhalten	conseguir (i)	erreichen
extinguir	(aus-)löschen	perseguir (i)	verfolgen

Vorsicht! In einigen Ländern von LA hat **coger** eine sexuelle Bedeutung und kann zu peinlichen Missverständnissen führen! Wenn Sie etwas *nehmen* wollen, verwenden Sie bitte in LA nur **tomar**.

4. Gruppenverben mit erweitertem Stamm

Yo **distribuyo** folletos. Además, mi trabajo **incluye** llamar a los clientes.

Ich verteile Prospekte. Außerdem beinhaltet meine Arbeit, die Kunden anzurufen.

Gruppe **y** Infinitiv	distribuir
(yo)	distrib**u**yo
(tú)	distrib**u**yes
(él, ella, usted)	distrib**u**ye
(nosotros/-as)	distrib**u**imos
(vosotros/-as)	distrib**u**ís
(ellos, ellas, ustedes)	distrib**u**yen

Bei Verben auf **-uir** wird in den stammbetonten Formen das **i** zu **y** und bleibt als Teil des Stammes in der Konjugation. Weitere Verben:

construir	bauen	destruir	zerstören
incluir	mit einschließen	influir	beeinflussen
huir	fliehen	sustituir	ersetzen

Zeiten des Indikativs

Präsens

5. Gruppenverben mit Betonungsverschiebung

> Anita **continúa** trabajando hasta muy tarde y **envía** las cartas.

In Wörterbüchern wird durch *(í)* bzw. *(ú)* auf diese Gruppen hingewiesen. Nicht jedes Verb mit Diphthong gehört aber dazu, z. B. **cambiar**, **limpiar** u. a. sind regelmäßig.

Anita arbeitet sehr lange weiter und schickt die Briefe ab.

Gruppe	í		ú
Infinitiv	enviar	prohibir	continuar
(yo)	envío	prohíbo	continúo
(tú)	envías	prohíbes	continúas
(él, ella, usted)	envía	prohíbe	continúa
(nosotros/-as)	enviamos	prohibimos	continuamos
(vosotros/-as)	enviáis	prohibís	continuáis
(ellos, ellas, ustedes)	envían	prohíben	continúan

In diesen Gruppen wird die Betonung des Diphthongs verschoben. Das **i** bzw. das **u** erhält in den stammbetonten Formen einen Akzent.

Bei diesen Verben werden **oi** und **eu** als Diphthong wahrgenommen, auch wenn ein **h** dazwischen steht, z. B. **prohibir**, **rehusar**.

í			
confiar	*vertrauen*	vaciar	*ausleeren*
esquiar	*Ski fahren*	guiar	*führen*
ú			
acentuar	*betonen*	continuar	*fortfahren*
reunir	*versammeln*	rehusar	*ablehnen, verweigern*

6. Gruppenverben mit unregelmäßiger 1. Person Singular

> 1 **Traigo** comida china.

> 2 Mmh, no la **conozco**. ¿**Pongo** la mesa?

1. Ich habe chinesisches Essen dabei. 2. Mmh, das kenne ich nicht. Soll ich den Tisch decken?

zc	g		ig
conocer	poner	hacer	traer
conozco	pongo	hago	traigo
conoces	pones	haces	traes
conoce	pone	hace	trae
conocemos	ponemos	hacemos	traemos
conocéis	ponéis	hacéis	traéis
conocen	ponen	hacen	traen

Poner hat je nach Kontext viele Bedeutungen, z. B. *stellen, legen* usw.

Zeiten des Indikativs

Präsens

Diese Unregelmäßigkeiten betreffen nur die 1. Person Singular, die anderen Personen im Präsens werden regelmäßig konjugiert.

zc			
conducir	lenken, fahren	conocer	kennen (lernen)
obedecer	gehorchen	ofrecer	anbieten
parecer	(er-)scheinen	producir	herstellen
reconocer	erkennen	traducir	übersetzen
g			
hacer	tun, machen	poner	stellen, legen
salir	(hin-)ausgehen	valer	wert sein
ig			
caer	fallen	traer	bringen

7. Einzelne Verben mit unregelmäßiger erster Person im Singular

Diese Verben weichen in der ersten Person Singular ganz vom Infinitiv ab.

dar	saber	ver	caber
doy	sé	veo	quepo
das	sabes	ves	cabes
da	sabe	ve	cabe
damos	sabemos	vemos	cabemos
dais	sabéis	veis	cabéis
dan	saben	ven	caben

Die Formen **dais** und **veis** tragen keinen Akzent, weil sie einsilbig sind.

8. Sehr unregelmäßige Verben

María, ¿**eres** tú? ¿Dónde **estás**? ¿**Voy** a buscarte?

María, bist du's? Wo bist du? Soll ich dich abholen?

Nur sehr wenige Verben sind als Einzelgänger stark unregelmäßig.

ser	ir	estar	haber
soy	voy	estoy	he
eres	vas	estás	has
es	va	está	ha
somos	vamos	estamos	hemos
sois	vais	estáis	habéis
son	van	están	han

1. Bei **estar** ist die Betonung abweichend.
2. **Haber** wird nur als Hilfsverb konjugiert. Als selbstständiges Verb ist es unpersönlich und hat nur eine Form: **hay**.

Zeiten des Indikativs

Präsens

9. Verben mit mehreren Unregelmäßigkeiten

> 1 ¿**Tienes** tiempo mañana?

> 2 ¿Qué **dices**? No te **oigo**.

1. Hast du morgen Zeit? 2. Was sagst du? Ich höre dich nicht.

Einige wenige Verben haben zwei Unregelmäßigkeiten.

g, ie		i + g	ig, y
tener	venir	decir	oír
ten**go**	ven**go**	d**ig**o	o**ig**o
t**ie**nes	v**ie**nes	d**i**ces	o**y**es
t**ie**ne	v**ie**ne	d**i**ce	o**y**e
tenemos	venimos	decimos	oímos
tenéis	venís	decís	oís
t**ie**nen	v**ie**nen	d**i**cen	o**y**en

Tener, **venir** und **oír** haben eine Unregelmäßigkeit in der ersten und eine weitere in den restlichen Personen. **Decir** hat in der ersten Person zwei Unregelmäßigkeiten gleichzeitig.

Gebrauch

Los abogados **trabajan** mucho. Yo **trabajo** más de ocho horas.
▎ Das Präsens wird verwendet, um sich wiederholende Handlungen und allgemeine Sachverhalte in der Gegenwart anzugeben.

La palabra "periódico" **significa** *Zeitung*.
▎ – um zeitunabhängige Tatsachen zu beschreiben.

La próxima vez **pagas** tú, ¿vale?
▎ – um zukünftige Handlungen oder Ereignisse als sicher darzustellen.

Ahora mismo **buscas** las llaves del coche.
▎ – um einen Befehl als unumgänglich auszudrücken.

Estábamos a medio lago cuando de pronto, ¡se **termina** la gasolina!
▎ – um vergangene Ereignisse besonders lebendig zu erzählen.

¡Qué raro! Pepe **toma** té.
▎ – manchmal für einzelne Handlungen oder Ereignisse, die gerade stattfinden, statt der Konstruktion **estar** + Gerundium.

Wenn etwas gerade stattfindet, nimmt man die Verlaufsform **estar** + Gerundium. Ella está tomando té.

▶ **Verbalperiphrasen**, S. 191

Üben und Anwenden

Verb – Indikativ Präsens

1. Ordnen Sie die Verben der entsprechenden Person zu. *

a) yo: _____sonrío_____
b) tú: _____
c) él/ella/usted: _____
d) nosotros/-as: _____
e) vosotros/-as: _____
f) ellos/ellas/ustedes: _____

sonrío   vivís
sé   sueñas   ven
distribuís   prefiere
dais   recordamos
puedo   hacen
vamos   bebes
conocéis   trabajan
sigue   habla   vemos
encuentras   voy

2. Lesen Sie den Artikel, wie man jungen Familien mit wenig Geld zu einem Eigenheim verhelfen kann. Schreiben Sie auf, unter welcher Grundform die rot gedruckten Verben im Wörterbuch zu finden sind. *

a) En Mijas, que está en la Costa del Sol, muchas familias jóvenes que no ganan mucho dinero pueden comprar ahora una casa propia. **b)** El Ayuntamiento regala terrenos en los que empresas constructoras construyen edificios para viviendas. **c)** Para ellos significa un negocio seguro, y por eso ofrecen un buen precio. **d)** Un piso que mide 90 metros cuadrados cuesta sólo 60 mil euros. **e)** Esta iniciativa tiene ya casi un año y todos parecen contentos.

a) _estar_____, _____, _____, _____
b) _____, _____ ; c) _____, _____
d) _____, _____ ; e) _____, _____

ganar – *verdienen*
la casa propia – *das Eigenheim*
el Ayuntamiento – *die Stadtverwaltung*
la empresa constructora – *das Bauunternehmen*
la vivienda – *die Wohnung*
el negocio – *das Geschäft*
contento – *glücklich, zufrieden*

3. Finden Sie die Verben mit entgegengesetzter Bedeutung. *

a) construir ◆▶ _destruir_
b) buscar ◆▶ _____
c) preguntar ◆▶ _____
d) abrir ◆▶ _____
e) subir ◆▶ _____
f) comprar ◆▶ _____
g) entrar ◆▶ _____
h) dormir ◆▶ _____
i) traer ◆▶ _____
j) empezar ◆▶ _____

bajar
cerrar
despertar
~~destruir~~
encontrar
llevar
responder
salir
terminar
vender

Üben und Anwenden

Verb – Indikativ Präsens

4. Ordnen Sie nun die Verben von Übung 3 der richtigen Gruppe zu. *

a) regelmäßig: _buscar,_____

_____

b) o ▸ ue _____   e) g _____

c) e ▸ ie _____   f) ig _____

d) y _____

5. Mögen Sie Radiointerviews? Setzen Sie die Verben im Präsens ein. *

a) estar, tener, tener

b) tener, ver, venir, querer, dormir

c) ser, ser

d) seguir, jugar, querer

e) ser, decir

f) creer, ser, aprender, salir, dar, significar, costar, ser, comer

g) oír, poder, contar, repetir, llamar, escuchar, volar

a) • Aquí, de Radio Uno, nosotros _estamos_ haciendo una entrevista con gente que _____ animales. Perdone, ¿usted _____ algún animalito?

b) ○ Yo sí, _____ un gato, pero casi no lo _____. Sólo cuando _____ comer… Bueno, y también _____ en la casa.

c) • Es que los gatos _____ muy independientes… Y tú, pequeñita, ¿ese perrito, _____ tuyo?

d) ▫ Sí. Nerón me _____ a todas partes. Yo siempre _____ con él y por eso me _____ más que a nadie.

e) • Vosotros _____ los mejores amigos, ¿verdad? ¿Y qué _____ tu mamá de Nerón?

f) ✶ Yo _____ que los perros _____ algo muy bueno, así los chicos _____ a ser responsables. Claro que yo _____ con el perro todas las mañanas, le _____ su comida, en fin, _____ trabajo. Y también _____ un poco de dinero. Por suerte Nerón _____ pequeño y no _____ mucho.

g) • ¡Bien, bien! Y ustedes que nos _____, amigos y amigas, _____ llamar al 11 23 ahora y nos _____ sus experiencias y opiniones. ¿Vale? Les _____ el número: 11 23. ¡Hasta ahora! Y mientras ustedes _____, nosotros _____ la canción "Pájaro que _____"…

la entrevista – *das Interview*
independiente – *unabhängig*
tuyo – *dein/-er/-es*
nadie – *niemand*
el mejor amigo – *der beste Freund*
por suerte – *zum Glück*
vale – *einverstanden*
el pájaro – *der Vogel*

Üben und Anwenden

Verb – Indikativ Präsens

6. Übung macht den Meister! Ergänzen Sie die Tabelle.*

Infinitiv	yo	tú	él/ella/usted	nosotros/nosotras	vosotros/vosotras	ellos/ellas/ustedes
a) estudiar	estudio	estudias	estudia	estudiamos	estudiáis	estudian
b)		vendes				
c)	escribo					
d) estar						
e)				hacemos		
f)			viene			
g)						van
h)					sabéis	

7. Zwei Freunde überlegen, was sie am Abend unternehmen. Verbinden Sie die Sätze zu einem Dialog. *

a) • Esa película es muy buena.   1) Tengo mucha sed.

b)   Pero es para mayores de 18.   2) ¿Tienes ganas de ir?

c) ○ 21. El cine empieza a las 9.   3) ¡Es que además tengo sueño!

d) • Pero antes, vamos a beber algo.   4) ¿Tienes hambre?

e) ○ ¿Quieres comer algo también?   5) ¿Cuántos años tienes?

f) • Sí, entonces mejor no vamos al cine.   6) Si queremos ir, ¡tenemos prisa!

8. **Tener** wird in vielen Wendungen verwendet. Aus der vorherigen Übung können Sie entnehmen, wie folgende Entsprechungen heißen. *

a) *Hunger/Durst haben*   _____

b) *Lust haben auf*   _____

c) *müde/schläfrig sein*   _____

d) *... Jahre alt sein*   _____

e) *es eilig haben*   _____

Üben und Anwenden

Verb – Indikativ Präsens

9. Was soll man zu trinken anbieten? Nummerieren Sie die Sätze von 1–9 und bilden Sie einen Dialog. **

( ) • Claro, aquí lo tienes.

( ) ○ Entonces, ¿por favor me das de piña?

(1) • ¿Qué te ofrezco? Tengo cerveza, vino, licor...

( ) • Claro, te puedo dar zumo de piña, de melocotón...

( ) ○ Primero prefiero algo fresco, porque hace mucho calor.

( ) Es que soy alérgico al melocotón.

( ) ○ Hombre, no hay ningún problema si eres tú quien lo bebe.

( ) ¿Tienes algún zumo?

( ) ¿Te importa si yo bebo zumo de melocotón?

el melocotón – *der Pfirsich*
la piña – *die Ananas*
el zumo – *der Saft*

10. Volksweisheiten sind zeitunabhängig. Einige dieser bekannten Sprüche haben deutsche Entsprechungen, andere nicht. Finden Sie die Verben! **

a) A caballo regalado no se le _mira_ el diente.
Einem geschenkten Gaul schaut man nicht ins Maul.

b) Quien _____, _____.
Wer zahlt, befiehlt.

c) Todos los ríos _____ al mar.
Alle Flüsse fließen zum Meer.

d) No _____ rico quien más _____, sino quien menos _____.
Reich ist nicht, wer am meisten hat, sondern wer am wenigsten möchte.

e) Cuando el río _____, agua _____.
Wenn der Fluss rauscht, hat er Wasser.

f) Los niños y los borrachos _____ la verdad.
Kinder und Betrunkene sagen die Wahrheit.

g) Se _____ lo que se _____.
Man tut, was man kann.

h) La esperanza _____ al último.
Hoffnung stirbt zuletzt.

i) Antes _____ un mentiroso que un cojo.
Früher fällt ein Lügner als ein Hinkender.

j) Una sonrisa no _____ nada pero _____ mucho.
Ein Lächeln kostet nicht viel, ist aber viel wert.

cae
cuesta
dicen
es
hace
lleva
manda
~~mira~~
muere
paga
puede
quiere
suena
tiene
vale
van

Üben und Anwenden

Verb – Indikativ Präsens

11. Viele Leute finden Hochzeiten romantisch. Suchen Sie das passende Verb aus. **

a) Las bodas (son)/tienen ocasiones rituales y por eso en ellas se ponen/guardan muchas costumbres y tradiciones. ¿Cuáles de estas sabes/conoces?

b) Las novias llevan/llegan un vestido blanco porque ese color prepara/simboliza la pureza. Sin embargo, en China por ejemplo las novias salen/visten de rojo.

c) El anillo de boda tiene/hace que ser de oro porque es/pone el metal que dura/tarda más y el círculo presenta/representa la eternidad.

d) El arroz que los amigos arrojan/muestran a los novios cuando entran/salen de la iglesia es símbolo de la comida, la felicidad y los hijos que no deben/acaban faltarle a la pareja.

la ocasión – die (An-)gelegenheit
guardar – hier: halten
la pureza – die Reinheit
el anillo de boda – der Trau-, Ehering
el círculo – der Kreis
durar – dauern, lange halten
tardar – lange brauchen
la eternidad – die Ewigkeit
arrojar – werfen
la pareja – das Paar

12. Wissen Sie etwas über den berühmtesten Schriftsteller Spaniens? Vervollständigen Sie bitte diese kurze Biografie über Cervantes mit den angegebenen Verben im Präsens. ***

a) La vida de este escritor ___está___ llena de aventuras. b) A los 22 años _____ a Italia y dos años más tarde _____ como soldado en la famosa batalla de Lepanto, donde lo _____ en la mano izquierda, que desde entonces le _____ sin movimiento. c) _____ algunos años más en guerras, _____ tomado preso y _____ en la cárcel durante cinco años.

d) Al fin se _____ su rescate y _____ volver a Madrid.

e) Ahí _____ varios pequeños empleos, _____ y _____ sus primeras obras, que no _____ mucho éxito. f) En 1605 se _____ la primera parte del *Quijote*, pero Cervantes nunca _____ de tener dificultades económicas.

g) Al año siguiente de terminar su obra principal, _____ pobre y muy enfermo.

a) estar
b) irse, participar, herir (3ª pl.), quedar
c) pasar, ser, permanecer
d) conseguir, poder
e) ocupar, casarse, escribir, tener
f) publicar, dejar
g) morir

la batalla – der Kampf
herir – verletzen
el movimiento – die Bewegung
tomar preso – gefangen nehmen
la cárcel – das Gefängnis
el rescate – die Befreiung; das Lösegeld

Zeiten des Indikativs

Vergangenheit

Die Vergangenheit

Im Spanischen gibt es eine Vergangenheitszeit mehr als im Deutschen. Haben Sie bitte etwas Geduld, bis Sie ein Sprachgefühl für die Verwendung der Vergangenheitszeiten entwickelt haben!

1 **Llegué** temprano para ver el piso.

2 Ya **había buscado** por toda la ciudad, pero sin éxito.

3 El edificio **estaba** en una calle tranquila.

4 "A ver," pensé. "Quizá por fin **he tenido** suerte y hoy es mi día."

1. Ich war schon früh da, um die Wohnung zu sehen. 2. Ich hatte schon in der ganzen Stadt nach einer Wohnung gesucht, aber ohne Erfolg. 3. Das Gebäude lag in einer ruhigen Straße. 4. „Mal sehen", dachte ich. „Vielleicht habe ich endlich Glück gehabt, und heute ist mein Tag."

In der Vergangenheit unterscheidet man im Spanischen verschiedene Nuancen, die im Deutschen keine genaue Entsprechung haben. Hier ist ein Überblick über die verschiedenen Zeiten der Vergangenheit:

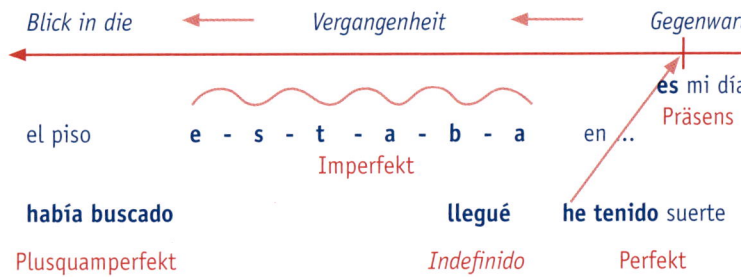

Zeiten des Indikativs

Vergangenheit

Das Perfekt

1 ¿**Has terminado** el proyecto?

2 No, esta semana **hemos tenido** mucho trabajo.

3 Por eso no **ha sido** posible terminar todo.

1. Hast du das Projekt beendet? 2. Nein, diese Woche hatten wir viel Arbeit. 3. Daher war es nicht möglich, alles fertig zu machen.

Mit dem Perfekt bezeichnet man vergangene Handlungen oder Ereignisse, die einen Bezug zur Gegenwart haben.

▸ **Verbsorten, Hilfsverben**, S. 103

Bildung

Das Perfekt wird mit dem Präsens von **haber** und dem Partizip Perfekt gebildet. Die entsprechenden Formen des Hilfsverbs stehen immer direkt vor dem Partizip Perfekt. Das Partizip endet auf **-o**, unabhängig von der Zahl oder dem Geschlecht des Subjekts.

(yo)	**he**	trabaj**o**
(tú)	**has**	ten**ido**
(él/ella/usted)	**ha**	discut**ido**
(nosotros/-as)	**hemos**	escrit**o**
(vosotros/-as)	**habéis**	puest**o**
(ellos/ellas/ustedes)	**han**	hech**o**

▸ **Partizip Perfekt**, S. 187

Anders als im Deutschen gibt es im Spanischen für das Perfekt nur *ein* Hilfsverb. Vgl. **He llegado y he comido** *(Ich bin gekommen und habe gegessen)*.

Grundbedeutung:

Was ist vor kurzem / bis jetzt (noch nicht) / überhaupt passiert?

he terminado

◄━━━━━━━━━━━━━━━━━━━━━━━━━━━━|

früher   *jetzt*

Mit dem Perfekt stellt der/die Sprecher/in einen Bezug zur Gegenwart her.

Zeiten des Indikativs

Vergangenheit

Im Deutschen werden die meisten Handlungen und Ereignisse der Vergangenheit im Perfekt ausgedrückt. Viele davon werden im Spanischen im *Indefinido* wiedergegeben, vgl. **Ayer fui a Madrid.** *(Gestern bin ich nach Madrid gefahren.)*

▶ **Indefinido**, S. 126

▶ **Perfekt und Indefinido**, S. 130

Gebrauch

Im Perfekt stehen Handlungen oder Ereignisse,

Luis ha llamado hace unos minutos y Juan ha **llamado** hoy también.

– die vor kurzem bzw. in einem noch andauernden Zeitraum stattgefunden haben (z. B. **hoy**).

Este año **he tenido** suerte, aunque todavía no **he ganado** en la lotería.

– die in der Vergangenheit begonnen haben, aber in der Gegenwart (in einem noch nicht abgeschlossenen Zeitraum) noch andauern.

Habéis visto el parque Güell, ¿verdad?

– deren Auswirkungen bis zur Gegenwart reichen.

Das Perfekt wird oft mit folgenden Zeitangaben verwendet:

– hoy	**Hoy** he recibido una carta de Inés.
– hace un rato / un momento	**Hace un rato** la he leído.
– este / -a + Zeitausdruck	Ha viajado mucho **este año**.
– ya, todavía no	**Ya** ha estado en muchos países.
– alguna vez, hasta ahora	**Alguna vez** quiero viajar como ella.
– nunca (hasta ahora)	Yo no he ido **nunca** en barco.
– una vez, muchas / varias veces	Ella ha ido **varias veces**.

Zeiten des Indikativs

Vergangenheit

Das Imperfekt

> Cuando **era** niño, **vivía** en un pueblo pequeño que **estaba** cerca de la playa.

Das Imperfekt beschreibt Situationen bzw. Zustände in der Vergangenheit oder bezeichnet vergangene, sich wiederholende Handlungen.

Als ich ein Kind war, wohnte ich in einem kleinen Dorf, das in der Nähe des Strandes war.

Bildung

1. Regelmäßige Formen

Die Bildung des Imperfekts ist recht unkompliziert. Für die regelmäßigen Verben gibt es zwei Endungsgruppen, eine für die Verben auf **-ar** und die andere für die Verben auf **-er** und **-ir**.

	trabaj**ar**	aprend**er**	escrib**ir**
(yo)	trabaj**aba**	aprend**ía**	escrib**ía**
(tú)	trabaj**abas**	aprend**ías**	escrib**ías**
(él/ella/usted)	trabaj**aba**	aprend**ía**	escrib**ía**
(nosotros/-as)	trabaj**ábamos**	aprend**íamos**	escrib**íamos**
(vosotros/-as)	trabaj**abais**	aprend**íais**	escrib**íais**
(ellos/ellas/ustedes)	trabaj**aban**	aprend**ían**	escrib**ían**

1. Die Formen der 1. und der 3. Person Singular sind gleich. Durch den Kontext weiß man meistens, von wem man spricht.
2. Das Imperfekt von **hay** ist **había**.

2. Unregelmäßige Formen

	ser	**ir**	**ver**
(yo)	era	iba	veía
(tú)	eras	ibas	veías
(él/ella/usted)	era	iba	veía
(nosotros/-as)	éramos	íbamos	veíamos
(vosotros/-as)	erais	ibais	veíais
(ellos/ellas/ustedes)	eran	iban	veían

Das Imperfekt hat nur drei unregelmäßige Verben!

Grundbedeutung:

Wie war es einmal? oder *Was war/ging vor, als (etwas passierte)?*

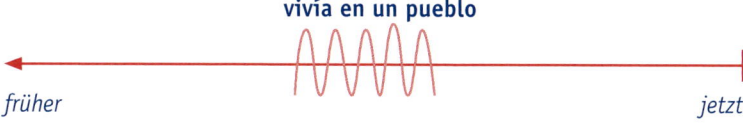

Das Imperfekt stellt weder einen Bezug zur Gegenwart her noch sagt es etwas über den Anfang bzw. das Ende oder das Gelingen der Handlung aus.

Zeiten des Indikativs

Vergangenheit

tender la ropa –
die Wäsche aufhängen

Gebrauch

Im Imperfekt stehen

Todos los días **comía** con mis padres y después **charlábamos**.

■ – Gewohnheiten und sich wiederholende Handlungen.

Silvia **era** una mujer muy guapa y **tenía** unos ojos muy expresivos.

■ – Beschreibungen.

Pedro **estaba** enfermo, le **dolía** el estómago.

■ – Zustände.

No oí el teléfono porque **estaba** con los niños en el jardín.
Yo **tendía** la ropa y ellos **jugaban** a la pelota.
En eso **estábamos** cuando llamó mi hermano.

■ – Situationen bzw. Vorgänge, die in der Vergangenheit gerade bestanden und die den Hintergrund für eine neu eintretende Handlung oder ein neu eintretendes Ereignis bilden können.

Quería poner la mesa porque **íbamos** a tener visitas.

■ – Vorhaben in der Vergangenheit.

• ¿Qué **deseaba**? ○ **Quería** una blusa talla 38.

■ – einige Höflichkeitsfloskeln.

Das Imperfekt wird oft bei folgenden Zeitangaben verwendet:

– antes	**Antes** había aquí una casa amarilla.
– (en aquel) entonces	En **aquel entonces** había poca gente.
– todos los días	El abuelo nos visitaba **todos los día**s.
– con frecuencia	**Con frecuencia** íbamos con él a la playa.
– normalmente	**Normalmente**, pescábamos con él.
– de niño/-a, joven	**De niño**, me encantaba pescar.

Üben und Anwenden

Vergangenheit

1. Vor einer Modenschau liegt viel Spannung in der Luft. Setzen Sie die passenden Verben in diese Minidialoge ein. *

hemos cosido – he puesto – has visto –
ha dicho – ha empezado – ha guardado – ha habido – ha traído –
ha~~béis terminado~~ – han salido

coser – (an-)nähen
equivocado – hier: falsch
descalzo/-a – barfüßig
lápiz labial – Lippenstift
el muestrario –
die Mustermappe
guardar – aufbewahren,
einräumen
el maletín –
die Aktentasche
¡A callar! – Seid still!
el desfile –
die Modenschau
la pasarela –
der Laufsteg

a) • Chicas, ¿ya __habéis terminado__ la chaqueta?

   ○ No, todavía no le _____ los botones…

b) • Parece que aquí _____ una confusión.

   ¡La zapatería _____ estos zapatos en el color equivocado!

   ○ No importa, por suerte la modelo _____ que prefiere ir descalza, con este vestido se ve muy bien.

c) □ Vanessa, ¿ _____ mi lápiz labial? No sé dónde lo _____ .

d) • ¿Alguien _____ los muestrarios? ¡No están en el maletín!

e) ○ Chicos, ¡a callar todos! Ya _____ el desfile.

   • Sí, ya _____ Patricio y Didac con los primeros trajes a la pasarela…

Das Perfekt von **hay** ist **ha habido**.

2. Das hat Maribel über die Silvesternacht in ihr Tagebuch geschrieben. Setzen Sie die angegebenen Verben ins Perfekt. *

a) Este año la fiesta de Año Nuevo __ha tocado__ en casa. b) _____ toda la familia y, contándonos a todos, _____ veintinuno. c) Claro que _____ un poco apretados, pero nos lo _____ súper bien. d) La cena _____ riquísima y luego Guillermo, como siempre, _____ muchísimos chistes. e) Lo _____ tan bien, que al final, ¡todos nosotros _____ de la risa! f) Después de cenar, los más jóvenes _____ a la playa para seguir la fiesta y nosotros, los mayores, _____ en casa charlando hasta las 5 de la mañana. g) Sí, la reunión _____ muy agradable: puedo decir que el año _____ muy bien.

a) tocar
b) venir, ser
c) estar, pasar
d) estar, contar
e) hacer, llorar
f) irse, quedarse
g) resultar, empezar

apretado – eng
el chiste – der Witz
llorar de risa –
weinen vor Lachen

123

Üben und Anwenden

Vergangenheit

3. Manche Andalusier sind von dem trüben Wetter in Schottland regelrecht begeistert. Ordnen Sie die Sätze zu einem Telefongespräch. *

guay – *toll (jugendliche Umgangssprache)*
envuelto – *hier: umringt*

( ) • ¡Qué guay! ¿Entonces habéis visto todos esos castillos antiguos envueltos en niebla?

( ) ○ Sí, sí. Ha sido realmente muy romántico, algo totalmente diferente.

( ) ○ Pues... No, pero ha hecho frío y también ha habido un poco de niebla. ¡Nos ha gustado mucho!

(1) • Hola Carmencita, ¿ya has vuelto? ¿Qué tal lo habéis pasado?

( ) ○ Estupendamente. Hemos viajado por toda la isla.

( ) • ¡Qué bien! ¿Y ha llovido como en todas las películas sobre Escocia?

4. Unterstreichen Sie nun die Perfektformen in Übung 3 und schreiben Sie die 9 Infinitive in der Reihenfolge des Dialogs auf. *

volver, _____

_____

5. Heute hat Diego einen Entschluss gefasst, der seine Frau sehr überrascht hat. Setzen Sie die Verben ein: Präsens oder Perfekt? **

la sorpresa – *die Überraschung*
fuera – *außerhalb*
llevar las tareas domésticas – *den Haushalt führen*
quedar encantado / -a – *von etwas total begeistert sein*

a) Normalmente, cuando yo llego (llegar) a casa, me _____ (esperar) mucho trabajo. ¡Pero hoy me _____ (encontrar) una sorpresa! b) Siempre soy yo quien _____ (cocinar), pero esta noche, ¡Diego _____ (preparar) unos espaguetis estupendos y lo mejor: ¡_____ (limpiar) la cocina!

c) Me _____ (decir) que _____ (leer) un libro que le _____ (abrir) los ojos y que ahora _____ (saber) qué difícil _____ (ser) la vida de las mujeres que no sólo _____ (trabajar) fuera, sino que además _____ (llevar) solas las tareas domésticas. d) Así que _____ (decidir) cambiar y _____ (querer) participar más en los trabajos de casa... e) Yo _____ (quedar) encantada, claro, ¡y le _____ (dar) un gran beso!

Üben und Anwenden

Vergangenheit

6. Kennen Sie die Vorher-nachher-Show? Setzen Sie die fett gedruckten Verben ins Imperfekt. *

Antes, Rosita...

a) _estaba_ muy gorda, ahora **está** muy delgada.

b) _____ un peinado muy anticuado, ahora **lleva** uno moderno.

c) No _____ nada de la moda, ahora **sabe** muchísimo.

d) No _____ ejercicio, ahora **hace** aeróbicos todos los días.

e) _____ tiempo para sus amigos, ahora sólo lo **tiene** para ser bonita.

7. Sie haben heute nach Omas Vorbild gekocht. Setzen Sie die Verben ein. Perfekt oder Imperfekt? *

a) Hoy _he hecho_ la sopa como la _hacía_ la abuela.

b) _____ los tomates porque ella los _____ también.

c) _____ la ensalada exactamente como ella la _____.

d) ¡Y me _____ todo igual a como le _____ a ella!

hacer
pelar
preparar
salir

pelar – *schälen*
salir + Dativ – *gelingen*

8. In diesem Kurzroman wird erzählt, wie es den Eltern ging, als die Kinder flügge geworden waren. Wie hat sich das Leben für Conchita und Emilio verändert? Setzen Sie die angegebenen Verben ins Imperfekt. **

a) Así _____ a estar solos los dos, como cuando _____ recién casados. b) Su vida ahora no _____ tantos sobresaltos. c) Emilio _____ dedicarse a sus libros, por las tardes _____ a sus amigos y no _____. d) Conchita _____ por las mañanas en la tienda y por las tardes _____ las cosas de casa. e) Todos los días _____ alguno de los hijos. f) A veces _____ Loli de Badajoz, otras veces Miguel. g) Los dos _____ por sus padres y los _____ con frecuencia. h) Cuando _____ todos juntos a la mesa, los padres _____ orgullosos de verlos tan adultos. i) Y cuando _____ solos tampoco lo _____ mal, pero sí los _____ de menos.

a) volver, estar
b) tener
c) poder, ver, aburrirse
d) trabajar, hacer
e) llamar
f) ser
g) preocuparse, visitar
h) sentarse, sentirse
i) estar, pasar, echar

el sobresalto – *hier: Unerwartetes*
preocuparse – *hier: sich kümmern um*
echar de menos – *vermissen*

125

Zeiten des Indikativs

Indefinido

Das Indefinido

Das *Indefinido* ist die Hauptzählzeit im Spanischen. Im *Indefinido* werden Geschehen, Handlungen und Etappen geschildert, die als abgeschlossen gelten.

1 ¿**Estuviste** ayer en el partido de fútbol?

2 Sí, ¡**fue** el mejor de mi vida!

3 ¡**Ganamos** 2 a 1!

1. Warst du gestern beim Fußballspiel? 2. Ja, es war das beste meines Lebens! 3. Wir gewannen 2 zu 1!

Bildung

1. Regelmäßige Formen

1. Achten Sie bitte auf die Betonung! Vgl. **trabajo** (Präsens 1. Person Singular) und **trabajó** (*Indefinido*, 3. Person Singular).
2. Bei den Verben auf **-ar** und **-ir** ist die Form der 1. Person Plural wie die des Präsens. Durch den Kontext wird aber klar, welche Zeit gemeint ist.

	trabaj**ar**	aprend**er**	escrib**ir**
(yo)	trabaj**é**	aprend**í**	escrib**í**
(tú)	trabaj**aste**	aprend**iste**	escrib**iste**
(él/ella/usted)	trabaj**ó**	aprend**ió**	escrib**ió**
(nosotros/-as)	trabaj**amos**	aprend**imos**	escrib**imos**
(vosotros/-as)	trabaj**asteis**	aprend**isteis**	escrib**isteis**
(ellos/ellas/ustedes)	trabaj**aron**	aprend**ieron**	escrib**ieron**

2. Unregelmäßige Vokalveränderungen bei den 3. Personen

Verben auf **-ir**, die im Präsens eine Stammvokalveränderung haben (**e ▶ i**, **e ▶ ie**, **o ▶ ue**), sind im *Indefinido* nur in den dritten Personen Singular und Plural unregelmäßig und weisen dort ein **i** bzw. ein **u** auf.

▶ Präsens, Gruppenverben mit Vokalveränderung, S. 108

	e ▶ i seguir	e ▶ ie preferir	o ▶ ue dormir
(yo)	seguí	preferí	dormí
(tú)	seguiste	preferiste	dormiste
(él/ella/usted)	s**i**guió	pref**i**rió	d**u**rmió
(nosotros/-as)	seguimos	preferimos	dormimos
(vosotros/-as)	seguisteis	preferisteis	dormisteis
(ellos/ellas/ustedes)	s**i**guieron	pref**i**rieron	d**u**rmieron

Zeiten des Indikativs
Indefinido

Zu dieser Gruppe gehören außerdem:

corr**e**gir	*korrigieren*	el**e**gir	*(aus-)wählen*
m**e**dir	*messen*	p**e**dir	*bestellen, bitten*
re**í**r	*lachen*	rep**e**tir	*wiederholen*
s**e**rvir	*bedienen, funktio-*	div**e**rtirse	*Spaß haben*
	nieren, servieren	m**e**ntir	*lügen*
s**e**ntir	*fühlen*	m**o**rir	*sterben*

3. Unregelmäßige Gruppen

Manche Verben haben im *Indefinido* einen unregelmäßigen Stamm. Die Endungen entsprechen denen der regelmäßigen Verben auf **-er/-ir** mit Ausnahme der 1. und 3. Person Singular, die zusätzlich auf der vorletzten Silbe betont werden.

	poder	hacer	decir
(yo)	p**u**d**e**	h**i**c**e**	d**i**j**e**
(tú)	pud**iste**	hic**iste**	dij**iste**
(él/ella/usted)	p**u**d**o**	h**i**z**o**	d**i**j**o**
(nosotros/-as)	pud**imos**	hic**imos**	dij**imos**
(vosotros/-as)	pud**isteis**	hic**isteis**	dij**isteis**
(ellos/ellas/ustedes)	pud**ieron**	hic**ieron**	dij**eron**

1. Da alle unregelmäßigen Verben dieselben Endungen haben, muss man sich nur die 1. Person Singular gut merken, der Rest geht dann leicht.
2. Die dritte Person Singular **hizo** muss wegen der Aussprache mit **z** geschrieben werden.

Verben, die im unregelmäßigen Stamm mit **-j** enden, verlieren bei der 3. Person Plural das **i** der Endung, d.h. **-jieron** ▶ **-jeron**.

Man kann die unregelmäßigen *Indefinido*-Stämme leichter lernen, wenn man folgende Gruppen unterteilt:

tener:	tu**v**e			decir:	di**j**e
estar:	estu**v**e	v	j	traer:	tra**j**e
andar:	andu**v**e			traducir:	tradu**j**e
		unregelmäßige *Indefinido*-Stämme			
querer:	qu**i**se			poder:	p**u**de
hacer:	h**i**ce	i	u	poner:	p**u**se
venir:	v**i**ne			saber:	s**u**pe

1. Das *Indefinido* von **hay** gehört der Gruppe **u** an: **hubo**.
2. Verwandte Verben werden genauso wie das Hauptverb konjugiert, z. B. **proponer**, **suponer** wie **poner**; **mantener**, **entretener** wie **tener** usw.

Zeiten des Indikativs

Indefinido

4. Unregelmäßige Verben

1. **Ser** und **ir** haben dieselben Formen im *Indefinido*.
2. Merke: **fui = yo**, **fue = él/ella/usted**.
3. **Dio** und **vio** werden auf dem **-o** betont, haben aber keinen Akzent, weil sie einsilbig sind.

Nur diese Verben lassen sich in keine Gruppe einteilen:

	ser/ir	dar	ver
(yo)	fui	di	vi
(tú)	fuiste	diste	viste
(él/ella/usted)	fue	dio	vio
(nosotros/-as)	fuimos	dimos	vimos
(vosotros/-as)	fuisteis	disteis	visteis
(ellos/ellas/ustedes)	fueron	dieron	vieron

5. Änderungen der Schreibweise im *Indefinido*

Bei manchen Verben ändert sich die Schreibweise vor der Endung **-é** der 1. Person Singular, damit die Aussprache erhalten bleibt:

c ▸ qu vor **é**

mar**c**ar: mar**qu**é, marcaste, marcó, marcamos, marcasteis, marcaron

g ▸ gu vor **é**

pa**g**ar: pa**gu**é, pagaste, pagó, pagamos, pagasteis, pagaron

Die Buchstabenkombination **ze** und **zi** gibt es (außer bei Namen) nicht.

z ▸ c vor **é**

empe**z**ar: empe**c**é, empezaste, empezó, empezamos, empezasteis, empezaron

Bei **oír** und Verben auf **-eer**, **-aer** und **-uir** wird das unbetonte **i** zwischen Vokalen in der 3. Person Singular und Plural durch **y** ersetzt.

oír ▸ oyó, oyeron

oír: oí, oíste, o**y**ó, oímos, oísteis, o**y**eron

-eer ▸ -eyó, -eyeron

! **Traer** gehört nicht zu dieser Gruppe, sondern weist ein **j** in allen Personen auf: **traje, trajeron**.

l**eer**: leí, leíste, le**y**ó, leímos, leísteis, le**y**eron

-aer ▸ -ayó, -ayeron

c**aer**: caí, caíste, ca**y**ó, caímos, caísteis, ca**y**eron

-uir ▸ -uyó, -uyeron

constr**uir**: construí, construiste, constru**y**ó, construimos, construisteis, constru**y**eron

Zeiten des Indikativs
Indefinido

Grundbedeutung:

Was passierte (dann)? oder *Wie war es letztendlich?*

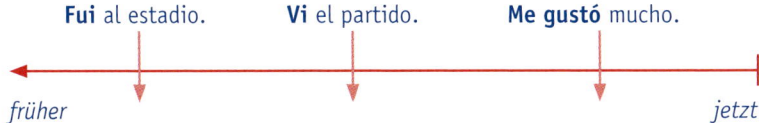

Fui al estadio.   **Vi** el partido.   **Me gustó** mucho.

früher .... *jetzt*

Mit dem *Indefinido* sagt man aus, dass etwas abgeschlossen ist. Es besteht im Unterschied zum Perfekt kein Bezug mehr zur Gegenwart.

Gebrauch

Im *Indefinido* stehen

Recibí una carta de mi hermana. Toda su vida **soñó** con ese viaje.

– konkrete Handlungen bzw. Ereignisse, die für den Sprecher abgeschlossen sind und nicht zur Gegenwart gehören.

En 2001 **visitamos** tres veces la fábrica.

– begrenzt wiederholte Handlungen, die abgeschlossen sind.

Fue una fiesta estupenda. La música **me pareció** buenísima.

– Gesamteindrücke bzw. Gesamtbewertungen.

Abrí la puerta y **vi** una luz. De repente **escuché** la voz de Manuel.

– plötzliche oder nacheinander auftretende Handlungen / Ereignisse, die den Ablauf der Erzählung bzw. das Handlungsgerüst ergeben.

• Luis **cambió** de trabajo.   ○ ¡Por fin **encontró** algo mejor!

– häufig Verben, deren Bedeutung Wechsel, Anfang oder Ende einer Handlung ist.

Das *Indefinido* wird oft mit folgenden Zeitangaben verwendet:

– **ayer**, **anoche**	¿Llamaste **ayer** al banco?
– **el/la** + Zeitausdruck + **pasado/-a**	**La semana pasada** fui al cine.
– **en** + Jahr/Jahreszeit	Sebastián nació **en 1995**.
– **de ... a**, **desde ... hasta**	Estuve en Quito **de mayo a junio**.
– **hace** + Anzahl + Zeitausdruck	**Hace unos días** vi la película.
– **el otro día**	**El otro día** me encontré a Juan.
– **de pronto**, **de repente**	**De pronto**, noté que estabas ahí.

Zeiten des Indikativs

Indefinido und andere Zeiten

Das *Indefinido* und andere Zeiten

Das spanische Perfekt wird immer in ein deutsches Perfekt übersetzt, aber nicht umgekehrt.

Es ist sinnvoll, sich diejenigen Zeitausdrücke zu merken, mit denen zusammen häufig das Perfekt, das Imperfekt oder das *Indefinido* verwendet werden. Aber sogar dann sind die Regeln nicht starr. Die Verwendung dieser Zeiten hängt vielmehr von dem ab, was der Sprecher/die Sprecherin ausdrücken bzw. wie er/sie das Geschehen darstellen möchte.

1. Perfekt oder *Indefinido*?

- ¡Por fin **hemos hecho** la presentación! ¿Qué os parece?
- Bien. Esta semana **hemos trabajado** duro, pero **ha valido** la pena.

Mit dem Perfekt betont man den Bezug zur Gegenwart oder deutet auf einen noch andauernden Zeitraum hin.

- Por fin **hicimos** la presentación. **Quedó** bien, ¿no?
- Sí, toda la semana **trabajamos** muy duro, pero **valió** la pena.

Mit dem *Indefinido* drückt man aus, dass etwas abgeschlossen ist, oder deutet auf einen abgeschlossenen Zeitraum hin.

In manchen Ländern von LA ist der Gebrauch des Perfekts und *Indefinidos* verschieden, z. B. verwendet man in Mexiko das Perfekt viel weniger als in Spanien.

2. *Indefinido* oder Imperfekt?

Rahmen: Imperfekt   Handlung: *Indefinido*

Estaba en el coche cuando **escuché** la noticia.

früher   *jetzt*

Im Imperfekt werden meistens Umstände, Zustände, Situations- bzw. Hintergrundbeschreibungen geschildert. Im *Indefinido* wird das Ereignis erzählt.

Zeiten des Indikativs
Indefinido und andere Zeiten

Die Wahl der einen oder der anderen Zeit ermöglicht es dem Sprecher / der Sprecherin, das Geschehen so zu schildern, wie er / sie es möchte, zum Beispiel als:

– Gewohnheit.	En verano **iba** todos los días a nadar.	Grundsätzlich gilt: Imperfekt = Hintergrund, Beschreibung, Wiederholung. *Indefinido* = Handlung, abgeschlossene Etappe, Gesamtbewertung.
– abgeschlossene, sich wiederholende Handlung.	En verano **fui** tres veces a nadar.	
– Beschreibung.	En Mallorca **hacía** mal tiempo.	
– Bilanz oder Gesamteindruck.	En Mallorca **hizo** mal tiempo.	
– Gewohnheit.	Todos los sábados **salíamos** a bailar.	
– sich wiederholende Handlung in einer abgeschlossenen Etappe.	Todos los sábados **salimos** a bailar.	Auch die Reaktion ist anders, z. B. vgl.
– Beschreibung oder Hintergrundschilderung.	Cuando salimos, **empezaba** a llover.	1. • **Estaba** mal. ○ ¿Sí? ¿Qué tenías?
– Anfang einer Handlung.	Cuando salimos, **empezó** a llover.	2. • **Estuve** mal. ○ ¿Cuándo?
– Beschreibung oder Wiederholung.	El curso **terminaba** en noviembre.	
– Ende einer Handlung.	El curso **terminó** en noviembre.	

Bedeutungsnuancen bei einigen Verben

Die Kombination bestimmter Verben mit dem *Indefinido* oder Imperfekt bringt Bedeutungsunterschiede zum Ausdruck.

No **conocías** a Pepe, ¿verdad?	conocer	+ Imperfekt	kennen
¿Cuándo **conociste** a Pepe?		+ *Indefinido*	kennen lernen
José ya **sabía** el resultado.		+ Imperfekt	wissen, können
José **sabía** tener paciencia.	saber		
El jueves José **supo** el resultado.		+ *Indefinido*	erfahren
Teníamos mucha sed.	tener	+ Imperfekt	haben
Después de la paella, **tuvimos** mucha sed.		+ *Indefinido*	bekommen

la paciencia – die Geduld

Zeiten des Indikativs

Plusquamperfekt

Das Plusquamperfekt

1 Marvin nunca **había visto** nieve hasta que llegó a Alemania.

2 Antes nunca **había viajado** a Europa, siempre había vivido en el Caribe.

▶ Partizip Perfekt, S. 187

1. Marvin hatte nie Schnee gesehen, bis er nach Deutschland kam.
2. Früher war er nie nach Europa gereist, er hatte immer in der Karibik gelebt.

Bildung

Das Plusquamperfekt wird mit dem Imperfekt von **haber** und dem Partizip Perfekt gebildet. Die entsprechenden Formen des Hilfsverbs stehen immer direkt vor dem Partizip Perfekt, sie werden nie getrennt. Das Partizip endet auf **-o**, unabhängig von der Zahl oder dem Geschlecht des Subjekts.

(yo)	**había**	trabajad**o**
(tú)	**habías**	tenid**o**
(él/ella/usted)	**había**	discutid**o**
(nosotros/-as)	**habíamos**	escrit**o**
(vosotros/-as)	**habíais**	puest**o**
(ellos/ellas/ustedes)	**habían**	hech**o**

Grundbedeutung:

Was passierte vor einer anderen Handlung? oder
Was war vor einem anderen Zustand?

no había visto nieve   hasta que llegó a Alemania
                    (cuando era niño)

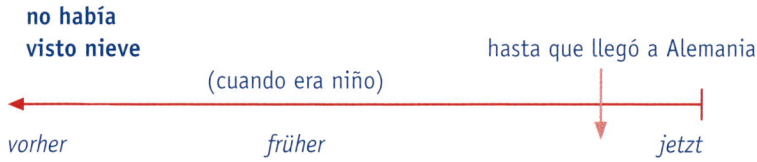

vorher   früher   jetzt

Das Plusquamperfekt drückt eine Handlung aus, die zeitlich vor einer anderen Handlung bzw. vor einem anderen Zustand in der Vergangenheit stattgefunden hat.

Üben und Anwenden

Indefinido und andere Zeiten

1. Ordnen Sie die Verben der entsprechenden Zeile zu. *

a) yo: repetí, _____

b) tú: _____

c) él / ella / usted: _____

d) nosotros / -as: _____

e) vosotros / -as: _____

f) ellos / ellas / ustedes: _____

~~repetí~~   dio
fue   hicimos
escribiste   dijeron
empecé   pusisteis
viste   recordamos
siguió   estuvisteis
pidieron   tuve
comimos   tomaste
limpiasteis   pudieron

2. Kennen Sie den Zeichner Guillermo Mordillo? Notieren Sie die Grundformen der rot gedruckten Verben dieser Kurzbiografie. **

a) Guillermo Mordillo nació en 1932 en Buenos Aires, hijo de españoles que llegaron a Argentina como inmigrantes. b) Mordillo realizó sus primeros trabajos a los 18 años y pronto fundó con unos amigos un estudio de dibujos animados. c) De los 23 a los 28 años estuvo en Perú y se dedicó a la publicidad, pero después decidió volver al dibujo y se fue a los EEUU y más tarde, en 1963, a París. d) Pronto empezó a trabajar para diferentes periódicos y revistas. e) Poco a poco se hizo famoso y en los años que siguieron recibió muchos premios y publicó muchos libros. f) En 1980 se mudó a Mallorca, donde sigue dibujando.

fundar – *gründen*
un estudio – *hier: eine Werkstatt*
los dibujos animados – *die Zeichentrickfilme*
la publicidad – *die Werbung*
el dibujo – *die Zeichnung*
hacerse famoso – *berühmt werden*

a) nacer_____ , _____ , b) _____ , _____ ,

c) _____ , _____ , _____ , _____ , d) _____ ,

e) _____ , _____ , _____ , _____ , f) _____

3. Verbinden Sie, um zu erfahren, wer diese berühmten Personen waren. *

a) Isabel la Católica fue la reina que

b) Cristóbal Colón fue un marino italiano

c) Salvador Dalí fue un pintor famoso que

d) Miguel de Cervantes fue un autor clásico

e) Francisco Franco fue un dictador que

1. que escribió el "Quijote".

2. gobernó España por 40 años.

3. financió a Cristóbal Colón.

4. tuvo un estilo muy original.

5. que descubrió América.

Üben und Anwenden

Indefinido und andere Zeiten

4. Zwei Freunde unterhalten sich über eine interessante Reise. Setzen Sie hier die Verben im *Indefinido* ein. **

a) ir
b) viajar, ser
c) conocer
d) visitar, ver
e) vivir
f) pasar
g) volar, quedarse, ahorrarse, pagar

a) • Hola, Carlos, ¿adónde _____ en las vacaciones?

b) ○ _____ con Alex a México. ¡_____ un viaje precioso!

c) • ¡Qué suerte! Y, ¿qué _____ vosotros del país?

d) ○ _____ el D.F., naturalmente. Es una ciudad increíble. Y también _____ la zona de Yucatán.

e) • En Yucatán y Centroamérica _____ los mayas, ¿verdad?

f) ○ Sí. Alex y yo _____ varios días en esa región.

• ¡Qué interesante! ¿Y el precio, qué tal?

g) ○ Bien, porque _____ con una oferta de "último minuto", y además, en la Ciudad de México _____ con unos amigos... Así _____ el hotel y casi no _____ nada.

• ¡Qué bien! ¡Qué viaje! Me gustaría poder hacerlo también.

5. Ein Krimi! Ordnen Sie die Verben der richtigen Zeit zu. **

asesinar – *ermorden*
el primo – *der Cousin*
odiar – *hassen*
el ambiente – *hier: die Atmosphäre*
tenso – *gespannt*
el enemigo – *der Feind*

¿Quién asesinó a Eva Cruz Guerra? Antonio Guerra, su primo, la encontró el sábado por la mañana en el parque. "He pasado hoy por ahí, como cada mañana", dijo Antonio a este periódico. "Desde la última fiesta familiar no la había visto más. Bueno, pues como he dicho, iba por el parque... De repente, la vi en un banco: ¡Había muerto, qué horrible!" Le hemos preguntado si cree que ha habido algún posible motivo. "Bueno," respondió. "Su hermana Ana y ella siempre habían sido rivales, ¿sabe? Eva también trabajaba en el banco, pero Ana tenía un puesto más importante. Alguna vez las dos me hablaron de un jefe un poco raro, sí. Una vez me dijeron que él odiaba a las mujeres y que por eso el ambiente en el banco era muy tenso para ellas. Y luego... nuestro abuelo fue general y claro, en su vida ha hecho muchos enemigos. No sé, no sé. Realmente no sé quién ha sido."

a) *Indefinido*: <u>asesinó</u>_____

b) *Imperfecto*: _____

c) *Perfecto*: _____

d) *Pluscuamperfecto*: _____

Üben und Anwenden

Indefinido und andere Zeiten

6. Übung macht den Meister! Ergänzen Sie die Tabelle. *

		Indefinido	Imperfekt	Perfekt	Plusquamperf.	Infinitiv
a)	1. Sg.	vi	veía	he visto	había visto	ver
b)	2. Sg.			has sido		
c)	3. Sg.				había seguido	
d)	1. Pl.		estábamos			
e)	2. Pl.					decir
f)	3. Pl.		tenían			
g)	1. Sg.	puse				

7. Ergänzen Sie diese Minidialoge in der Kantine eines Unternehmens. Welche Zeit ist hier richtig: Imperfekt, *Indefinido* oder Perfekt? **

a) ● La semana pasada yo __encontré__ un billete de 100 euros.

○ ¿De verdad? ¿Dónde _____?

b) ■ Yo _____ que el Sr. Perea es el mejor candidato. _____ dos años en París, donde _____ en una empresa. Así que _____ muy bien el francés y ya _____ experiencia en el extranjero.

c) ● ¿Qué _____ este fin de semana, Julián?

○ Pues el sábado no _____ nada especial, pero ayer mi novia y yo _____ con unos amigos a cenar. _____ a un restaurante que no _____, ¡buenísimo!

a) encontrar, estar
b) pensar, estar, trabajar, aprender, tener
c) hacer, hacer, salir, ir, conocer

8. Bankverbindungen. Was passierte vorher? Suchen Sie aus: ***

a) (Tuve) / Había tenido que bloquear la tarjeta porque la perdí / había perdido.

b) Llamé / Había llamado al banco para preguntar por qué no me llegó / había llegado el dinero.

c) En el extracto nos cobraron / habían cobrado el teléfono doble, así que ayer fui / había ido a protestar.

el extracto – *der Auszug*
cobrar – *abbuchen*
doble – *doppelt*

Üben und Anwenden

Indefinido und andere Zeiten

9. Verbinden Sie die Satzhälften. **

a) No fui a ver a Lucía
b) Le compramos un regalo al niño
c) Estábamos ya durmiendo
d) A Pepa le encantaban los perros
e) Un día, llegó un señor
f) Aprendí inglés en una academia

1) porque el martes fue su cumpleaños.
2) que quería ver al jefe con urgencia.
3) que no estaba lejos de mi casa.
4) porque sabía que no estaba en casa.
5) hasta que uno la mordió en la pierna.
6) cuando de repente oímos un ruido extraño.

10. Hier erfahren Sie etwas über die Geschichte Puerto Ricos. Wählen Sie die passende Vergangenheitsform. ***

la tribu – *der Volksstamm*
el/la indígena – *der/die Ureinwohner/in*
el levantamiento – *der Aufstand*
la defensa – *die Abwehr*
la viruela – *die Pocken*
sufrir – *erleiden*
el dominio – *die Macht*

a) Cuando Colón **llegaba / llegó** en 1493, **vivían / vivieron** allí 60 mil indígenas, sobre todo de las tribus arawak y taínas, que **eran / fueron** gente pacífica.

b) Los españoles **conquistaban / conquistaron** la isla y desde entonces **obligaban / obligaron** a los indígenas a trabajar como esclavos.

c) Pronto los indígenas **dejaban / dejaron** de creer que los blancos **eran / fueron** dioses e **iniciaban / iniciaron** un levantamiento, pero sin éxito.

d) Además, muchos indígenas **morían / murieron** porque no **tenían / tuvieron** defensas contra las nuevas enfermedades que **traían / trajeron** los conquistadores, por ejemplo la viruela.

e) Por su situación estratégica, entre 1508 y 1797 Puerto Rico **sufría / sufrió** muchos ataques de piratas ingleses y holandeses que **llegaban / llegaron** frecuentemente hasta el Caribe.

f) Durante el siglo XIX **había / hubo** varios intentos de independencia.

g) La economía de Puerto Rico **dependía / dependió** de la agricultura.

h) En 1898 España **perdía / perdió** el dominio de la isla en una guerra contra los Estados Unidos, y en 1917 Puerto Rico se **convertía / convirtió** en Estado Asociado de la Unión Americana.

Üben und Anwenden

Indefinido und andere Zeiten

11. Ein bekanntes Märchen. Jetzt haben Sie die Qual der Wahl: Perfekt, Imperfekt, *Indefinido* oder Plusquamperfekt? ***

a) Hace mucho, _vivía_ (vivir) en el bosque una familia que _____ (tener) dos hijos. **b)** El niño _____ (llamarse) Hansel y la niña, Gretel. **c)** Un día el padre _____ (mandar) a los niños a buscar leña, pero como el bosque _____ (ser) muy grande y oscuro, los pequeños _____ (perderse). **d)** – ¡No hay problema! – _____ (decir) Hansel, y rápidamente _____ (subirse) a un árbol para mirar. **e)** _____ (Descubrir) que cerca _____ (hay) una casa, y entonces los niños _____ (caminar) hasta allí. **f)** Cuando _____ (llegar), _____ (ver) que _____ (ser) la casa más maravillosa que nunca _____ (imaginarse): ¡toda de chocolate! **g)** – ¡Mmh, qué rica casa! – _____ (decir) los niños y _____ (empezar) a comérsela, porque no _____ (comer) en todo el día y _____ (estar) muy hambrientos. **h)** Pero de repente alguien, a quien ellos no _____ (ver) antes, _____ (llegar) volando en una escoba. **i)** _____ (Tratarse) de la dueña de la casa, que lamentablemente _____ (ser) una bruja mala, aunque ellos todavía no lo _____ (saber). **j)** Los _____ (saludar) amablemente y los _____ (invitar). **k)** Los niños _____ (ponerse) contentos y _____ (aceptar) la invitación. **l)** Ya en la casa, los dos _____ (cenar) y luego _____ (dormirse) soñando con el rico pastel que la señora les _____ (dar) antes. **m)** Pero al día siguiente, todo _____ (cambiar): Hansel _____ (despertar) en una jaula y desde ese momento, Gretel _____ (tener) que trabajar y trabajar. **n)** ¿Cómo _____ (terminar) la historia? Seguramente todos vosotros _____ (leer) alguna vez este cuento tan famoso.

la leña – *das Brennholz*
perderse – *hier: sich verlaufen*
imaginarse – *sich vorstellen*
comérsela – *es aufessen*
hambriento / -a – *hungrig*
la escoba – *der Besen*
la bruja – *die Hexe*
ponerse contento – *sich freuen*
dormirse – *einschlafen*
soñar – *träumen*
la jaula – *der Käfig*

Zeiten des Indikativs

Zukunft

Die Zukunft

1 **Vas a ser** muy feliz …

2 **Tendrás** mucho éxito en la vida …

3 A los 40 años ya **te habrás casado** … ¿Quieres saber más?

4 Depende. ¿Cuánto me **costará**?

Im Spanischen gibt es außer der „richtigen" Zukunftsform des Verbs eine Zukunftsumschreibung, die sehr häufig verwendet wird.

1. Du wirst sehr glücklich sein… 2. Du wirst viel Erfolg im Leben haben… 3. Mit 40 Jahren wirst du schon geheiratet haben… Möchtest du mehr wissen? 4. Das kommt darauf an. Wie viel wird es mich kosten?

Bei einer Zeitangabe, die sich auf die Zukunft bezieht, kann man im Spanischen zukünftige Handlungen oder Vorhaben unterschiedlich ausdrücken.

▶ **Verbalperiphasen**, S. 191

In Spanien wird das Futur I in der Umgangssprache häufiger verwendet als in LA.

Mañana **voy** al cine. *Ich gehe morgen ins Kino.*	Präsens
Mañana **voy a ir** al cine. *Ich werde morgen ins Kino gehen.*	Präsens von **ir** + a + Infinitiv
Mañana **iré** al cine. *Ich werde morgen ins Kino gehen.*	Futur I
Mañana a esta hora ya **habré visto** la película. *Morgen um diese Zeit werde ich den Film schon gesehen haben.*	Futur II

Das Futur I

1 **Llegaremos** en el avión que viene a las 8 de la mañana de Berlín.

2 Lo siento, pero a esa hora no **podré** ir al aeropuerto a buscaros.

Zukünftige Handlungen werden durch Futur I ausgedrückt.

1. Wir werden um 8 Uhr morgens mit dem Flugzeug aus Berlin ankommen.
2. Es tut mir leid, aber um die Zeit werde ich euch nicht am Flughafen abholen können.

Zeiten des Indikativs

Zukunft

Bildung

1. Regelmäßige Formen

Die Bildung des Futurs ist nicht schwer. Alle Konjugationsgruppen haben die gleichen Endungen, die direkt an den Infinitiv angehängt werden.

	trabajar	aprender	escribir
(yo)	trabajar**é**	aprender**é**	escribir**é**
(tú)	trabajar**ás**	aprender**ás**	escribir**ás**
(él / ella / usted)	trabajar**á**	aprender**á**	escribir**á**
(nosotros / -as)	trabajar**emos**	aprender**emos**	escribir**emos**
(vosotros / -as)	trabajar**éis**	aprender**éis**	escribir**éis**
(ellos / ellas / ustedes)	trabajar**án**	aprender**án**	escribir**án**

2. Unregelmäßige Formen mit verkürztem Stamm

Einige Verben haben einen unregelmäßigen verkürzten Stamm, an den man die Endungen anhängt.

caber	**cabr-**	-é
decir	**dir-**	-ás
hacer	**har-**	-á
querer	**querr-**	-emos
poder	**podr-**	-éis
saber	**sabr-**	-án

1. Da alle Futurformen dieselben Endungen haben, muss man sich nur die 1. Person Singular merken.
2. Das Futur I von **hay** ist **habrá**.
3. **Proponer**, **suponer** usw. werden wie **poner** konjugiert.

3. Unregelmäßige Formen mit -d- im Stamm

Bei einigen Verben wird der Endvokal des Infinitivs durch ein **d** ersetzt. An diesen neuen Stamm hängt man die Endungen an.

poner	**pondr-**	-é
salir	**saldr-**	-ás
tener	**tendr-**	-á
valer	**valdr-**	-emos
venir	**vendr-**	-éis
		-án

Zeiten des Indikativs

Zukunft

Grundbedeutung:

Was wird passieren?

Im Gegensatz zum Spanischen verwendet man im Deutschen häufiger das Präsens, um Zukünftiges auszudrücken.

▶ **Realer Bedingungssatz**, S. 233

Im Deutschen drückt man Vermutungen oft durch das Wort *wohl* aus: *Wer wird es **wohl** sein?*

Pero, ¡serás tonto! – *Mensch, bist du aber dumm!*
¡Si lo sabré yo! – *Das weiß ich nur zu gut!*

▶ *Subjuntivo* **im Präsens**, S. 159

Gebrauch

Im Futur I stehen

¡Qué ilusión! Mañana a esta hora **estaremos** en la playa.

– zukünftige Ereignisse, Situationen und Zustände.

Si no tienes experiencia, no **conseguirás** trabajo.

– Folgen einer Handlung oder einer Situation, die der Sprecher bzw. die Sprecherin für sehr wahrscheinlich hält.

Tocan a la puerta. ¿Quién **será** a esta hora?

– Vermutungen.

Raúl no **tendrá** dinero, pero es el chico que me gusta.

– Einräumungen: Raúl mag zwar kein Geld haben, aber ...

Hoy no **saldrás**, ¡y basta! Me **ayudarás** en casa.

– Gebote bzw. Verbote.

Pero, ¡**serás** tonto, Jorge! ¿Cómo le has prestado dinero a tu hermana? Nunca paga, ¡si lo **sabré** yo!

– einige Ausdrücke der Übertreibung bzw. des Erstaunens.

Werden Nebensätze mit **cuando** *(wenn)*, **en cuanto** *(sobald)*, **hasta que** *(bis)* oder **mientras** *(solange)* eingeleitet und liegt deren Handlung in der Zukunft, steht statt des Futurs der *Subjuntivo* im Präsens.

- Cuando **llegue**, te llamaré enseguida.
- Bueno. Me quedaré despierta hasta que **llames**.
- *Wenn ich **ankomme**, rufe ich dich sofort an.*
- *Gut. Ich werde wach bleiben, bis du **anrufst**.*

Zeiten des Indikativs
Zukunft

Das Futur II

¡Esta novela es fascinante! ¿Quién **habrá sido** el asesino?

▶ **Partizip Perfekt**, S. 187

Dieser Roman ist faszinierend! Wer wird wohl der Mörder gewesen sein?

Bildung

Das Futur II wird mit dem Futur I von **haber** und dem Partizip Perfekt gebildet. Die entsprechenden Formen des Hilfsverbs stehen immer direkt vor dem Partizip Perfekt, sie werden nie getrennt. Das Partizip endet auf **-o** und ist unveränderlich.

(yo)	**habré**	trabajad**o**
(tú)	**habrás**	tenid**o**
(él / ella / usted)	**habrá**	discutid**o**
(nosotros / -as)	**habremos**	escrit**o**
(vosotros / -as)	**habréis**	puest**o**
(ellos / ellas / ustedes)	**habrán**	hech**o**

Grundbedeutung:

Was wird passiert sein?

Ya **habremos llegado** mañana a esta hora.

jetzt — *später*

Gebrauch

Im Futur II stehen

Mañana a las 8 ya **habremos terminado**.

■ – Handlungen oder Zustände, die in der Zukunft vor einem anderen zukünftigen Ereignis bzw. einer anderen zukünftigen Handlung abgeschlossen sein werden.

Juan no está en la fiesta. ¿No lo **habrán invitado**?

■ – Vermutungen über etwas, das wahrscheinlich schon stattgefunden hat.

Pero, ¿se **habrá visto** cosa igual? ¿Quién **habrá diseñado** eso?

■ – einige feststehende Ausdrücke des Erstaunens.

¿Se habrá visto cosa igual? – Hat man so etwas schon gesehen?

Konditional

Konditional I

Der Konditional

1 Yo en tu lugar **me pondría** ropa más abrigada.

2 No, mamá, ¡entonces **me vería** como tú!

3 ¡Imagínate lo que **habrían dicho** mis amigos!

Der Konditional drückt etwas aus, was (noch) nicht ist, aber sein könnte.

1. Ich an deiner Stelle würde wärmere Kleidung anziehen. 2. Nein, Mama, dann würde ich ja so aussehen wie du! 3. Stell dir vor, was meine Freunde gesagt hätten!

Der Konditional (Bedingungsform) ist ein Modus des Verbs. Damit bringt der Sprecher bzw. die Sprecherin zum Ausdruck, dass die bezeichnete Handlung passieren könnte bzw. hätte passieren können. Im Konditional gibt es nur zwei Zeiten: Konditional I *(condicional simple)* und Konditional II *(condicional perfecto)*.

▶ **Modus**, S. 105

Der Konditional I

¿**Podría** decirme a qué hora llega el tren de Zamora, por favor?

Könnten Sie mir bitte sagen, um wie viel Uhr der Zug aus Zamora ankommt?

Bildung

1. Regelmäßige Formen

Im Konditional haben alle Konjugationsgruppen die gleichen Endungen, die direkt an den Infinitiv angehängt werden.

1. Merke: Die Endungen des Konditionals entsprechen denen des Imperfekts der Verben auf **-er / -ir**. Sie werden an den Infinitiv angehängt.
2. Die Formen der 1. und 3. Person Singular sind gleich. Von wem man spricht, geht aus dem Zusammenhang hervor.

	trabajar	aprender	escribir
(yo)	trabajar**ía**	aprender**ía**	escribir**ía**
(tú)	trabajar**ías**	aprender**ías**	escribir**ías**
(él / ella / usted)	trabajar**ía**	aprender**ía**	escribir**ía**
(nosotros / -as)	trabajar**íamos**	aprender**íamos**	escribir**íamos**
(vosotros / -as)	trabajar**íais**	aprender**íais**	escribir**íais**
(ellos / ellas / ustedes)	trabajar**ían**	aprender**ían**	escribir**ían**

Konditional

Konditional I

2. Unregelmäßige Formen mit verkürztem Stamm

Folgende Verben haben einen unregelmäßigen verkürzten Stamm, an den man die Endungen des Konditionals anhängt.

caber	**cabr-**	-ía
decir	**dir-**	-ías
hacer	**har-**	-ía
querer	**querr-**	-íamos
poder	**podr-**	-íais
saber	**sabr-**	-ían

1. Die unregelmäßigen Verbstämme des Konditionals entsprechen denen des Futurs.
2. Anstelle von **querría** steht häufig die Form **quisiera**.

3. Unregelmäßige Formen mit -d- im Stamm

Bei einigen Verben wird der Endvokal des Infinitivs durch ein **d** ersetzt. An diesen neuen Stamm hängt man die Endungen des Konditionals an.

poner	**pondr-**	-ía
salir	**saldr-**	-ías
tener	**tendr-**	-ía
valer	**valdr-**	-íamos
venir	**vendr-**	-íais
		-ían

1. Prägen Sie sich die erste Person Singular gut ein.
2. Der Konditional I von **hay** ist **habría**.

Gebrauch

Im Konditional stehen

Aquí **podríamos** poner una lámpara, ¿no crees? Así **habría** más luz.

■ – Ereignisse, die jetzt oder später unter bestimmten Umständen passieren könnten.

¿**Sería** tan amable de ayudarme? ¿Qué hotel me **recomendaría**?

■ – höfliche Bitten und Fragen.

• Yo **diría** que ese es el rey en persona, pero me **gustaría** saberlo.
○ Yo en tu lugar no lo **molestaría**. **Deberías** dejarlo en paz.

■ – höflich ausgedrückte Meinungen, Wünsche und Ratschläge sowie Verpflichtungen, die man erfüllen sollte.

Si hiciera frío, **podríamos** nadar en la piscina cubierta.

■ – Folgen einer unwahrscheinlichen oder unerfüllbaren Bedingung.

Die Übersetzung des spanischen Konditionals ins Deutsche ist je nach Kontext unterschiedlich, z. B. **Podríamos** hacer algo. (Wir <u>könnten</u> etwas tun.), **Yo diría que sí** (Ich <u>würde</u> sagen, ja), **Deberías dejarlo.** Du <u>solltest</u> es lassen).

▶ **irrealer Bedingungssatz**, S. 233

Konditional

Konditional II

Serían las nueve de la noche cuando llamó tu hermano.
- Vermutungen über ein Ereignis bzw. eine Handlung in der Vergangenheit.

El primer día de clase, nos presentaron a los chicos que **bailarían** con nosotras durante todo el curso.
- Ereignisse, die von der Vergangenheit aus gesehen noch in der Zukunft liegen.

¡Qué raro! Rosalba dijo que **vendría** a buscarme y no llega.
(Dijo: "**Vendré** a buscarte.")
- Aussagen in der indirekten Rede, wenn das redeeinleitende Verb in der Vergangenheit und das Verb der direkten Rede im Futur steht.

▶ Indirekte Rede, S. 235

In der Umgangssprache verwendet man auch oft **iba a** + Infinitiv als Ausdruck einer Absicht in der Vergangenheit: **Dijo que iba a venir a buscarme.**

Der Konditional II

1 Yo en tu lugar **habría gastado** menos dinero.

2 De haber sabido, me **habría quedado** en casa.

1. An deiner Stelle hätte ich weniger Geld ausgegeben.
2. Wenn ich es gewusst hätte, wäre ich zu Hause geblieben.

Bildung

▶ Partizip Perfekt, S. 187

Der Konditional II wird mit dem Konditional I von **haber** und dem Partizip Perfekt gebildet. Die entsprechenden Formen des Hilfsverbs stehen immer direkt vor dem Partizip Perfekt, sie werden nie getrennt. Das Partizip endet auf **-o** unabhängig von der Zahl oder dem Geschlecht des Subjekts.

(yo)	**habría**	trabajad**o**
(tú)	**habrías**	tenid**o**
(él/ella/usted)	**habría**	discutid**o**
(nosotros/-as)	**habríamos**	escrit**o**
(vosotros/-as)	**habríais**	puest**o**
(ellos/ellas/ustedes)	**habrían**	hech**o**

Konditional

Konditional II

Gebrauch

Im Konditional II stehen

Habríamos utilizado la piscina cubierta en caso de haber hecho frío.

- Handlungen, Ereignisse oder Zustände, die in der Vergangenheit hätten passieren können, wenn sich eine Bedingung erfüllt hätte.

Te **habría llamado** antes, pero no pude. Lo siento.

- Ereignisse, die in der Vergangenheit nicht zustande gekommen sind bzw. versäumt wurden.

Vamos al restaurante. Carlos dijo que a las nueve ya habrían **terminado** el trabajo y que estarían allí.
(Dijo: "A las nueve ya **habremos terminado** y estaremos allí.")

- Aussagen in der indirekten Rede, wenn das redeeinleitende Verb in der Vergangenheit steht und die entsprechende direkte Rede ein Verb im Futur II enthält.

> Die deutsche Entsprechung ist meistens Konjunktiv Plusquamperfekt, z. B. *wir hätten benutzt*.

▶ **Irrealer Bedingungssatz**, S. 233

> In den beiden ersten Beispielen kann man in der Umgangssprache auch **hubiera** statt **habría** verwenden.

▶ **Indirekte Rede**, S. 235

Konditional I und Konditional II werden oft zusammen mit folgenden Ausdrücken verwendet:

– de + Infinitiv	• **De** tener dinero, ¿te comprarías una casa?
– (yo) en tu lugar	○ **Yo en tu lugar** lo pensaría.
– en ese caso	• ¿Qué harías tú **en ese caso**?
– yo que tú	○ **Yo que tú**, lo habría consultado con un experto.

yo en tu lugar = yo que tú

Üben und Anwenden

Zukunft und Konditional

1. Vervollständigen Sie den Text mithilfe der angegebenen Verben. *

haré
~~hará~~
iremos
pasaremos
Saldremos
traerá

a) Mañana _hará_ buen tiempo.
b) Raúl y yo _____ de excursión.
c) _____ temprano de casa.
d) Yo _____ una rica tortilla de patatas.
e) Él _____ el vino y el pan.
f) Seguramente lo _____ muy a gusto.

pasarlo a gusto – *die Zeit gemütlich verbringen*

2. Übermorgen werden die beiden ihren Ausflug schon hinter sich haben. Geben Sie Auskunft darüber, was sie gemacht haben werden. *

~~habrá pasado~~
Habrá sido
habré vuelto
nos habremos relajado

a) Pasado mañana el fin de semana ya _habrá pasado_.
b) Raúl y yo _____ en el campo.
c) Yo _____ bastante tarde a casa.
d) _____ un bonito domingo.

3. Sie können in die Zukunft sehen und wissen, was Pepe und sein Papagei morgen alles tun werden. Verwenden Sie das Futur. *

estar todavía dormido – *noch schlafen*
la impresora – *der Drucker*

a) Pepe, tú _saldrás_ (salir) de casa como siempre.
b) A esa hora Lorito _____ (estar) todavía dormido.
c) Tú _____ (ir) al trabajo.
d) Los colegas te _____ (pedir) ayuda para un proyecto urgente y tú _____ (hacer) unas gráficas para ellos.
e) Al sacarlas de la impresora _____ (tener) un pequeño accidente.
f) Un compañero te _____ (llevar) al médico y luego a casa.
g) Lorito _____ (alegrarse) mucho de verte.
h) _____ (Saludarte) y te _____ (decir) las 10 palabras que sabe.

Üben und Anwenden

Zukunft und Konditional

4. Morgen Abend um zehn Uhr werden Pepe und Lorito schon all das getan haben. Setzen Sie die Verben von Übung 3 ins Futur II. **

Mañana a las diez...

a) _habrás salido_   e) _____
b) _____   f) _____
c) _____   g) _____
d) _____   h) _____

5. Welche Aussagen gehören zusammen? Verbinden Sie die Sätze. **

a) ¿Qué haréis en las vacaciones?   1) No sé si querrá comer.
b) Esta inversión crecerá en   2) ¡Te juro que no volverá a
   un 10%.   pasar!
c) Susana no se siente nada bien.   3) Realmente se la recomiendo.
d) El presidente es muy joven, ¿no? 4) ¿No la habrás dejado en el
                                        coche?
e) ¿Por qué no se podrá confiar   5) Me imagino que iremos a la
   en ti?   playa.
f) No sé dónde habré puesto   6) Sí, tendrá a lo mucho 50 años.
   la llave.

la inversión – *die Investition*
a lo mucho – *höchstens*
confiar – *vertrauen*
jurar – *schwören*

6. Was werden wir in Sorbas, einem Dorf in der Provinz Almería, unternehmen? Folgen Sie den Vorschlägen des Touristenführers anhand der Zahlen 1–7. ***

a) (   ) Finalmente, visitaremos un taller de artesanía donde ustedes podrán ver el trabajo de los artesanos y comprar algún recuerdo.

b) (   ) Desde allí nos asomaremos al barranco y podremos apreciar las casas colgantes, construidas al borde de enormes rocas.

c) (   ) Pasearemos por el casco histórico y veremos las casas señoriales.

d) (   ) También disfrutaremos del maravilloso panorama de la vega.

e) (1) • Señores, esta tarde visitaremos el pueblo de Sorbas.

f) (   ) Les contaré la historia de las familias que vivieron en ellas y siguiendo por las calles estrechas llegaremos hasta un mirador.

g) (   ) Son privadas, pero admiraremos sus bonitas fachadas.

el taller – *die Werkstatt*
la artesanía – *das Kunsthandwerk*
el artesano – *der Kunsthandwerker*
el recuerdo – hier: *das Andenken*
asomarse – *hinaussehen*
el barranco – *die Schlucht*
colgante – *hängend*
el borde – *der Rand*
la vega – *die fruchtbare Ebene*
el mirador – *der Aussichtspunkt*
la fachada – *die Fassade*

Üben und Anwenden

Zukunft und Konditional

7. Ein Gespräch über die schwierige wirtschaftliche Lage. Setzen Sie die fett gedruckten Verben in den Konditional I. *

a) • La situación económica es difícil. ¿Es bueno **guardar** dinero en casa?
   ○ No, yo no _guardaría_ dinero en casa.

b) • ¿Es mejor **poner** los ahorros en el banco?
   ○ Sí, los expertos dicen que ellos los _____ en el banco.

c) • ¿Es recomendable **gastar** mucho?
   ○ No creo. Tú seguramente no _____ mucho, ¿verdad?

d) • ¿Es un buen momento para **comprar** una casa?
   ○ Sí. De ser posible, nosotros la _____.

e) • ¿Es buena idea **tener** dos trabajos?
   ○ ¡No! ¡Yo definitivamente no _____ dos trabajos!

8. Viele nützliche Wendungen werden mit dem Konditional gebildet. Verbinden Sie die Sätze mit den entsprechenden Erklärungen. **

arreglar – hier: in Ordnung bringen
te importaría – würde es dir etwas ausmachen?

a) ¿Me podría dar la hora?   1) Bitte um Ratschlag

b) Me encantaría, pero ese día no puedo.   2) Höfliche Bitte

c) Deberíais arreglar las cosas.   3) Frage im Kaufhaus

d) ¿Le gustaría ver la carta de vinos?   4) Frage nach der Uhrzeit

e) Yo diría que es mejor esperar un poco.   5) Ratschlag (Verpflichtung)

f) ¿Te importaría cerrar la ventana?   6) Angebot im Restaurant

g) ¿Tendría ese jersey en otro color?   7) Persönliche Meinung

h) ¿Tú qué harías en mi lugar?   8) Höfliche Ablehnung einer Einladung

9. Unterstreichen Sie nun die Formen des Konditionals und schreiben Sie die acht Infinitive auf. *

poder, _____

_____

Üben und Anwenden
Zukunft und Konditional

10. Interkulturelles Wissen. Setzen Sie das passende Verb ein. **

a) Al tomar un taxi en España o Latinoamérica, _me sentaría_ en el asiento de atrás.

b) En invitaciones formales, _____ siempre hasta la última migaja.

c) En un restaurante, _____ un asiento libre en una mesa ocupada.

d) En un bar con amigos, _____ la cuenta entre todos.

e) De tener los zapatos sucios, los _____ a la entrada de la casa de mis amigos.

f) De ser mujer, si un español me saluda con "¡Hola, guapa!", _____ que quiere ligar.

g) Si he quedado con alguien en un bar, no _____ necesariamente a la hora en punto y _____ algo para leer.

h) Al despedirse mis amigos por primera vez, les _____ otro licor.

dejaría
me comería
llegaría
pensaría
ofrecería
pagaríamos
llevaría
me sentaría
pediría

el asiento – *der Sitz*
la migaja – *der Krümel*
ligar – *anbändeln*

11. Ist das Verhalten in Übung 10 interkulturell angebracht? Tragen Sie (C) für correcto und (I) für incorrecto ein. **

a) (C)   c) (   )   e) (   )   g) (   )
b) (   )   d) (   )   f) (   )   h) (   )

12. Hinterher ist man immer schlauer! Setzen Sie die angegebenen Verben in den Konditional II. ***

a) Yo que tú _habría pagado_ *(pagar)* menos por esta casa. ¡Ese precio es una barbaridad!

b) El camino que tomasteis es muy largo, _____ *(poder)* tomar otro mejor.

c) Pero Paco, ¿por qué olvidaste el factor económico? Yo en tu lugar lo _____ *(tener)* en cuenta.

d) De haber sabido las consecuencias, nosotros nunca le _____ *(decir)* toda la verdad a Juliana.

una barbaridad – *hier: eine Frechheit*
tener en cuenta – *in Betracht ziehen, berücksichtigen*

149

Imperativ

Bejahter Imperativ

Der Imperativ

1 **Anda**, hijo, **ponte** los flotadores y **no te quedes** todo el tiempo en el agua, ¿eh?

2 ¡**No te preocupes** tanto, mujer! **Relájate** un poco también.

Mit dem Imperativ fordert man jemanden auf, etwas zu tun oder zu unterlassen.

▶ **Modus**, S. 105

1. Komm schon, Sohnemann, zieh dir die Schwimmflügel an und bleibe nicht die ganze Zeit im Wasser, ok? 2. Mensch, sei nicht so besorgt! Entspanne dich auch ein bisschen.

Anders als im Deutschen gibt es im Spanischen eine grammatikalische Form für Dinge, die man tun soll (bejahter Imperativ) und eine für Dinge, die man nicht tun soll (verneinter Imperativ).

Der bejahte Imperativ

¡**Oiga**, camarero! **Traiga** ya la cuenta, por favor.

Hören Sie, Herr Ober! Bringen Sie bitte schon die Rechnung.

Bildung

1. Regelmäßige Formen

Der Imperativ von **vosotros** wird in der Umgangssprache oft durch den Infinitiv oder durch **a** + Infinitiv ersetzt, z. B. **Niños, ¡venir a la mesa! ¡A comer!**

Bei der Bildung des Imperativs gelten zwei Endungsgruppen: eine für die Verben auf **-ar** und eine für die Verben auf **-er** und **-ir**.

	trabajar	aprender	escribir
(tú)	trabaj**a**	aprend**e**	escrib**e**
(usted)	trabaj**e**	aprend**a**	escrib**a**
(nosotros/-as)	trabaj**emos**	aprend**amos**	escrib**amos**
(vosotros/-as)	trabaj**ad**	aprend**ed**	escrib**id**
(ustedes)	trabaj**en**	aprend**an**	escrib**an**

Imperativ

Bejahter Imperativ

Die 2. Person Singular Imperativ (**tú**) und die 3. Person Singular Präsens haben die gleiche Form.

Die 2. Person Plural (**vosotros/-as**) wird gebildet, indem man das End-**r** des Infinitivs durch **d** ersetzt.

Die Formen von **usted**, **nosotros**, **ustedes** entsprechen denen des *Subjuntivo* Präsens. Sie unterscheiden sich von den Präsensformen des Indikativs lediglich durch einen Vokalwechsel: In den Endungen des Imperativs weisen die Verben auf **-ar** ein **e** auf und die Verben auf **-er/ -ir** ein **a**.

> In LA werden die Formen für **vosotros** nicht verwendet.
>
> ▸ *Subjuntivo*, Präsens, S. 159

2. Gruppenverben mit Veränderung in den betonten Formen

¡**Juega** un poco con tu imaginación! **Piensa** en una playa tranquila…

> ▸ Indikativ Präsens, Gruppenverben S. 108 ff

Spiel ein bisschen mit deiner Phantasie! Denk an einen ruhigen Strand …

In diesen Gruppen verändert sich der Stamm nur, wenn er betont ist.

o ▸ ue	e ▸ ie	í	ú
volar	pensar	enviar	continuar
vuela	piensa	envía	continúa
vuele	piense	envíe	continúe
volemos	pensemos	enviemos	continuemos
volad	pensad	enviad	continuad
vuelen	piensen	envíen	continúen

> **!** Verben auf **-ir**, die den Gruppen (**ue**) und (**ie**) angehören, weisen in der **nosotros/-as**-Form des Imperativs ein **i** bzw. ein **u** auf, z. B. **sentir – sintamos, dormir – durmamos**.

3. *Oír* und weitere Gruppenverben

Bei diesen Gruppenverben und bei **oír** gilt: Die Formen für die 2. Person Singular (**tú**) und für die 2. Person Plural (**vosotros/-as**) sind regelmäßig. Die anderen Personen leitet man von der 1. Person Indikativ Präsens ab.

e ▸ i	zc	ig	
pedir	conocer	traer	oír
pide	conoce	trae	oye
pida	conozca	traiga	oiga
pidamos	conozcamos	traigamos	oigamos
pedid	conoced	traed	oíd
pidan	conozcan	traigan	oigan

> Diese Formen leitet man immer von der 1. Person Präsens ab: pedir: **pid**o ▸ **pid**a, **pid**amos, **pid**an; traer: **traig**o ▸ **traig**a, **traig**amos, **traig**an usw.

Imperativ

Bejahter Imperativ

▸ **Indikativ Präsens, Gruppenverben und unregelmäßige Verben**, S. 108 ff

4. Unregelmäßige Formen

Diese Verben weisen unregelmäßige Formen auf:

poner	hacer	salir	tener	venir
pon	haz	sal	ten	ven
ponga	haga	salga	tenga	venga
pongamos	hagamos	salgamos	tengamos	vengamos
poned	haced	salid	tened	venid
pongan	hagan	salgan	tengan	vengan
decir	ver	dar	ser	estar	ir
---	---	---	---	---	---
di	ve	da	sé	está	ve
diga	vea	dé	sea	esté	vaya
digamos	veamos	demos	seamos	estemos	vayamos
decid	ved	dad	sed	estad	id
digan	vean	den	sean	estén	vayan

1. Die Formen **dé** und **sé** haben einen Akzent, um sie von der Präposition **de** bzw. dem Pronomen **se** zu unterscheiden.
2. **Vayamos** wird oft durch **vamos** ersetzt.

5. Änderungen der Schreibweise

Wo nötig, muss man die Schreibweise anpassen.

▸ **Änderung der Schreibweise im Präsens**, S. 109

Esco**j**a el menú, por favor.	-ger, -gir: g ▸ j vor a
Conven**z**amos al jefe.	-cer, -cir: c ▸ z vor a
¡Sí**g**anme!	-guir: gu ▸ g vor a
Mar**qu**e el número.-	-car: c ▸ qu vor e
Pa**gu**en en la caja.	-gar: g ▸ gu vor e
Empe**c**emos ya.	-zar: z ▸ c vor e
Averi**gü**en bien los datos.	-guar: gu ▸ gü vor e

averiguar – *herausfinden*

▸ **Objekt- und Reflexivpronomen**, S. 75 ff

6. Die Stellung der Objektpronomen beim bejahten Imperativ

1. Durch den Akzent bleibt die ursprüngliche Betonung erhalten: **pón**telo.
2. Wird **nos** an den Imperativ von **ustedes** angehängt, ergibt sich ein Doppel-**n**: Dига**nn**os.

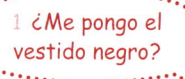

1. ¿Me pongo el vestido negro?   2. Sí, **pón**telo. Es muy sexy.

_____
1. Soll ich das schwarze Kleid anziehen? 2. Ja, zieh es an. Es ist sehr sexy.

Objekt- und Reflexivpronomen müssen an den bejahten Imperativ angehängt werden. Stehen mehrere Pronomen in einem Satz, so stehen Reflexiv- bzw. Dativpronomen vor dem Akkusativpronomen, z. B. pónga**sela**, cómpra**melo**.

Imperativ

Verneinter Imperativ

¡Lava**os** los dientes y acosta**os**! ¡Es muy tarde ya!

Wird das Reflexivpronomen **os** an die **vosotros**-Form angehängt, dann entfällt das **-d** (acosta<u>d</u> + os ▶ acost**aos**).

¡Lavémo**nos** los dientes y acostémo**nos**! ¡Es muy tarde ya!

Wird das Reflexivpronomen **nos** an die **nosotros**-Form angehängt, dann entfällt das **-s** (acostemo<u>s</u> + nos ▶ acostémo**nos**).

Idos bildet eine Ausnahme, wird aber selten verwendet. !

1. Verwendet man den Infinitiv statt des Imperativs von **vosotros**, dann hängt man os direkt an: ¡**Lavaros** los dientes!
2. **Vayámonos** wird oft durch **vámonos** ersetzt.

Der verneinte Imperativ

Por favor, niños, ahora no **me molestéis** y **no hagáis** ruido, ¿vale?

Bitte, Kinder, stört mich jetzt nicht und macht keinen Lärm, ok?

Bildung

Im verneinten Imperativ haben alle Formen der Verben auf **-ar** ein **e** und alle Formen der Verben auf **-er** und **-ir** ein **a** in den Endungen (Vokalwechsel).

	trabajar	aprender	escribir
(tú)	no trabaj**es**	no aprend**as**	no escrib**as**
(usted)	no trabaj**e**	no aprend**a**	no escrib**a**
(nosotros/-as)	no trabaj**emos**	no aprend**amos**	no escrib**amos**
(vosotros/-as)	no trabaj**éis**	no aprend**áis**	no escrib**áis**
(ustedes)	no trabaj**en**	no aprend**an**	no escrib**an**

Die Formen des verneinten Imperativs entsprechen den Präsensformen des *Subjuntivo*.

▶ *Subjuntivo*, **Präsens**, S. 159

Die unregelmäßigen Verben leiten sich von der Form für **usted** ab und folgen den Mustern der Gruppenverben des bejahten Imperativs, z. B.:

ser ▶ no seas, no sea, no seamos, no seáis, no sean
pensar ▶ no pienses, no piense, no pensemos, no penséis, no piensen
oír ▶ no oigas, no oiga, no oigamos, no oigáis, no oigan

Esa es mi chaqueta, ¡no **te la** lleves! ¡No **te la** pongas!

Beim verneinten Imperativ werden die Objekt- und Reflexivpronomen nicht angehängt. Sie stehen direkt vor dem Verb, wobei die Reihenfolge Reflexiv- bzw. Dativpronomen <u>vor</u> Akkusativpronomen beibehalten wird.

▶ **Objekt- und Reflexivpronomen**, S. 75 ff

Imperativ

Imperativ

asombrarse –
sich wundern
batir – *(Eier) schlagen*
añadir – *hinzufügen*

Gebrauch

Im Imperativ stehen

Pasa y **siéntate**. No te **asombres** por el desorden en mi oficina.

- Aufforderungen, Bitten und Befehle,

Bata los huevos y **añádalos** a las patatas.

- Anweisungen und Rezepte,

No **llaméis** ahora, **llamad** mañana. **Tened** un poco de paciencia.

- Ratschläge und Vorschläge.

Häufige Redewendungen und Höflichkeitsfloskeln mit Imperativ:

¡Oiga!	*Hallo, hören Sie!*
¡Dígame!	*Ja, bitte.*
Tenga.	*Hier, bitte sehr.*
¡Déjalo, no te preocupes!	*Lass es, mach dir keine Sorgen!*
No te molestes.	*Mach dir keine Umstände.*
¡Anda, no me digas!	*Mensch, sag bloß!*
¡Cuenta, cuenta!	*Nun erzähl schon!*

Viele Möglichkeiten, Aufforderungen auszudrücken

Aufforderungen, Befehle oder Anweisungen lassen sich im Spanischen nicht nur im Imperativ ausdrücken, sondern auch mit:

Bei **vamos a** + Infinitiv schließt sich der Sprecher bzw. die Sprecherin mit ein.

– Infinitiv oder **a** + Infinitiv	Niños, **¡venir** a la mesa! **¡A comer!**
– **vamos a** + Infinitiv	**Vamos a tomar** una cerveza.
– **por qué no** + Fragesatz	**¿Por qué no** hacemos una pausa?
– **poder** + Infinitiv	**¿Puedes venir** un momento?
– **querer** + Infinitiv	**¿Quieres ayudarme**, por favor?
– Verb des Wünschens + *Subjuntivo*	**Quiero que vengas**, por favor.
– unpersönlicher Ausdruck + *Subjuntivo*	**Es importante que no faltes.**
– Präsens	Ahora mismo **me dices** lo que pasa.
– Futur I	**Vendrás** a casa ahora mismo.

Üben und Anwenden

Imperativ

1. Ordnen Sie die Verben der entsprechenden Zeile zu. **

a) tú: _____
b) usted: repita, _____
c) nosotros/-as: _____
d) vosotros/-as: _____
e) ustedes: _____

~~repita~~   den
hagamos   poned
ven   escribe
baile   hablemos
seguid   oigan
id   sea   tomen
sal   recuerde

2. Wer könnte das zu wem gesagt haben? Ordnen Sie zu. **

1. un cliente a la camarera – 2. una madre a su hijo –
3. la jefa a su secretaria – 4. un enamorado a su novia –
5. un fotógrafo a la modelo

a) ( ) Ponte un poco más adelante y sube el brazo un poco. Así, quédate así, ¡perfecto!

b) ( ) Corrija por favor la carta y démela enseguida para firmarla. Ah, y mándela hoy mismo, por favor.

c) ( ) ¡No hagas tanto desorden en tu habitación, Julito! Vamos, ¡haz la cama y pon la ropa en el armario!

d) (1) Muéstrenos el menú del día, por favor. Ah, y tráiganos también una botella de agua mineral sin gas.

e) ( ) Anda, ya no te enfades conmigo... Mírame a los ojos y dame un beso, ¡mi amor!

adelante – *hier: nach vorne*
enfadarse – *sich ärgern*

3. Unterstreichen Sie nun alle Imperativformen in der vorherigen Übung und schreiben Sie die entsprechenden fünfzehn Infinitive auf. *

ponerse, _____
_____
_____
_____

Üben und Anwenden

Imperativ

4. Wird hier gesiezt oder geduzt? Entscheiden Sie: Schreiben Sie **tú** bzw. **usted** in die Klammern. **

a) ¡Tráemelo!   (_tú_)   e) Siéntese.   (____)
b) Mejor ponte un jersey. (____)   f) Pero oye…   (____)
c) ¡Ayúdenos!   (____)   g) Escúchame.   (____)
d) Dígame.   (____)   h) ¡Váyase!   (____)

5. Wir haben uns in der Stadt umgesehen und haben viele Schilder gefunden. Vervollständigen Sie sie bitte mit dem Imperativ von **usted**. **

pisar – *betreten*
el césped – *den Rasen*
tirar – *hier: ziehen*
empujar – *hier: drücken*
la basura – *der Müll*

a) En el parque: No _pise_ (pisar) el césped.
b) En un teléfono público: _____ (introducir) una moneda.
c) En una puerta: _____ (Tirar) – _____ (Empujar).
d) Frente al hospital: No _____ (hacer) ruido, por favor.
e) En la calle: _____ (Poner) la basura aquí.
f) Frente a un edificio: No _____ (aparcar) frente a esta puerta.

6. Sie möchten diese Anweisungen nun an zwei Freunde weitergeben, die Sie natürlich duzen. Verwenden Sie bitte die Formen für vosotros. **

a) No _piséis_ (pisar) el césped.   d) No _____ (hacer) ruido.
b) _____ (introducir) una moneda. e) _____ (Poner) la basura aquí.
c) _____ (Tirar) – _____ (Empujar).   f) No _____ (aparcar) ahí.

7. Übung macht den Meister! Ergänzen Sie die Tabelle. *

	Infinitiv	tú	usted	nosotros/-as	vosotros/-as	ustedes
a)	empezar	empieza	empiece	empecemos	empezad	empiecen
b)		vende				
c)					subid	
d)	ir					
e)			diga			

Üben und Anwenden

Imperativ

8. Aufgeregt gibt Elsa Anweisungen, weil sie einen Sonntagsausflug mit der Familie geplant hat. Setzen Sie die Imperativformen der angegebenen Verben ein. ***

a) ¡Vamos, niños, _dejad_ (dejar) de dormir, _____ (levantarse)!

b) Cariño, _____ (ayudarme), _____ (subir) estas cosas al coche.

c) Hombre, ¡no _____ (quejarse) tanto! _____ (Acomodarlo) a tu manera, siempre ha cabido todo en el maletero.

d) Niños, ¡_____ (hacer) las camas y _____ (poner) un poco de orden antes de irnos! ¡(Ponerse) _____ el bañador debajo de la ropa!

e) Bueno, por fin. Ahora, ¡_____ (irse) todos a la playa!

cariño – Liebling
acomodar – einräumen
caber – passen
el maletero – der Kofferraum

9. Sie widersprechen gerne? Dann drehen Sie die Aufforderungen um. **

a) ¡No te acerques!   ¡_Acércate!_
b) ¡No te vayas!   _____
c) ¡No me lo diga!   _____
d) ¡Penéoslas!   _____
e) ¡Ríanse!   _____
f) ¡Hazlo!   _____

acercarse – näher treten, sich nähern
reírse – lachen, auslachen

10. Ihre Ratschläge sind immer sehr gefragt. Bilden Sie die Imperativformen und ersetzen Sie die unterstrichenen Wörter durch die entsprechenden Objektpronomen. ***

a) • ¿Servimos <u>vino</u> con la paella?   ○ Sí, _servidlo_ . (vosotros)
b) • ¿Sigo <u>una dieta vegetariana</u>?   ○ Claro, _____ . (tú)
c) • ¿Leemos <u>esta novela</u>?   ○ Bueno, _____ . (nosotros)
d) • ¿Le pido <u>la bici</u> a Santa Claus?   ○ Claro, _____ . (tú)
e) • ¿Le compro <u>un coche</u> a mi hijo?   ○ No, _____ . (usted)
f) • ¿Le traemos <u>el catálogo al jefe</u>?   ○ No, _____ . (vosotros)
g) • ¿Me pongo <u>estos pendientes</u>?   ○ Sí, _____ . (tú)
h) • ¿Terminamos <u>este ejercicio</u>?   ○ Sí, _____ . (nosotros)

▶ **Objetpronomen**, S. 75 ff

los pendientes – die Ohrringe

Subjuntivo

Überblick

Der *Subjuntivo*

Durch den *Subjuntivo* drückt jemand das aus, was sich in seinem Kopf bzw. in seinem Herzen bewegt, z. B. Wünsche, Vorhaben, Gefühle, Zweifel.

Überblick

el taco – *mexikanische Spezialität: gefüllte Röllchen aus Maisfladen*

Für den *Subjuntivo* gibt es keine deutsche Entsprechung. Er kann nicht mit dem deutschen Konjunktiv gleichgesetzt werden.

• ¡Ojalá **estén** buenos los tacos! *Hoffentlich sind die Tacos gut!*	Präsens
○ Qué bueno que los **hayas preparado**. *Wie schön, dass du sie zubereitet hast.*	Perfekt
Y **quisiera** probar la salsa, por favor… *Ich würde bitte gern die Soße probieren…*	Imperfekt
¡Huy! ¡Me **hubieras dicho** que era tan picante! *Hui! Du hättest mir sagen sollen, dass sie so scharf ist!*	Plusquamperfekt

Im Gegensatz zum Indikativ bezieht sich der *Subjuntivo* auf Wünsche, Gefühle, Zweifel, Möglichkeit oder zukünftige Vorhaben. Diese können realisiert werden oder auch nicht.

Mit wenigen Ausnahmen steht der *Subjuntivo* in Nebensätzen. Viele werden mit der Konjunktion **que** *(dass)* eingeleitet und haben ein anderes Subjekt als der Hauptsatz. Haben Haupt- und Nebensatz dasselbe Subjekt, verwendet man oft wie im Deutschen den Infinitiv:

Infinitiv	*Subjuntivo*
Quiero quedarme en casa. *Ich möchte zu Hause bleiben = Ich bleibe zu Hause.*	**Quiero que** te **quedes** en casa. *Ich möchte, dass du zu Hause bleibst.*

▶ **Haupt- und Nebensätze**, S. 232

Der *Subjuntivo* wird außerdem in Adverbial-, Relativ- und Bedingungssätzen verwendet. Meistens steht im Hauptsatz ein so genannter *Subjuntivo*-Auslöser, d. h. ein Ausdruck, der den *Subjuntivo* erfordert.

Präsens

> Es necesario que **pongas** mucha atención para que **entiendas** bien esto.

Es ist notwendig, dass du gut aufpasst, damit du dies richtig verstehst.

> Der *Subjuntivo* Präsens kann sich auf die Gegenwart (z. B. **Quiero que termines ahora mismo.**) oder die Zukunft beziehen (z. B. **Quiero que termines mañana.**)

Bildung

1. Regelmäßige Formen

Bei der Bildung des *Subjuntivo* Präsens gelten folgende Muster:

	trabajar	aprender	escribir
(yo)	trabaj**e**	aprend**a**	escrib**a**
(tú)	trabaj**es**	aprend**as**	escrib**as**
(él / ella / usted)	trabaj**e**	aprend**a**	escrib**a**
(nosotros / -as)	trabaj**emos**	aprend**amos**	escrib**amos**
(vosotros / -as)	trabaj**éis**	aprend**áis**	escrib**áis**
(ellos / ellas / ustedes)	trabaj**en**	aprend**an**	escrib**an**

> Der *Subjuntivo* Präsens wird von der Imperativform für **usted** abgeleitet.

Die Präsensformen des *Subjuntivo* unterscheiden sich von den Präsensformen des Indikativs nur durch einen Vokalwechsel: In den Endungen haben somit die Verben auf **-ar** ein **e** und die Verben auf **-er/-ir** ein **a**.

2. Gruppenverben mit Veränderung in den betonten Formen

Verben auf **-ar** und **-er** der Gruppen (**ue**), (**ie**), (**í**) und (**ú**) behalten diese Veränderungen im *Subjuntivo* Präsens in denselben Personen wie im Indikativ Präsens bei (d. h. wenn der Stamm betont ist).

> ▶ **Indikativ Präsens, Gruppenverben**, S. 108ff

o ▶ ue	e ▶ ie	í	ú
v**o**lver	p**e**nsar	enviar	continuar
v**ue**lva	p**ie**nse	env**í**e	contin**ú**e
v**ue**lvas	p**ie**nses	env**í**es	contin**ú**es
v**ue**lva	p**ie**nse	env**í**e	contin**ú**e
v**o**lvamos	p**e**nsemos	enviemos	continuemos
v**o**lváis	p**e**nséis	enviéis	continuéis
v**ue**lvan	p**ie**nsen	env**í**en	contin**ú**en

> Auch **jugar** (u ▶ ue) und **oler** (o ▶ hue-) gehören zu dieser Gruppe.

Subjuntivo

Präsens

Verben auf **-ir** der Gruppen (**ue**) und (**ie**) weisen diese Vokalveränderungen im *Subjuntivo* Präsens in den stammbetonten Formen auf. Zudem werden in der 1. und 2. Person Plural das **o** zu **u** bzw. das **e** zu **i**.

o ▶ ue	e ▶ ie
dormir	sentir
duerma	sienta
duermas	sientas
duerma	sienta
durmamos	sintamos
durmáis	sintáis
duerman	sientan

3. Weitere Gruppenverben

Die meisten Verben, die irgendeine Unregelmäßigkeit in der 1. Person aufzeigen, behalten diese in allen Personen des *Subjuntivo* Präsens bei.

> Lernen Sie immer die 1. Person, der Rest geht dann leicht!

Infinitiv	Ind. Präs. yo	***Subjuntivo* Präsens**
pedir	pido	pida, pidas, pida, pidamos, pidáis, pidan
conocer	conozco	conozca, conozcas, conozca, conozcamos, conozcáis, conozcan
hacer	hago	haga, hagas, haga, hagamos, hagáis, hagan
oír	oigo	oiga, oigas, oiga, oigamos, oigáis, oigan
traer	traigo	traiga, …
construir	construyo	construya, …
poner	pongo	ponga, …
tener	tengo	tenga, …
decir	digo	diga, …

4. Unregelmäßige Formen

> 1. Das unpersönliche **hay** hat die Form **haya**.
> 2. Die einsilbigen Formen **des** und **deis** tragen keinen Akzent. **Dé** trägt ihn, um sie von der Präposition **de** zu unterscheiden.

ver	dar	ser	estar	ir	saber
vea	dé	sea	esté	vaya	sepa
veas	des	seas	estés	vayas	sepas
vea	dé	sea	esté	vaya	sepa
veamos	demos	seamos	estemos	vayamos	sepamos
veáis	deis	seáis	estéis	vayáis	sepáis
vean	den	sean	estén	vayan	sepan

5. Änderungen der Schreibweise

Wo nötig, muss man die Schreibweise anpassen.

Quiero que esco**j**áis un regalo.	**-ger**, **-gir**:	**g** ▶ **j** vor **a**
Es importante que me conven**z**as.	**-cer**, **-cir**:	**c** ▶ **z** vor **a**
No nos gusta que nos si**g**an.	**-guir**:	**gu** ▶ **g** vor **a**
Espero que no te equivo**qu**es.	**-car**:	**c** ▶ **qu** vor **e**
¡Ojalá los chicos lle**gu**en pronto!	**-gar**:	**g** ▶ **gu** vor **e**
Tal vez empe**c**emos otro proyecto.	**-zar**:	**z** ▶ **c** vor **e**
Es necesario que averi**gü**emos bien.	**-guar**:	**gu** ▶ **gü** vor **e**

> Ändert sich die Schreibweise der Verben im Imperativ, so gilt das auch für den *Subjuntivo*.
>
> ▶ **Imperativ**, S. 152

> **Caber** *(passen)* hat die Form **quepa** für den *Subjuntivo* Präsens.

averiguar – *ermitteln*

Gebrauch

> No es problema que **vayamos** de excursión aunque **esté** nublado.

Es ist kein Problem, einen Ausflug zu machen, auch wenn es bewölkt ist.

Meistens steht der *Subjuntivo* Präsens in einem Nebensatz, dessen Hauptsatz einen *Subjuntivo*-Auslöser im Präsens, Perfekt, Futur I oder Imperativ aufweist.

1. Wann muss der *Subjuntivo* verwendet werden?

In diesen Fällen haben Sie keine andere Wahl:

- ¡**Que** os **vaya** bien!
- Gracias. Y ahora… ¡**Vivan** las vacaciones! ¡**Muera** el estrés!

■ – in Wendungen, die im Allgemeinen einen Wunsch ausdrücken. Sie können mit ¡**Que**…! *(Dass)* oder ¡**Ojalá!** *(Hoffentlich)* eingeleitet werden.

Madre: Ven, Nidia. > *Hija:* ¿Qué? > *Madre:* ¡**Que vengas**!

■ – in der Umgangssprache, wenn man eine Aufforderung, die noch nicht erfüllt ist, wiederholt.

Sírvase con ensalada. Para la receta de la salsa, **véase** la página 20.

■ – in formellen Anweisungen, ausnahmsweise mit angehängtem **-se**.

> 1. In der Regel werden an den *Subjuntivo* keine Objekt- und Reflexivpronomen angehängt.
> 2. Als Einleitung eines Wunsches trägt ¡**Que**…! keinen Akzent.

Subjuntivo

Präsens

Lernen Sie die wichtigsten *Subjuntivo*-Auslöser in ihren Grundbedeutungen auswendig!

Hija, ven aquí **para que** te **diga** algo… ¿No puedes ordenar tu cuarto **sin que** yo te lo **pida**, **en lugar de que estés** todo el día oyendo música? ¡Hoy no sales **antes de que ordenes** un poco!

– in Nebensätzen nach bestimmten Konjunktionen wie **para que** *(damit)*, **sin que** *(ohne dass)*, **antes/después (de) que** *(bevor/nachdem)* und **en vez/lugar de que** *(anstatt)*, **a menos que** *(es sei denn)*, **en (el) caso (de) que** *(im Falle, dass)*, **con tal (de) que** *(vorausgesetzt, dass)*.

!
1. Bedeutet **esperar** *davon ausgehen*, dann folgt der Indikativ: <u>Espero que</u> no <u>faltará nada</u>.
2. Auf **permitir** und **prohibir** kann auch der Infinitiv folgen: Te <u>prohíbo que digas</u> nada. = Te <u>prohíbo decir</u> nada.

Quiero que hagáis una lista de clientes. El jefe **ha pedido que** se la **demos** pronto, ¡así que no **os aconsejo** que lo **dejéis** para mañana!

– in mit **que** eingeleiteten Nebensätzen nach Willensäußerungen, z. B. Wünschen, Befehlen, Bitten, Erlaubnis, Rat, Absicht, Vorschlägen, Hoffnung, Notwendigkeit, Forderung usw.

querer	möchten, wollen	esperar	hoffen
desear	wünschen	pedir	bitten
preferir	bevorzugen	ordenar	befehlen
permitir	erlauben	prohibir	verbieten
conseguir	erreichen	hacer	dazu bringen
proponer	vorschlagen	rogar	bitten (förmlich)
exigir	fordern	insistir	darauf bestehen
aconsejar	raten	recomendar	empfehlen
evitar	vermeiden	impedir	verhindern
necesitar	fordern, brauchen	más vale	es ist besser

▶ **Verben mit Dativ**, S. 215

Me alegra que por fin **tengamos** un día libre, pero no me **gusta que tengamos** todo el trabajo de casa. **Siento** que no **podamos** salir.

– in mit **que** eingeleiteten Nebensätzen nach Gefühlsäußerungen, z. B. Gefallen, Missfallen, Freude, Trauer, Angst, Ärger, Furcht, Gleichgültigkeit, Bedauern, Erstaunen.

Ist man ziemlich sicher, dass die Befürchtung eintreten wird, kann nach **temer** der Indikativ stehen: <u>Temo que Jorge no vendrá</u>.

gustar	mögen, gefallen	molestar	stören
encantar	sehr gerne mögen	preocupar	Sorgen machen
fastidiar	ärgern	estar harto/-a	etwas satt haben
alegrar	freuen	enfadar	ärgern
dar igual	gleich(gültig) sein	importar	etwas ausmachen
odiar	hassen	detestar	verabscheuen
sentir	bedauern	temer	fürchten
sorprender	überraschen	quejarse (de)	sich beklagen

Subjuntivo

Präsens

Es bueno que descanses, no **es urgente que** me **ayudes** ahora.

■ – meistens nach der unpersönlichen Struktur **es/está** + Adjektiv/Substantiv + **que**, die häufig eine Bewertung, manchmal aber auch eine Möglichkeit oder eine Wahrscheinlichkeit zum Ausdruck bringt.

es posible/imposible que	*es ist möglich/unmöglich, dass*
es fácil/difícil que	*es ist leicht/schwierig, dass*
es bueno/malo que	*es ist gut/schlecht, dass*
es mejor/peor que	*es ist besser/schlimmer, dass*
es maravilloso/horrible que	*es ist wunderbar/schrecklich, dass*
es necesario/útil que	*es ist notwendig/nützlich, dass*
es normal/raro que	*es ist normal/seltsam, dass*
es lógico/ilógico que	*es ist logisch/unlogisch, dass*
es una suerte/un problema que	*es ist ein Glück/ein Problem, dass*
es una pena/lástima que	*es ist schade, dass*
es una tontería/una locura que	*es ist dumm/Wahnsinn, dass*
estar bien/mal que	*etwas gut/schlecht finden*

Auch nach der Konstruktion **¡Qué** + Adjektiv/Substantiv + **que...!** mit vielen dieser Beispiele, wenn sie sich nicht auf die Vergangenheit beziehen, z. B. **¡Qué lástima que** no **vengas** a la fiesta!

¡Parece mentira que la hija de Raúl ya **tenga** 18 años! **Puede ser que sea** tan guapa como él, pero **dudo que sea** tan arrogante.

■ – in mit **que** eingeleiteten Nebensätzen nach Ausdrücken des Zweifels oder der Unsicherheit, z. B. **dudar** *(bezweifeln)*, **puede (ser)** *(es kann sein)*, **parece mentira** *(es ist kaum zu glauben)*.

Que yo **sepa**, vamos a ser ocho personas. **El hecho de que venga** Juan es una gran sorpresa, ¿no?

■ – in mit **que** eingeleiteten Nebensätzen, die vor dem Hauptsatz stehen *(soweit/soviel...)* sowie nach **El hecho de que** *(die Tatsache, dass)*.

Yo te buscaré **dondequiera que estés**.

■ – in Relativsätzen mit **quienquiera**, **cualquiera**, **dondequiera** und **comoquiera** *(wer/welcher/wo/wie auch immer)*.

Vayas adonde **vayas**, lleva tu tarjeta de crédito.

■ – in Wiederholungsformeln, die eine offene Wahl bedeuten *(egal wer/was/wohin usw.)* und in denen das gleiche Verb im *Subjuntivo* verdoppelt und durch ein Relativpronomen bzw. Adverb verbunden wird.

! Nach Ausdrücken der Gewissheit, z. B. **es verdad/cierto** usw. folgt der Indikativ (s. u.).

! Werden diese Ausdrücke verneint, kann der/die Sprecher/in die Gewissheit anhand des Indikativs ausdrücken, z. B. **No dudo que vendrá**.

Lernen Sie die feststehenden Wendungen im *Subjuntivo* auswendig, z. B. **como sea** *(egal wie)*, **quien sea** *(egal wer)*, **como quieras** *(wie du willst)*, **pase lo que pase** *(was immer auch geschieht)*.

Üben und Anwenden

Subjuntivo

1. Verbinden Sie die Spalten so, dass Sie lauter gute Wünsche erhalten. **

a) ¡Buenas noches!   1. Vete despacio y que llegues bien.
b) ¿Estás enfermo? ¡Pobrecito!   2. ¡Que duermas bien!
c) Está lloviendo mucho.   3. ¡Pero que aproveche!
d) ¡Que tengáis un buen viaje!   4. ¡Que te acuerdes de todo!
e) Yo ya he comido, gracias.   5. Pues que te mejores.
f) ¡Que tengas suerte en el examen!   6. ¡Que os vaya muy bien!

2. Heute wird protestiert. Unterstreichen Sie die *Subjuntivo*-Formen sowie ihre Auslöser. **

a) *construir*   a) Los padres de familia <u>necesitan que</u> se <u>construyan</u> más escuelas.
b) _____   b) Los jóvenes dudan que todos puedan encontrar trabajo.
c) _____   c) Los conductores piden que sea más fácil aparcar en las ciudades.
d) _____   d) Mucha gente teme que aumente la contaminación.
e) _____   e) Las mujeres no piensan que las empresas les paguen bien.
f) _____   f) Para las amas de casa, es hora de que bajen los precios.
g) _____   g) Es necesario que los ciudadanos digan sus opiniones.
h) _____   h) Es natural que vaya tanta gente hoy a las protestas.

3. Notieren Sie am Rande von Übung 2 die Infinitive der Verben im *Subjuntivo*. **

a) mandar, tardar
b) poner, responder
c) reenviar
d) ser, escribir

el chiste – *der Witz*
de mal gusto – *geschmacklos*
descargar – *herunterladen*
el correo – *hier: E-Mail*
el asunto – *hier: Betreff*
reenviar – *weiterleiten*

4. Ruth sagt uns, was sie an E-Mails mag und was nicht. Nur die Verben im *Subjuntivo* Präsens fehlen noch, setzen Sie sie bitte ein. **

a) Me molesta que la gente me _mande_ chistes de mal gusto o presentaciones que _____ mucho en descargarse.

b) No me gusta que la gente no _____ claramente el asunto o que _____ un correo mío sin referirse a él.

c) Odio que alguien me _____ algo con media página de direcciones.

d) En el trabajo me gusta que los mensajes _____ cortos, pero en la vida privada me encanta que mis amigos me _____ correos largos.

Üben und Anwenden

Subjuntivo

5. Übung macht den Meister! Ergänzen Sie die Tabelle. **

Infinitiv	yo	tú	él/ella/usted	nosotros/nosotras	vosotros/vosotras	ellos/ellas/ustedes
a) viajar	viaje	viajes	viaje	viajemos	viajéis	viajen
b)			vuele			
c)	conozca					
d) estar						
e)				vayamos		
f)						se queden
g) volver						

6. In letzter Zeit ist viel über das Thema Frauen – Männer gesagt worden. Setzen Sie die Verben ein: Infinitiv oder *Subjuntivo* Präsens? **

a) Según algunos expertos, la mujer quiere _comunicarse_ porque es un ser social. **b)** Quiere que su compañero la _____ sin que le _____ soluciones. **c)** Los hombres desean _____ problemas prácticos de una manera racional y necesitan _____ menos. **d)** Para una mujer es posible _____ varias cosas a la vez, pero un hombre pide que "ella" no lo _____ ni lo _____ cuando está haciendo una cosa. **e)** Es que un hombre necesita silencio para que _____ concentrarse. **f)** Los expertos les recomiendan a las parejas que _____ las diferencias y les aconsejan que _____ sobre ellas para que _____ cómo funciona la otra persona.

a) comunicarse
b) escuchar, ofrecer
c) solucionar, hablar
d) hacer, distraer, interrumpir
e) poder
f) aceptar, hablar, saber

el ser – *das Wesen*
a la vez – *gleichzeitig*
interrumpir – *unterbrechen*

7. Über Geschmack lässt sich streiten! Verbinden Sie diese Sätze. **

a) Busco coches que
b) La casa donde vivo me gusta
c) El hotel adonde vayamos
d) Por favor, invita sólo a personas
e) He preparado un plato sin carne

1. porque tiene jardín.
2. que no fumen, ¿eh?
3. corran a 240 km por hora.
4. para los que sean vegetarianos.
5. tiene que tener piscina.

Üben und Anwenden

Subjuntivo

8. Zwei Dialoge im Einkaufszentrum sind durcheinandergeraten. Nummerieren Sie sie in der Reihenfolge von 1–8. **

sentar bien – *gut passen*
el secundero – *der Sekundenzeiger*
luminoso – *leuchtend*
adorar – *vergöttern*

a) (   ) • Comoquiera que te vistas, te ves guapísima, ¡mi amor! No hay nada que no te siente maravillosamente.

b) (   )   Aquí está este, que tiene un secundero luminoso, pero es uno de los que no están en oferta. ¿No le importa que no esté rebajado?

c) (1) ■ Buenos días. Necesito un reloj que **tenga** secundero.

d) (   ) ○ Bueno… ¿Crees que esta blusa rosa que está aquí me queda bien?

e) (   ) ○ ¡Uff! ¡Mientras más me adoras, menos me ayudas a comprar algo que realmente me quede!

f) (   ) □ Muy bien. Veré si tengo alguno que sea como usted lo quiere…

g) (   ) • Mi vida, vamos adonde tú quieras. Cómprate todo lo que te guste.

h) (   ) ■ ¡Me encanta, es muy moderno! Cueste lo que cueste, me lo llevo.

9. Vervollständigen Sie diese Minidialoge mit den Verben im *Subjuntivo* Präsens. **

a) esperar, volver
b) comprender, explicar, darse
c) terminar, poder, acabar, empezar
d) estar, ser, estar, salir, ser

a) • Mario, esta noche llegaré tarde, no es necesario que me **esperes**.
○ No te preocupes, no cenaré hasta que tú _____ a casa.

b) • El jefe nos exige constantemente, sin que _____ nuestra situación.
○ Pues es necesario que nosotros se la _____. Hablaremos con él hasta que _____ cuenta.

exigir – *fordern*
darse cuenta – *hier: einsehen*
acabar = *terminar*
la tesina – *die Diplomarbeit*
embarazada – *schwanger*
salir bien – *hier: gut gehen*

c) • Toño, cuando _____ tus estudios, ¿qué vas a hacer?
○ Bueno… Espero que _____ terminar en un mes. Y cuando _____ mi tesina, es necesario que _____ a trabajar.

d) • ¡Huy, Juana! ¡Qué bueno que _____ embarazada! ¿Prefieres que _____ niño o niña?
○ Para mí, lo único importante es que el bebé _____ sano. Mientras todo _____ bien, me da lo mismo lo que _____.

Üben und Anwenden

Subjuntivo

10. Drei junge Frauen, María *(M)*, Ana *(A)* und Pilar *(P)*, diskutieren über die Wirkung von Märchen auf Kinder. Markieren Sie die passenden Verbformen. **

M: a) ¿Creéis que a todos los niños les (gustan)/gusten los cuentos?

A: b) Yo supongo que la mayoría de los niños los leen/lean .

M: c) Para mí, es bueno que se conservan/conserven estas tradiciones.

P: d) Pues yo pienso que los cuentos son/sean anticuados. Hacen que los niños adquieren/adquieran una visión muy simple del mundo.

A: e) Es que los niños necesitan que les explican/expliquen las cosas de una manera fácil y simple.

P: f) Quizá tienes/tengas razón, pero temo que los cuentos aumentan/aumenten los miedos de los pequeños con todos esos monstruos, brujas, lobos…

A: g) Al contrario. En los cuentos, es un hecho que los buenos siempre ganan/ganen , y eso permite que los chicos se identifican/ se identifiquen con ellos y desarrollan/desarrollen confianza en sí mismos.

P: h) Pero, ¿no os molesta que los cuentos son/sean brutales?

A: i) Bueno, aunque algunos parecen/parezcan brutales, yo creo los niños no se dan/den cuenta. Ellos no ven que los personajes sufren/sufran …

M: j) Más bien, yo pienso que la impresión que dejan/dejen los cuentos es que son/sean algo maravilloso y además, ¡es tan agradable que toda la familia está/esté junta para leer cuentos! Los psicólogos insisten en que es importante que hay/haya recuerdos así, recuerdos agradables que duran/duren toda la vida.

P: k) No sé… A lo mejor tenéis/tengáis razón. Yo supongo que algún día voy/vaya a tener hijos… Pero cuando los tengo/tenga , no creo que les leo/lea cuentos. Seguro preferiré que jugamos/ juguemos con el ordenador…

> Nur Geduld! Geben Sie sich viel Zeit, um ein Sprachgefühl für den *Subjuntivo* zu entwickeln.

conservar – *erhalten*
adquirir (ie) – *hier: bekommen*
el miedo – *die Angst*
ganar – *hier: siegen*
la bruja – *die Hexe*
el lobo – *der Wolf*
desarrollar – *entwickeln*
la confianza en sí mismo/s – *das Selbstvertrauen*
sufrir – *leiden*
más bien – *eher; vielmehr*

Üben und Anwenden

Subjuntivo

11. Guillermo ist als Austauschstudent nach Deutschland gekommen. Eine Freundin erklärt ihm, was ihn erwartet. Setzen Sie die Verben ein und entscheiden Sie zwischen Indikativ Präsens oder *Subjuntivo*. ***

a) llegar, ir, haber
b) citar, ser
c) retrasarse, perder, llamar
d) llegar, planear
e) existir, seguir
f) estar, ser, venir
g) ser
h) cumplir, hacer
i) haber, tirar, recordar
j) hacer
k) interrumpir, querer, terminar
l) perder, hablan, estar
m) mirar, parecer
n) gustar, ser

esperar – *hier: davon ausgehen*
citar – *sich mit jmd. verabreden*
de veras – *in der Tat*
perder – *hier: verpassen*
a largo plazo – *langfristig*
de hecho – *tatsächlich*
el peatón – *der Fußgänger*
cumplir – *hier: folgen*
el horario – *hier: die Entsorgungszeiten*
tirar – *hier: entsorgen*
perder el hilo – *den Faden verlieren*
recién – *LA erst*
¡Ojo! – *Achtung!*

a) Cuando __llegas__ a Alemania, normalmente esperas que _____ a haber diferencias culturales, pero luego, ¡no puedes creer que _____ tantas! b) Por ejemplo, cuando un alemán te _____ a una hora, ¡es importante que tú _____ de veras puntualísimo! c) Claro que es posible que el tren _____ o que tú _____ el bus, y en ese caso no hay problema mientras _____ para avisar. d) Un alemán se disculpa aunque sólo _____ diez minutos tarde a una cita porque ellos consideran necesario que todo se _____ a largo plazo. e) Aquí me sorpende siempre que _____ tantas reglas y me parece increíble que toda la gente las _____. f) Por ejemplo, de hecho una persona espera el semáforo de peatones cuando _____ en rojo, aunque _____ las doce de la noche y no _____ ningún coche. g) No creo que eso _____ posible en Colombia, ¿no? h) Aquí a la gente le preocupa que todos _____ con las reglas, quieren que tú _____ bien las cosas. i) Por eso, si olvidas los horarios que _____ para que la gente _____ las botellas de vidrio a los contenedores, ya habrá alguien que te los _____. j) No te ofendas cuando lo _____, porque lo hace con buena intención. k) Otra cosa: a los alemanes no les gusta que nadie los _____. Cuando _____ decir algo, siempre esperan hasta que la otra persona _____ de hablar. l) Me parece que _____ el hilo si los interrumpen mientras _____ ... quizá es porque en alemán el verbo _____ al final y recién entonces entienden la frase. m) ¡Ah, y ojo con chicas alemanas! Les molesta que los hombres las _____ de un modo insistente que les _____ "machista". n) Bueno, ¡tranquilo! No es ningún problema que te _____ las chicas, mientras _____ amable y respetuoso...

Subjuntivo Perfekt

> 1 ¡Espero que **os hayáis divertido** en las vacaciones!

> 2 ¡Sí, mucho! Ven cuando hayas **terminado** tu trabajo y te mostramos las fotos.

1. Ich hoffe, dass ihr euch im Urlaub amüsiert habt!
2. Ja, sehr! Komm, wenn du deine Arbeit beendet hast, und wir zeigen dir die Fotos.

Der *Subjuntivo* Perfekt beschreibt eine abgeschlossene Handlung in der Vergangenheit (z. B. **Espero que os hayáis divertido.**) oder auch in der Zukunft (z. B. **Ven cuando hayas terminado**).

▶ **Partizip Perfekt**, S. 187

Bildung

Der *Subjuntivo* Perfekt wird mit dem *Subjuntivo* Präsens von **haber** und dem Partizip Perfekt gebildet. Die entsprechenden Formen des Hilfsverbs stehen immer direkt vor dem Partizip Perfekt, sie werden nie getrennt. Das Partizip endet immer auf **-o**.

(yo)	**haya**	trabajad**o**
(tú)	**hayas**	tenid**o**
(él / ella / usted)	**haya**	discutid**o**
(nosotros / -as)	**hayamos**	escrit**o**
(vosotros / -as)	**hayáis**	puest**o**
(ellos / ellas / ustedes)	**hayan**	hech**o**

▶ **Gebrauch des *Subjuntivo* Präsens**, S. 161ff

Gebrauch

Der *Subjuntivo* Perfekt folgt den gleichen Regeln wie der *Subjuntivo* Präsens, d. h. er steht meistens in einem Nebensatz, dessen Hauptsatz einen *Subjuntivo*-Auslöser im Präsens, Imperativ, Perfekt oder Futur I aufweist. Der Unterschied besteht darin, dass das Ereignis bzw. die Handlung im Nebensatz bereits abgeschlossen ist oder zu einem bestimmten Zeitpunkt geschehen sein soll. Beispiele:

¡Ojalá los chicos **hayan llegado** bien!
No sé nada de Ana, **a menos que** hoy me **haya enviado** un e-mail.
Convendrá que mañana a esta hora ya **hayamos salido** de casa.
Me encanta que me **hayas traído** flores.
Ha sido mejor que no les **hayas dado** dinero a los niños.
¡Bravo! **¡Parece mentira que** **hayáis dejado** la cocina tan limpia!
¡Quienquiera que haya dicho eso es un genio!
Quizá Manolo **haya tenido** algún problema y por eso no ha llegado.
Podemos ir a tomar algo juntos **cuando hayas vuelto** de tu viaje.
Mueva la salsa **hasta que se hayan mezclado** todos los ingredientes.
No conozco a **nadie que haya estado** en Tierra del Fuego.

Subjuntivo Imperfekt

2 Su sueño era que **tuviéramos** animales: un caballo, una vaca y un gato.

1 Las niñas siempre querían que **viviéramos** en el campo.

1. Die Mädchen haben sich immer gewünscht, auf dem Lande zu leben.
2. Ihr Traum war es, Tiere zu halten: ein Pferd, eine Kuh und eine Katze.

Der *Subjuntivo* Imperfekt wird meistens in Nebensätzen verwendet, wenn der *Subjuntivo*-Auslöser in der Vergangenheit oder im Konditional steht.

▶ **Gebrauch des *Subjuntivo* Präsens**, S. 161 ff

▶ *Indefinido*, S. 126

Die Verwendung des *Subjuntivo* Imperfekts ist meistens von der Zeit des *Subjuntivo*-Auslösers abhängig. Die Handlung, die der *Subjuntivo* Imperfekt beschreibt, kann sich vom Sprecher aus gesehen auf die Gegenwart (z. B. **Es como si ahora él fuera invisible**), auf die Zukunft (**Me pidió que volviera mañana**) oder auf die Vergangenheit (**Hizo que viniera anoche**) beziehen.

Bildung

Lernen Sie bitte beide Formen, damit Sie sie beim Lesen und Hören erkennen können. Beim Sprechen reicht es, wenn Sie vorerst die Form auf **-ra** verwenden.

Man leitet den *Subjuntivo* Imperfekt von der 3. Person Plural des *Indefinido* ab. Trennt man die Endung **-ron** ab, erhält man den Stamm des *Subjuntivo* Imperfekts. Dies gilt sowohl für die regelmäßigen als auch für die unregelmäßigen Verben.

Es gibt im Spanischen zwei gleichwertige Formen für den *Subjuntivo* Imperfekt. Eine endet auf **-ra**, die andere auf **-se**. Trotz regionaler Unterschiede sind die Formen auf **-ra** gebräuchlicher.

Subjuntivo

Subjuntivo Imperfekt

1. Regelmäßige Formen

An den neuen Stamm hängt man die Endungen wie folgt an:

Endung auf -ra:

	trabaj**ar**	aprend**er**	escrib**ir**
Indefinido 3. Plural	**trabaja**ron	**aprendie**ron	**escribie**ron
(yo)	trabaja**ra**	aprendie**ra**	escribie**ra**
(tú)	trabaja**ras**	aprendie**ras**	escribie**ras**
(él / ella / usted)	trabaja**ra**	aprendie**ra**	escribie**ra**
(nosotros / -as)	trabajá**ramos**	aprendié**ramos**	escribié**ramos**
(vosotros / -as)	trabaja**rais**	aprendie**rais**	escribie**rais**
(ellos / ellas / ustedes)	trabaja**ran**	aprendie**ran**	escribie**ran**

Endung auf -se:

(yo)	trabaja**se**	aprendie**se**	escribie**se**
(tú)	trabaja**ses**	aprendie**ses**	escribie**ses**
(él / ella / usted)	trabaja**se**	aprendie**se**	escribie**se**
(nosotros / -as)	trabajá**semos**	aprendié**semos**	escribié**semos**
(vosotros / -as)	trabaja**seis**	aprendie**seis**	escribie**seis**
(ellos / ellas / ustedes)	trabaja**sen**	aprendie**sen**	escribie**sen**

Bitte beachten Sie: Alle Formen des *Subjuntivo* Imperfekt sind stammbetont!

2. Unregelmäßige Formen

Alle Unregelmäßigkeiten, die für das *Indefinido* gelten, gelten auch für den *Subjuntivo* Imperfekt.

Infinitiv	Indef. 3. Pl.	*Subjuntivo* Imperfekt
ir = ser	**fue**ron	fuera, fueras, fuera, fuéramos, fuerais, fueran
dar	**die**ron	diera, dieras, diera, diéramos, dierais, dieran
ver	**vie**ron	viera, vieras, viera, viéramos, vierais, vieran
decir	**dije**ron	dijera, dijeras, dijera, …
dormir	**durmie**ron	durmiera, durmieras, durmiera, …
estar	**estuvie**ron	estuviera, estuvieras, estuviera, …
hacer	**hicie**ron	hiciera, hicieras, hiciera, …
leer	**leye**ron	leyera, leyeras, leyera, …
poner	**pusie**ron	pusiera, pusieras, pusiera, …
seguir	**siguie**ron	siguiera, siguieras, siguiera, …
tener	**tuvie**ron	tuviera, tuvieras, tuviera, …
traer	**traje**ron	trajera, trajeras, trajera, …

Das unpersönliche **hay** hat die Form **hubiera**.

Subjuntivo

Subjuntivo Imperfekt

Gebrauch

Der Gebrauch des *Subjuntivo* Imperfekts folgt mit wenigen Ausnahmen denselben Regeln wie der des *Subjuntivo* Präsens. Meistens steht er in einem Nebensatz, der ein anderes Subjekt als der Hauptsatz hat und dessen Handlung gleichzeitig oder später als die des Hauptsatzes eintritt.

▶ Gebrauch des *Subjuntivo* Präsens, S. 161 ff.

! **Quisiera** hat sich als Höflichkeitsfloskel (formeller als **quería**) verselbständigt, z. B. **Quisiera hablar con usted.** *(Ich würde Sie gerne sprechen)* oder **Quisiera por favor una cita para mañana** *(Ich hätte bitte gerne einen Termin für morgen)*.

Folgt nach **Quisiera** ein Nebensatz mit einem anderen Subjekt, so steht das Verb im *Subjuntivo* Imperfekt: **Quisiera que llamaras tú.**

El jefe **quería que** lo **informarais** de **lo que pasara** en la oficina.
¡**Fue increíble que** no **hubiera** nadie en la montaña!
Mi abuelo nunca **había creído que** nosotros **tocáramos** la trompeta.
Nos gustaría que usted nos **explicara** cómo funciona este aparato.
Yo nunca te **habría pedido que hicieras** algo así.

▪ Der *Subjuntivo* Imperfekt wird im Nebensatz verwendet, wenn der Hauptsatz einen Ausdruck der Willens- oder Gefühlsäußerung, der Ungewissheit usw. im Imperfekt, *Indefinido*, Plusquamperfekt, Konditional I oder Konditional II enthält.

Lalo me mostró los regalos de Navidad **sin que** lo **supiera** mamá.
Decidí buscar a Juan en Madrid **hasta que** lo **encontrara**.
Cuando tuviera hijos, Marta pensaba hablarles en inglés **para que** lo **aprendieran** muy bien.
Teresa no conocía a **nadie que viviera** en Tierra del Fuego.

▪ – wenn ein *Subjuntivo*-Auslöser (z. B. Konjunktionen, Relativpronomen usw.) bzw. eine Wiederholungsformel in einem Kontext der Vergangenheit steht.

¡Óscar, bailas **como si fueras** un elefante! Anda, haz un esfuerzo, ¡baila **como si quisiéramos** ganar el campeonato dentro de un mes!

▪ – nach **como si** *(als ob)*, wenn sich der irreale bzw. nicht mögliche Vergleich des Nebensatzes auf die Gegenwart oder auf die Zukunft bezieht.

▶ Bedingungssatz, S. 232

canoso/-a – *grauhaarig*

Si mi padre **tuviera** pelo, estaría completamente canoso.

▪ – im Bedingungssatz, wenn es sich um eine nicht zutreffende, unwahrscheinliche oder schwer erfüllbare Bedingung handelt.

¡**Ojalá** me **llamara** Ricardo! ¡**Si** tan sólo **estuviera** con él!
¡**Quién pudiera** volar! Pero **aunque pudiera**, sé que él no me quiere.

▪ – in Wunschäußerungen mit **ojalá** usw. und Sätzen mit **aunque**, wenn der/die Sprecher/in ausdrücken möchte, dass die Erfüllung bzw. die Möglichkeit sehr unwahrscheinlich bzw. unmöglich ist.

Subjuntivo Plusquamperfekt

> ¡Qué bonito regalo! ¡Pero no os **hubierais molestado**!

Was für ein schönes Geschenk! Aber ihr hättet euch keine Umstände machen müssen!

Bildung

Der *Subjuntivo* Plusquamperfekt wird mit einer Form des *Subjuntivo* Imperfekt von **haber** und dem Partizip Perfekt gebildet. Die entsprechenden Formen des Hilfsverbs stehen immer direkt vor dem Partizip Perfekt, sie werden nie getrennt. Das Partizip endet immer auf **-o**.

(yo)	**hubiera**	/ **hubiese**	trabaj**o**
(tú)	**hubieras**	/ **hubieses**	teni**do**
(él/ella/usted)	**hubiera**	/ **hubiese**	discuti**do**
(nosotros/-as)	**hubiéramos**	/ **hubiésemos**	escrit**o**
(vosotros/-as)	**hubierais**	/ **hubieseis**	puest**o**
(ellos/ellas/ustedes)	**hubieran**	/ **hubiesen**	hech**o**

▶ **Partizip Perfekt**, S. 187

Gebrauch

Der *Subjuntivo* Plusquamperfekt folgt den gleichen Regeln wie der *Subjuntivo* Imperfekt. Das Ereignis bzw. die Handlung im Nebensatz ist aber bereits abgeschlossen.

> Oh, ¡**no me imaginaba que** tú **hubieras escrito** un libro!
> Luis siempre me esperaba **hasta que hubiera terminado** mi trabajo.
> **Me encantó que hubierais traído** el postre para todos.
> **Habría sido una lástima que** no **hubiéramos ido** al concierto.

■ Der *Subjuntivo* Plusquamperfekt wird im Nebensatz verwendet, wenn der Hauptsatz einen Ausdruck der Willens- oder Gefühlsäußerung, der Ungewissheit usw. im Imperfekt, *Indefinido*, Plusquamperfekt, Konditional I oder Konditional II enthält und die Handlung bzw. das Ereignis im Nebensatz bereits stattgefunden hat.

> Lalo me mostró los regalos de Navidad **sin que** le **hubiera dicho** nada a mamá, por supuesto.
> Decidí quedarme en Madrid **hasta que hubiera encontrado** a Juan.
> Teresa no conocía a **nadie que hubiera estado** en Tierra del Fuego.

■ – wenn ein *Subjuntivo*-Auslöser (z. B. Konjunktionen, Relativpronomen usw.) in einem Kontext der Vergangenheit steht.

Subjuntivo

Subjuntivo Plusquamperfekt

¡Uff, Gerardo hace **como si** no nos **hubiera visto**! ¡Qué pesado!

- nach **como si** *(als ob)*, wenn sich der irreale bzw. nicht mögliche Vergleich des Nebensatzes auf die Vergangenheit bezieht.

Si te **hubieras casado** con Pepe, no habrías venido a Europa.

- im Bedingungssatz, wenn es sich um eine unerfüllte Bedingung in der Vergangenheit handelt.

- ¡**Ojalá** Carlos no **se hubiera ido**!
- Pero **aunque** no lo **hubiera hecho**, no seríais felices juntos.

- in Wunschäußerungen mit **ojalá** und Sätzen mit **aunque**, wenn der Wunsch sich nie erfüllt bzw. die Handlung sich nicht ereignet hat.

Si te hubieras casado con Pepe, no **hubieras venido** a Europa.
En caso de haber hecho calor, **hubiéramos utilizado** la piscina.
Te **hubiera llamado** antes, pero no pude. Lo siento.

- In der Umgangssprache ersetzt der *Subjuntivo* Plusquamperfekt häufig das Konditional II. Er drückt unerfüllte Bedingungen, unerfüllte Folgen und Tatsachen aus.

Zeitenfolge in Haupt- und Nebensatz beim *Subjuntivo*

> Bei Ausdrücken der Willensäußerung findet man wegen ihrer Bedeutung kaum Vorzeitigkeit im Nebensatz.

Die Handlung des Nebensatzes kann zum gleichen Zeitpunkt wie die des Hauptsatzes geschehen (gleichzeitig), später stattfinden (nachzeitig) oder vor der des Hauptsatzes abgeschlossen sein (vorzeitig). Präsens und Imperfekt des *Subjuntivos* drücken Gleichzeitigkeit oder Nachzeitigkeit aus, während Perfekt und Plusquamperfekt sich auf Vorzeitigkeit beziehen. Die häufigsten Kombinationen sind folgende:

> **!** Manchmal gibt es Ausnahmen, wobei der Kontext dann ausschlaggebend ist, z. B. **Mi madre vino ayer para que yo pueda irme mañana al hospital.** *(Gestern kam meine Mutter, damit ich morgen ins Krankenhaus gehen kann.)*

Hauptsatz im Indikativ		Nebensatz im *Subjuntivo*		
Dies sind die so genannten „Zeiten der Gegenwart":				
Präsens	Espero …			
Perfekt	Me ha molestado …	que lea	la carta.	Präsens
Futur	Temerán …	que haya leído		Perfekt
Imperativ	Procura …			
Dies sind die so genannten „Zeiten der Vergangenheit":				
Imperfekt	Esperaba …			
Indefinido	Me molestó …	que leyera / leyese	la carta.	Imperfekt
Plusquamp.	Había temido …	que hubiera / hubiese leído		Plusquamperfekt
Kond. I	Nos gustaría …			
Kond. II	Nos habría gustado			

Üben und Anwenden

Subjuntivo

1. Heute ist der letzte Ferientag und viele Urlauber kehren zurück. Setzen Sie die angegebenen Verben in den *Subjuntivo* Perfekt. **

a) Es probable que _haya habido_ *(haber)* atascos en las carreteras.

b) Espero que no _____ *(ocurrir)* muchos accidentes.

c) Ojalá que no _____ *(llover)* mucho en el Mar del Norte, donde ha estado mi vecina.

d) Su perro está con los abuelos, a menos que ella ya lo _____ *(recoger)*.

e) Podemos ver sus fotos cuando las _____ *(revelar)*.

f) ¡Parece mentira que las vacaciones _____ *(pasar)* tan pronto!

el atasco – der Stau
ocurrir – hier: passieren
recoger – hier: abholen
revelar – hier: entwickeln

2. Übung macht den Meister! Schreiben Sie zuerst die Form der 3. Person Plural des *Indefinidos* der angegebenen Verben und leiten Sie davon den *Subjuntivo* Imperfekt der angegebenen Person ab. **

a) *Indef.* 3. Pl.: _fueron,_ _____
   Subj. Imperfekt, yo: _fuera,_ _____
   a) ser, pedir, tener

b) *Indef.* 3. Pl.: _____
   Subj. Imperfekt, tú: _____
   b) enterarse, leer, decir

c) *Indef.* 3. Pl.: _____
   Subj. Imperfekt, usted: _____
   c) conocer, poner, beber

d) *Indef.* 3. Pl.: _____
   Subj. Imperfekt, nosotros: _____
   d) hacer, trabajar, divertirse

e) *Indef.* 3. Pl.: _____
   Subj. Imperfekt, vosotros: _____
   e) ver, acostarse, seguir

f) *Indef.* 3. Pl.: _____
   Subj. Imperfekt, ustedes: _____
   f) consultar, dar, oír

Üben und Anwenden

Subjuntivo

3. Die neue Generation der Rentner ist sehr aktiv! Vervollständigen Sie diese E-Mail von Don Jorge an seinen Freund mit dem *Subjuntivo Imperfekt*. **

Hola, Joaquín,

el jubilado – *der Rentner*
salir a caminar – *spazieren gehen, wandern*

a) Ya pasó un mes desde que dejé el trabajo, y yo no pensaba que <u>hubiera</u> *(haber)* tanto que hacer como jubilado. **b)** Tampoco temía que _____ *(aburrirse)* sin que _____ *(tener)* que ir a la oficina. **c)** Pero por ejemplo, no habría imaginado que _____ *(poder)* aprender algo completamente nuevo: Ahora voy a un curso de informática. **d)** Antes era imposible que _____ *(dedicarse)* a la música y era una lástima que casi no _____ *(tocar)* la guitarra, que me gusta mucho. **e)** Ah, y además, no era frecuente que _____ *(hacer)* deporte, pero ahora salgo a caminar regularmente. **f)** Aunque cada año me lo _____ *(proponer)* ... Claro, quizá me _____ *(faltar)* la disciplina, pero ahora definitivamente me es más fácil organizarme, ¡y me siento como si _____ *(ser)* mucho más joven! **g)** Y tú, ¿cómo estás? Ojalá no _____ *(estar)* tan lejos, podríamos vernos más seguido ahora que tengo tiempo. **h)** Me gustaría que Rita y tú _____ *(venir)* a Oviedo pronto, ¿qué os parece? **i)** Quisiera que me _____ *(decir)* cuándo os conviene, ¿a lo mejor para las Fiestas?

4. Verbinden Sie die einzelnen Satzteile zu sinnvollen Sätzen. ***

el gimnasio – *das Fitnessstudio, die Turnhalle*
la madrina – *die Patentante*

a) Sería fantástico que vosotros
b) Señorita, le agradecería que
c) Nos interesaría su oferta
d) ¿Te gustaría que
e) ¿Os molestaría
f) Quisiera hablar con la Sra. Soto,
g) Me parecería mal que tú
h) Yo les pediría a mis hijos

1. que pusiéramos la radio?
2. si fuera usted tan amable.
3. nos visitarais en verano.
4. no felicitaras a tu madrina.
5. me enviara el formulario por fax.
6. te fuera a buscar al gimnasio?
7. que ayudaran un poco en casa.
8. si usted nos diera un buen precio.

Üben und Anwenden
Subjuntivo

5. Was bringen spanische Zeitschriften im so genannten „Sommerloch"? Unterstreichen Sie im folgenden Artikel die Formen des *Subjuntivo* Imperfekt sowie ihre Auslöser. ***

a) Aquí nadie le dio importancia al hecho de que unas revistas de moda publicaran fotos de unas ministras españolas. b) Pero en España, fue un escándalo que las políticas hicieran de modelos. c) Poco antes había sido un gran avance que hubiera, por primera vez, tantas mujeres en el gobierno. d) Por eso, a algunas personas les pareció pésima idea que estas revistas presentaran su lado "vanidoso". e) Temieron que estas fotos fomentaran clichés sobre las mujeres en general. f) Otros criticaron que estas ministras, aunque fueran socialistas, llevaran ropa muy cara en las fotos. g) Les molestó que no mostraran más sensibilidad hacia la gente pobre. h) Pero también hubo personas a quienes les gustó que las ministras posaran para las revistas. i) Para ellas fue agradable que las fotos y las entrevistas dejaran ver el lado humano de estas mujeres.

el avance – *der Fortschritt*
el gobierno – *die Regierung*
vanidoso / -a – *eitel*
fomentar – *fördern*
el cliché – *das Klischee*
la entrevista – *das Interview*

a) *publicar*
b) _____
c) _____
d) _____
e) _____
f) _____,
_____
g) _____
h) _____
i) _____

fuera – *außerhalb*

6. Notieren Sie am Rande die Grundformen der Verben im *Subjuntivo*. **

7. In einem Großunternehmen wird in der Mittagspause über vieles gesprochen. Wählen Sie in diesen Dialogen die richtige Form. ***

a) • Mi mujer no quiere que yo (trabaje) / trabajara tanto.
   ○ Pues antes mi marido no quería que yo trabaje / trabajara fuera de casa, pero ha cambiado de opinión.
b) • Me parece excelente que vosotros queráis / quisierais aplicar el nuevo programa de inmediato.
   ○ Fue muy útil que tú nos lo expliques / explicaras tan claramente.
c) • ¿Y tus padres no querían que Tomás y tú viváis / vivierais juntos?
   ○ Bueno, no era fácil que mis padres a su edad cambien / cambiaran sus ideas, pero ahora claro que aceptan que vivamos / viviéramos juntos.
d) • Hace ya varios días el nuevo jefe me llamó y me dijo que vaya / fuera a verlo, pero no he tenido la oportunidad.
   ○ ¿Desea usted que yo se lo presente / presentara ? Si quiere que vayamos / fuéramos después de la comida, por mí no hay problema.

Üben und Anwenden

Subjuntivo

8. José ist beruflich in einer schwierigen Lage. Könnte es vielleicht anders sein? Folgen Sie seinen Gedanken anhand der Ziffern 1–8. **

eficiente – *leistungsfähig, tüchtig*
rendir – *hier: leisten*
el puesto – *die Stelle*
vacío / -a – *leer*

a) (   ) Si tuviera menos estrés, podría trabajar mejor.
b) (   ) Si fuera súper eficiente, me cambiarían de puesto.
c) (   ) Si pudiera trabajar mejor, rendiría más.
d) (   ) Si mi escritorio estuviera más vacío, encontraría todo más rápido.
e) (   ) Si me cambiaran de puesto, ya no tendría la misma jefa.
f) (1) Si mi jefa no fuera tan caótica, yo tendría menos estrés.
g) (   ) Si encontrara todo más rápido, sería súper eficiente.
h) (   ) Si rindiera más, mi escritorio estaría más vacío.

9. Vervollständigen Sie diesen Abschnitt einer Kurzgeschichte mit den Verben im Indikativ oder *Subjuntivo*. ***

desempleado / -a – *arbeitslos*
eficiente – *hier: erfolgreich*
solicitar – *beantragen*
el canal (de TV) – *das Fernsehprogramm*

a) Gloria estaba cansada de que su trabajo nunca _____ *(terminar)*. **b)** Después de la oficina, era normal que ella _____ *(limpiar)* la casa e _____ *(hacer)* la comida. **c)** Aunque Pedro, su marido, _____ *(estar)* desempleado, no pensaba que un hombre _____ *(tener)* que ayudar en la casa y se iba todo el día con sus amigos. **d)** Gloria no creía que esa forma de buscar trabajo _____ *(ser)* eficiente. **e)** En su opinión, habría sido mejor que Pedro _____ *(solicitar)* ayuda a la oficina de empleo. **f)** Pero él opinaba que los trabajos que te _____ *(ofrecer, 3. Pl.)* allí _____ *(ser)* malos y _____ *(estar)* mal pagados. **g)** Para Gloria, no estaba demostrado que siempre _____ *(ser)* así. **h)** A ella no le gustaba que él no le _____ *(pedir)* su opinión y decidió decírselo esa misma noche, cuando él _____ *(llegar)*. **i)** Pero cuando Pedro _____ *(llegar)*, todo fue como siempre, sin que _____ *(darse)* cuenta del estado de su mujer. **j)** Encendió la tele y bebió una cerveza mientras _____ *(cambiar)* canales. **k)** Y Gloria lo dejó que _____ *(descansar)*, y, otra vez, no dijo nada.

Üben und Anwenden

Subjuntivo

10. Erinnern Sie sich an das berühmte Märchen vom „Rotkäppchen"? Hier ein paar Überlegungen dazu. Vervollständigen Sie sie mit dem *Subjuntivo* Plusquamperfekt. ***

a) ¡Pobre Caperucita! ¡Ojalá le _____ (hacer) caso a su madre! b) Si Caperucita no _____ (hablar) con el lobo, no le habría pasado nada. c) Claro que ella nunca _____ (imaginarse) que el lobo quería comérsela.

d) A pesar de lo que le _____ (decir) su mamá, Caperucita fue muy amable con el lobo. e) Y él se comió a la abuela y luego, con su gorro de dormir, esperó hasta que _____ (llegar) la niña. f) A ella le sorprendió que la abuela ya _____ (abrir) la puerta antes de que llegara ella...

g) Y bien: Si este cuento lo _____ (escribir) un autor mexicano, el malo habría sido quizá un coyote y no un lobo.

hacer caso –
beachten, gehorchen

11. Bitte übersetzen Sie das, was noch fehlt. ***

a) Pero, ¡por favor! Me tratas _____ tonto.
Aber bitte! Du behandelst mich, als ob ich dumm wäre.

b) Mis padres _____ devolverles el dinero.
Meine Eltern befürchteten, dass ich ihnen das Geld nicht zurückgeben könnte.

c) _____ lo _____ , yo me voy a comprar una moto.
Egal was du auch sagst, ich werde mir ein Motorrad kaufen.

d) ¡Ojalá _____ a tiempo todavía!
Hoffentlich konnten Sie noch rechtzeitig losfahren!

e) No me gustó nada que _____ .
Mir gefiel es gar nicht, dass meine Schwester meine Schuhe angezogen hatte.

f) Hijos, enviadme un SMS _____ .
Kinder, schickt mir eine SMS, wenn ihr zu Hause angekommen seid.

g) Es mejor que _____ de otro modo.
Es ist besser, wenn wir die Sachen anders machen.

h) Nos habría gustado que _____ con nosotros.
Uns hätte es gefallen, wenn du bei uns geblieben wärest.

Nicht konjugierte Formen des Verbs

Überblick

Nicht konjugierte Formen des Verbs

1 ¿**Ser** o no **ser**? Esa es la cuestión…

2 Oye, Lola, me estoy **aburriendo**…

3 ¡Psst! Me has **distraído**, ¡y esta es una escena importantísima!

1. Sein oder nicht sein? Das ist die Frage… 2. Hör mal, Lola, ich langweile mich…
3. Pscht! Du hast mich abgelenkt und das ist eine sehr wichtige Szene!

Überblick

Nicht konjugierte Verbformen bilden keinen selbstständigen Satz. Ihre Endungen sagen nichts über die Person, die Anzahl, die Zeit des Verbs oder die Haltung des Sprechers zu der Aussage aus.

▶ **Verbformen**, S. 104

Isabel quiere **vivir** en un pueblo tranquilo. *Isabel möchte in einem ruhigen Dorf leben.*	Infinitiv
Siempre ha **vivido** en una ciudad. *Sie hat immer in einer Stadt gelebt.*	Partizip Perfekt
Ahora anda muy **sonriente**… *Jetzt läuft sie lächelnd herum, …*	Partizip Präsens
porque está **construyendo** una casa aquí. *weil sie hier ein Haus baut.*	Gerundium

Der Infinitiv

Der Infinitiv ist die Grundform des Verbs, wie man sie im Wörterbuch findet.

Me gusta **leer** el periódico antes de ir al trabajo.

Ich lese gerne die Zeitung, bevor ich zur Arbeit gehe.

Die spanischen Verben enden im Infinitiv auf: **-ar**, **-er** oder **-ir**. Diese Endungen bestimmen die Konjugationsgruppen. Reflexive Verben erkennt man am Pronomen **-se**, das direkt an den Infinitiv angehängt wird.

▶ **Reflexive Verben**, S. 216

trabaj**ar**	com**er**	viv**ir**

Nicht konjugierte Formen des Verbs

Infinitiv

Gebrauch

1. Als Substantiv

¡Tu constante **cambiar** de idea me enerva!

▪ Als Substantiv können beim Infinitiv Begleiter, Adjektive oder präpositionale Ergänzungen stehen.

El **poder** no elimina los **deberes** ni los **quehaceres**.

▪ Nur einige Infinitive sind zu „echten Substantiven" geworden und haben auch eine Pluralform. Sie sind alle männlich.

el amanecer	*der Tagesanbruch*	el pesar	*der Kummer*
el atardecer	*die Abenddämmerung*	el placer	*das Vergnügen*
el deber	*die Pflicht*	el poder	*die Macht*
el haber	*das Guthaben*	el quehacer	*die (tägl.) Aufgabe*
el parecer	*die Meinung*	el ser	*das Wesen*

Comer antes de **dormir** no es bueno.
Necesitas **dar** tiempo para **digerir** los alimentos.

▪ Der Infinitiv kann im Satz die Funktionen eines Substantivs übernehmen: z. B. kann er Subjekt oder Objekt sein oder er kann nach Präpositionen wie **antes de**, **después de**, **por**, **para** usw. stehen.

▶ **Das Substantiv im Satzgefüge**, S. 16

Prefiero no **discutir** más. No es necesario **seguir** con este tema.

▪ Der Infinitiv steht häufig nach **ser** + Adjektiv oder nach Empfindungsverben wie **preferir**, **gustar** usw. Dazwischen steht keine Präposition. Wird der Infinitiv verneint, so steht **no** direkt davor.

Sätze mit **ser** + Adjektiv + Infinitiv geben allgemein gültige Äußerungen wieder.

2. Als Verb

Es mejor **darle** al niño con regularidad pequeñas porciones.

▪ Als Verb kann der Infinitiv direkte oder indirekte Objekte haben und von einem Adverb bzw. adverbialen Ausdruck begleitet werden.

• ¿Sabes **usar** este programa de ordenador? Lo deberías **aprender**.
◦ Es que mi padre no me deja **usar** su ordenador.

▶ **Modalverben**, S. 104

▪ Der Infinitiv steht direkt nach den Modalverben, z. B. **deber** *(müssen)*, **dejar** *(lassen)*, **poder** *(können)*, **saber** *([erlernt] können)*, **querer** *(möchten)*, **tener que** *(müssen)* und **hay que** *(man muss)*.

Zwischen Modalverb und Infinitiv steht keine Präposition!

Nicht konjugierte Formen des Verbs

Infinitiv

Bei Infinitivkonstruktionen können die Objektpronomen entweder vor der Verbeinheit stehen oder angehängt werden. Vgl. **Voy a decirte** / **Te voy a decir** una cosa.

▶ **Stellung der Objektpronomen**, S. 80

▶ **Verbalperiphasen**, S. 191

Merke: Das Präsens von **acabar de** + Infinitiv entspricht einem Perfekt im Deutschen (**acabo de ver** = *ich habe gerade gesehen*; das Imperfekt, einem deutschen Plusquamperfekt (**acababa de ver** = *ich hatte gerade gesehen*).

▶ **Imperativ**, S. 150

Das Modalverb wird in der entsprechenden Person konjugiert, z. B.:

	querer + Infinitiv		**tener que** + Infinitiv	
(yo)	quiero	trabajar	tengo	que ver
(tú)	quieres	comer	tienes	que llegar
(él, ella, usted)	quiere	dormir	tiene	que leer
(nosotros / -as)	queremos	salir	tenemos	que llamar
(vosotros / -as)	queréis	tener	tenéis	que volver
(ellos, ellas, ustedes)	quieren	terminar	tienen	que irse

Voy a decirte una cosa.

▪ Der Infinitiv steht in häufig gebrauchten Konstruktionen, den so genannten „Verbalperiphrasen". Die wichtigsten unter ihnen sind:

	tun werden **ir a** + Infinitiv		*gerade getan haben* **acabar de** + Infinitiv	
(yo)	voy	a trabajar	acabo	de ver
(tú)	vas	a comer	acabas	de llegar
(él, ella, usted)	va	a dormir	acaba	de leer
(nosotros / -as)	vamos	a salir	acabamos	de llamar
(vosotros / -as)	vais	a tener	acabáis	de volver
(ellos, ellas, ustedes)	van	a terminar	acaban	de irse

Todos estamos trabajando, ¿y tú qué haces? **Dormir**. **¡A trabajar!**

▪ Der Infinitiv ersetzt einen Satz im Indikativ oder steht, mit oder ohne Präposition **a**, anstelle eines Imperativs.

Vi al ladrón entrar al banco. = Vi al ladrón, que entraba al banco.

▪ Nach Verben der Sinneswahrnehmung kann er einen Relativsatz verkürzen, der sich auf das direkte Objekt des Hauptsatzes bezieht.

De no llegar Juan (= Si Juan no llega), perderemos el tren.

▪ Zusammen mit einigen Präpositionen bildet er verkürzte Alternativkonstruktionen, die anstelle von Nebensätzen verwendet werden.

Esta receta es muy **fácil de hacer**. = Es muy fácil hacer esta receta.

▪ Er steht nach einigen Adjektiven + Präposition, z. B. nach **fácil/difícil/capaz de** oder **bueno/malo/útil para**.

Nicht konjugierte Formen des Verbs
Infinitiv

Infinitivkonstruktionen anstelle von Nebensätzen

Anstelle einiger Adverbialsätze kann man eine Infinitivkonstruktion verwenden.

Al bajarse del tren (= Cuando se bajó del tren), reconocí a Inés enseguida. *Als sie aus dem Zug stieg, erkannte ich Inés sofort.*

- **al** + Infinitiv gibt einen Zeitpunkt an *(als/bei)*.

Antes de probar tu receta (= Antes de que probara tu receta), las berenjenas no me gustaban. *Bevor ich dein Rezept ausprobierte, mochte ich keine Auberginen.*

- **antes de** + Infinitiv gibt die zweite Handlung in einer Reihenfolge an *(bevor)*.

No conseguirás nada **con gritar** (= gritando / aunque grites). *Du wirst nichts erreichen, (auch) wenn du schreist.*

- **con** + Infinitiv drückt eine Art und Weise bzw. einen Einwand aus *([auch] wenn)*.

De recibir noticias (= Si recibo noticias), te llamo. *Wenn ich Nachrichten erhalte, rufe ich dich an.*

- **de** + Infinitiv gibt eine Bedingung an *(wenn)*.

Os quedáis aquí **hasta terminar** (= hasta que terminéis) los deberes. *Ihr bleibt hier, bis ihr die Hausaufgaben fertig habt.*

- **hasta** + Infinitiv gibt eine Zeitbegrenzung an *(bis)*.

Después de comer (= Después de que comamos) todos, ¿irás al cine? *Nachdem wir alle essen, wirst du ins Kino gehen?*

- **después de** + Infinitiv gibt die erste Handlung in einer Reihenfolge an *(nachdem)*.

Nada más haber entregado (= En cuanto haya entregado) el último examen, me voy de vacaciones. *Sobald ich die letzte Prüfungsarbeit abgegeben habe, fahre ich in Urlaub.*

- **nada más** + Infinitiv gibt einen zukünftigen Zeitpunkt an *(sobald)*.

Por ahorrar (= Porque quería ahorrar), al final pagué más dinero. *Weil ich sparen wollten, habe ich am Ende mehr Geld ausgegeben.*

- **por** + Infinitiv drückt eine Begründung aus *(da/weil)*.

Man kann auf diese Weise Verben in verschiedenen Zeiten und Modi ersetzen, deren Bedeutung (und oft auch deren Subjekt) aus dem Kontext zu verstehen ist.

▶ **Partizip Perfekt**
S. 187

Nicht konjugierte Formen des Verbs

Partizip

Das Partizip

1. Julia, warum lächelst du so? 2. Hast du die Zeitung gesehen?
3. Da ist ein sehr lustiger Cartoon.

Es gibt ein Partizip Präsens und ein Partizip Perfekt.

Das Partizip Präsens

Anders als im Deutschen hat das Partizip Präsens im Spanischen nur einen beschränkten Gebrauch. Es endet auf **-nte** und hat sich in den meisten Fällen als Substantiv oder als Adjektiv verfestigt. In der Bedeutung entspricht es einem Relativsatz, z. B.

un **caminante** = una persona **que camina**
un niño **sonriente** = un niño **que sonríe**

Das deutsche Partizip Präsens endet auf **-d**, z. B. *lächelnd, schlafend* usw. und ist in seiner verbalen Funktion sehr verbreitet. Im Spanischen funktionieren Partizip Präsens-Formen hauptsächlich als Substantive und Adjektive.

Beispiele für Substantive:

el/la asistente	*Assistent/in*	el incidente	*Zwischenfall*
el/la caminante	*Wanderer*	el/la inmigrante	*Einwanderer*
el/la cantante	*Sänger/in*	el/la oyente	*Zuhörer/in*
el/la delincuente	*Verbrecher/in*	el/la presidente	*Präsident*
el/la descendiente	*Nachkomme*	el/la sobreviviente	*Überlebende/r*
el/la estudiante	*Student/in*	el solvente	*Lösungsmittel*
el/la fabricante	*Fabrikant/in*	la variante	*Variante*
el/la hablante	*Sprecher/in*	el/la vigilante	*Wächter/in*

Nicht konjugierte Formen des Verbs
Partizip

Beispiele für Adjektive:

angustiante	*beklemmend*	influyente	*einflussreich*
brillante	*leuchtend*	obediente	*gehorsam*
competente	*kompetent*	procedente	*herkommend*
corriente	*gängig, geläufig*	protestante	*protestantisch*
creciente	*wachsend*	perteneciente	*zugehörig*
estimulante	*stimulierend*	referente	*bezüglich*
exigente	*anspruchsvoll*	repelente	*abweisend*
imponente	*imposant*	residente	*wohnhaft*
interesante	*interessant*	sonriente	*lächelnd*

Das Partizip Perfekt

Bildung

1. Regelmäßige Formen
An den Stamm des Infinitivs der Verben auf **-ar** hängt man die Endung **-ado** an und bei den Verben auf **-er/-ir** die Endung **-ido**.

| via**ar** ▶ via**ado** | conoc**er** ▶ conoc**ido** | viv**ir** ▶ viv**ido** |

Das Partizip Perfekt wird als Verb oder als Adjektiv verwendet.

2. Unregelmäßige Formen
Die wichtigsten Verben mit unregelmäßigen Partizip Perfekt sind:

abrir	*öffnen*	▶ ab**ierto**	poner	*stellen*	▶ p**uesto**
cubrir	*decken*	▶ cub**ierto**	resolver	*lösen*	▶ res**uelto**
morir	*sterben*	▶ m**uerto**	volver	*zurückkehren*	▶ v**uelto**
escribir	*schreiben*	▶ escr**ito**	romper	*brechen*	▶ r**oto**
ver	*sehen*	▶ v**isto**	freír	*braten*	▶ fr**ito**
decir	*sagen*	▶ d**icho**	hacer	*machen*	▶ h**echo**

*Verwandte Verben zeigen die gleichen Unregelmäßigkeiten, z. B. **descubrir** wie **cubrir** (**descubierto**), **devolver** wie **volver** (**devuelto**) usw.*

Einige Susbtantive sind von diesen Partizipien abgeleitet, z. B. **la cubierta** *(die Abdeckung, das Deck)*, **el/la muerto/-a** *(der/die Tote)*, **el puesto** *(die Stelle)*, **la vuelta** *(das Rückgeld)*, **el escrito** *(das Schreiben)*, **la vista** *(die Sicht, die Aussicht)*, **el dicho** *(der Spruch)* und **el hecho** *(die Tatsache)*.

Gebrauch

1. Als Verb (unveränderlich)
Das Partizip wird zusammen mit dem Hilfsverb **haber** für die Bildung der zusammengesetzten Zeiten und Formen verwendet. In dieser Funktion ist es unveränderlich und endet immer auf **-o**.

*In einigen Regionen von LA sagt man für Rückgeld **el vuelto** statt **la vuelta**.*

Nicht konjugierte Formen des Verbs

Partizip

Hier eine Übersicht der zusammengesetzten Zeiten und Formen:

He comprado un libro excelente.	– Indikativ Perfekt
Había empezado la escuela.	– Indikativ Plusquamperfekt
Mañana **habrá terminado** todo.	– Indikativ Futur II
¿Tú qué **habrías hecho**?	– Konditional II
Dudo que Laura **haya llamado**.	– *Subjuntivo* Perfekt
Hubiera sido agradable, pero …	– *Subjuntivo* Plusquamperfekt
No creo **haber invitado** a Pepe.	– Infinitiv Perfekt
Es bonito **haber sido invitado**.	– Infinitiv Passiv Perfekt
Habiendo dicho esto, se fue.	– Gerundium Perfekt

2. Als veränderliche Form

1. Vgl. **He** <u>cocido</u> **las patatas** *(Ich habe die Kartoffeln gekocht)* und **Son patatas** <u>cocidas</u>. *(Das sind gekochte Kartoffeln).*
2. Einige wenige Partizip-PerfektFormen werden als Substantive verwendet, z. B. **el / la discapacitado / -a** (der / die Behinderte).

▶ **Passiv**, S. 240

Queridos niños, ¿queréis las patatas **fritas** o **cocidas**?

▪ Wie im Deutschen kann das Partizip Perfekt als Adjektiv verwendet werden. Dann richtet es sich im Spanischen in Geschlecht und Zahl nach dem Substantiv, auf das es sich bezieht.

Uff, ¿qué hacemos? ¡Nuestro vuelo a Mallorca **ha sido cancelado**!

▪ Das Hilfsverb **ser** + Partizip Perfekt bildet das Passiv.

¿Por qué están todas las puertas **abiertas**?

▪ Das Hilfsverb **estar** + Partizip Perfekt drückt das Ergebnis einer Handlung aus.

Einige deutsche Verben können nur in dieser Weise wiedergegeben werden, z. B.

Lalo **está acostado** en la cama.	estar acostado / -a	*liegen*
¡Por fin! El bebé **está dormido**.	estar dormido / -a	*schlafen*
¿Ya **estás levantada**?	estar levantado / -a	*auf sein*
Estamos sentados en la terraza.	estar sentado / -a	*sitzen*

¿Dónde han puesto las cartas ya **firmadas** (= que ya están firmadas)?
Una vez hecho (una vez que hagamos) el resumen, podemos irnos.

▪ Das Partizip Perfekt kann einen Relativ- oder einen Adverbialsatz verkürzen.

▶ **Verbalperiphasen**, S. 191

Deja apagadas las luces, ¿eh?

▪ In bestimmten Verbkombinationen bildet es so genannte Periphrasen.

Nicht konjugierte Formen des Verbs

Gerundium

Das Gerundium

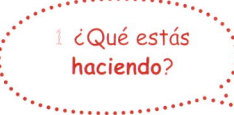
1 ¿Qué estás **haciendo**?

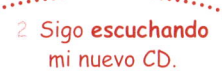
2 Sigo **escuchando** mi nuevo CD.

1. Was machst du gerade? 2. Ich höre weiterhin meine neue CD.

> Das Gerundium beschreibt eine Handlung, die gerade im Gange ist. Es dient vor allem der Bildung der Verlaufsform und ist immer unveränderlich.

Bildung

1. Regelmäßige Formen

An den Stamm des Infinitivs hängt man die Endung **-ando** für die Verben auf **-ar** an und **-iendo** für die Verben auf **-er / -ir**.

| viaj**ar** ▸ viaj**ando** | conoc**er** ▸ conoc**iendo** | viv**ir** ▸ viv**iendo** |

2. Unregelmäßige Formen

preferir *(ie)* ▸ pref**i**riendo	sentir *(ie)* ▸ s**i**ntiendo
pedir *(i)* ▸ p**i**diendo	reír *(i)* ▸ r**i**endo
venir *(g, ie)* ▸ v**i**niendo	decir *(g + i)* ▸ d**i**ciendo

▸ **Gruppenverben Präsens**, S. 108

Die Verben auf **-ir**, bei denen im Präsens der Vokalwechsel **e ▸ ie** oder **e ▸ i** stattfindet, weisen im Gerundium ein **i** auf.

| dormir *(ue)* ▸ d**u**rmiendo | morir *(ue)* ▸ m**u**riendo |
| poder *(ue)* ▸ p**u**diendo | |

Die Verben auf **-ir**, bei denen im Präsens der Vokalwechsel **o ▸ ue** stattfindet, weisen im Gerundium ein **u** auf.

| leer ▸ le**y**endo | creer ▸ cre**y**endo |
| traer *(ig)* ▸ tra**y**endo | oír *(g, y)* ▸ o**y**endo |

! Auch **ir** hat ein **y**: ir ▸ **y**endo.

Endet der Verbstamm auf Vokal, wird das **i** zwischen Vokalen zu **y**.

Gebrauch

Ahora que **estoy esperando** un bebé, mi madre ha estado **llamándome** con más frecuencia.

▸ **Verbalperiphasen** S. 191

■ Das Gerundium bildet verschiedene Periphrasen. Die wichtigste ist die Verlaufsform mit **estar** bzw. **seguir** + Gerundium. Mit ihr beschreibt man Handlungen in ihrer Dauer bzw. Weiterführung.

Nicht konjugierte Formen des Verbs

Gerundium

Das Hilfsverb wird in der entsprechenden Person konjugiert, z. B.:

	gerade tun **estar** + Gerundium	*weiterhin tun* **seguir** + Gerundium
(yo)	estoy trabajando	sigo viendo
(tú)	estás comiendo	sigues comiendo
(él, ella, usted)	está durmiendo	sigue leyendo
(nosotros / -as)	estamos saliendo	seguimos hablando
(vosotros / -as)	estáis teniendo	seguís haciendo
(ellos, ellas, ustedes)	están terminando	siguen relajándose

Gerundiumkonstruktionen anstelle von Nebensätzen

Anstelle von einigen Adverbialsätzen kann man eine Konstruktion mit Gerundium verwenden.

> **Recordándote** (= Cuando te recordaba), me emocionaba.
> *Als ich an dich dachte, da war ich sehr gerührt.*
>
> ▪ Das Gerundium kann Zeitumstände bzw. eine Reihenfolge zum Ausdruck bringen *(Als … bzw. … und …).*
>
> **Dándose** (= Porque se dio) cuenta de la situación, Nidia no dijo nada. *Da sie die Situation wahrnahm, sagte Nidia nichts.*
>
> ▪ – eine Begründung (da/weil…).
>
> **Aun diciéndomelo** (Aunque me lo digas) tú, ¡no me lo puedo creer! *Sogar wenn du es mir sagst, kann ich es nicht glauben!*
>
> ▪ – einen Einwand, häufig mit **aun** *(sogar/auch wenn …).*
>
> Vi a un miembro de la Cruz Roja **recogiendo dinero**. *Ich sah ein Mitglied des Roten Kreuzes, das Geld sammelte.*
>
> ▪ – eine Beschreibung (statt eines Relativsatzes).
>
> Cuando me llamaste, vine **corriendo**. *Als du mich anriefst, kam ich ganz schnell hierher.*
>
> ▪ – eine Art und Weise.
>
> **Volando** (= Si vuelas) con esta línea aérea, será más barato. *Wenn du mit dieser Fluglinie fliegst, wird es billiger sein.*
>
> ▪ – eine Bedingung.

! Eine Beschreibung, die zum Adjektiv geworden ist, ist **hirviendo**, z. B. **agua hirviendo** *(kochendes Wasser)*.

! In der Umgangssprache werden manche Wegbeschreibungen so gegeben: **La cafetería está subiendo por las escaleras.** = **Usted llega a la cafetería si sube por las escaleras.**

Nicht konjugierte Formen des Verbs
Verbalperiphrasen

Verbalperiphrasen

> **Estoy haciendo** esta dieta porque **acabo de leer** que es buenísima.

Ich mache gerade diese Diät, weil ich gerade gelesen habe, dass sie sehr gut ist.

> Periphrase bedeutet „Umschreibung". Unter Verbalperiphrasen versteht man besondere Verbkonstruktionen.

Eine Verbalperiphrase besteht aus einem konjugierten Verb + einem Infinitiv, Partizip oder Gerundium. Die Bedeutung des konjugierten Verbs weicht oft von der ab, die es alleine hätte. Beispiel:

volver	*zurückkehren*
volver a + Infinitiv	*(Verb) noch einmal tun*

Manche Verbalperiphrasen stehen mit einer bestimmten Präposition, andere nicht.

> Bitte lernen Sie die Präposition immer gleich mit!

1. Verbalperiphrasen mit Infinitiv

Iba a llamarte, pero he cambiado de idea. **Voy a** enviarte un e-mail.
Ich wollte dich anrufen, aber ich habe es mir anders überlegt. Ich werde dir eine E-Mail schicken.

- **ir a** + Infinitiv drückt eine zukünftige Handlung aus. Diese Form wird insbesondere für Vorhaben in der nahen Zukunft verwendet. Im Imperfekt drückt sie ein Vorhaben in der Vergangenheit aus.

> In manchen Regionen von LA wird **ir a** + Infinitiv als Zukunftsform bevorzugt. Das Futur wird hauptsächlich in der Schriftsprache verwendet.

Acabo de ver a Eva, ¡y me **acaba de decir** que se casa! *Ich habe Eva gerade gesehen, und sie hat mir gerade gesagt, dass sie heiratet!*

- **acabar de** + Infinitiv drückt die unmittelbare Vergangenheit aus, d. h. etwas, was gerade stattgefunden hat.

Normalmente **acabamos de cenar** a las diez.
Normalerweise sind wir mit dem Abendessen um zehn Uhr fertig.

- **acabar de** + Infinitiv bedeutet auch je nach Kontext *beenden* bzw. *fertig werden*. Im *Indefinido* hat die Konstruktion nur diese Bedeutung.

> **!** Verneint bedeutet **acabar de** *nicht schaffen*, z. B. **No acabo de entenderte.** *(Ich schaffe es nicht, dich zu verstehen)*

Después de la reunión, el jefe **acabó por aceptar** mis ideas.
Nach der Besprechung akzeptierte der Chef schließlich meine Ideen.

- **acabar por** + Infinitiv bedeutet *schließlich … tun*.

191

Nicht konjugierte Formen des Verbs

Verbalperiphrasen

Nos las arreglamos para organizar todo solos.
Wir haben es geschafft, alles alleine zu organisieren.

– **arreglárselas para** + Infinitiv bedeutet *es schaffen, zu …* .

¡No **me atrevo a mirar**! *Ich wage es nicht, hinzuschauen!*

– **atreverse a** + Infinitiv bedeutet *es wagen zu …* .

Con un poco de música siempre **consigo relajarme**.
Mit ein bisschen Musik gelingt es mir immer, mich zu entspannen.

– **conseguir / lograr** + Infinitiv (ohne Präposition) bedeutet *es gelingt jdm. zu …* .

¡**Deja de hablar** todo el tiempo! *Hör auf, die ganze Zeit zu reden!*

– **dejar de** + Infinitiv bedeutet *aufhören zu …* .

Los llamé, pero entonces los niños **se echaron a correr**.
Ich rief sie, aber dann rannten die Kinder plötzlich davon.

– **echar(se) a** + Infinitiv bedeutet *plötzlich anfangen zu …* .

¿A qué hora **empiezas a trabajar**?
Wann fängst du zu arbeiten an?

– **empezar / comenzar a** + Infinitiv bedeutet *anfangen zu …* .

Todo el tiempo me **haces reír**.
Du bringst mich die ganze Zeit zum Lachen.

– **hacer** + Infinitiv (ohne Präposition) bedeutet *dazu bringen zu …* .

¿Por qué **insistes en hacer** todo sola?
Warum bestehst du darauf, alles alleine zu machen?

– **insistir en** + Infinitiv bedeutet *darauf bestehen, zu …* .

Intentaremos traducir esta frase.
Wir werden versuchen, diesen Satz zu übersetzen.

– **intentar** + Infinitiv (ohne Präposition) bedeutet *versuchen zu …* .

Nunca **llegué a hacer** mi soñado viaje a Perú.
Ich schaffte es nie, meine erträumte Reise nach Peru zu machen.

– **llegar a** + Infinitiv bedeutet *erreichen zu / so weit kommen, dass.*

> **Intentar** und **tratar de** + Infinitiv haben die gleiche Bedeutung, aber zwischen **intentar** und dem Infinitiv steht keine Präposition!

Nicht konjugierte Formen des Verbs
Verbalperiphrasen

En las vacaciones **pienso ir** a Tenerife.
In den Ferien habe ich vor, nach Teneriffa zu fliegen.

- **pensar** + Infinitiv (ohne Präposition) bedeutet *vorhaben zu …* .

Ahora mismo **me pongo a preparar** la ensalada.
Ich fange jetzt gleich an, den Salat zu machen.

- **ponerse a** + Infinitiv bedeutet *(energisch / plötzlich) anfangen zu …* .

¿**Habéis quedado en veros** el fin de semana?
Habt ihr ausgemacht, euch am Wochenende zu sehen?

- **quedar en** + Infinitiv bedeutet *etwas ausmachen*.

Siento molestarte, pero te quiero preguntar una cosa.
Es tut mir leid, dich zu stören, aber ich möchte dich etwas fragen.

- **sentir** + Infinitiv bedeutet: *leid tun*.

Después de comer **suelo echarme** una siesta.
Nach dem Essen mache ich gewöhnlich einen Mittagsschlaf.

- **soler** + Infinitiv bedeutet *gewöhnlich etwas tun*. **Soler** *(ue)* wird nur im Präsens oder Imperfekt verwendet.

¿Por qué **has tardado** tanto **en llamar**?
Warum hast du so lange gebraucht, um anzurufen?

- **tardar en** + Infinitiv bedeutet *(lange) Zeit brauchen, um …* .

Trata de hacerlo hoy mismo.
Versuche, es noch heute zu machen.

- **tratar de** + Infinitiv bedeutet *versuchen zu …* .

Un momento, ¡todavía no **he terminado de hablar**!
Einen Moment, noch habe ich nicht zu Ende gesprochen!

- **terminar de** + Infinitiv bedeutet *etw. beenden* bzw. *zu Ende führen*.

A ver, te lo **vuelvo a explicar**.
Mal sehen, ich erkläre es dir noch einmal.

- **volver a** + Infinitiv bedeutet *etwas noch einmal tun*.

Soler (ue) kommt nie alleine vor, d. h. es wird immer mit Infinitiv verwendet. **!**

In Spanien kommt **soler** in der Umgangssprache viel häufiger vor als in LA.

Nicht konjugierte Formen des Verbs

Verbalperiphrasen

2. Verbalperiphrasen mit Partizip Perfekt

Die Bedeutungsnuancen der folgenden Verbalperiphrasen sind oft schwer zu übersetzen. Sie drücken alle einen Zustand als Ergebnis einer Handlung aus, die manchmal im Kontext zu finden ist.

In den Verbalperiphrasen verhält sich das Partizip Perfekt wie ein Adjektiv. Bei intransitiven Verben richtet es sich nach dem Subjekt; bei transitiven Verben nach dem direkten Objekt:

▶ **Verbsorten**, S. 103

Laura anda muy **enamorada**.	intransitiv
Laura tiene a **Juan** muy **enamorado**.	transitiv

Mi amiga **andaba** un poco **deprimida**.

■ – **andar** + Partizip beschreibt eine anhaltende Handlung bzw. einen andauernden Zustand.

Simón **se fue deprimido** a casa de Sonia, pero **volvió** más **animado**.

■ – **ir(se) / venir / volver** + Partizip beschreibt den Zustand des Subjekts bei der Bewegung des Verbs.

Todos **quedaron** muy **satisfechos**.

■ – **quedar(se)** + Partizip drückt ein Ergebnis aus.

Los niños **tienen prohibida** la televisión.

■ – **tener** + Partizip drückt einen Zustand als Ergebnis einer Handlung aus.

! **Llevar + puesto** wird nur für Kleidung verwendet und heißt *tragen*, z. B. **Lleva puestas** unas botas.

Llevo hechas dos terceras partes de los deberes.

■ – **llevar** + Partizip drückt aus, wie weit man mit der Handlung bisher gekommen ist.

Mi amiga **lleva** dos horas conectada al internet.

■ – **llevar** + Zeitraum + Partizip drückt die Dauer einer Handlung bzw. eines Zustands aus.

¡**Deja** las luces **apagadas**!

■ – **dejar** + Partizip drückt die Folgen einer Handlung aus.

Mi ordenador **sigue roto**.

■ – **seguir** + Partizip drückt aus, dass die Handlung noch anhält bzw. der Zustand noch andauert.

Nicht konjugierte Formen des Verbs

Verbalperiphrasen

3. Verbalperiphrasen mit Gerundium

Alle Verbalperiphrasen mit Gerundium beschreiben die Dauer oder Weiterführung einer Handlung in ihrem Ablauf. Die genaueren Bedeutungsnuancen hängen vom Hauptverb ab.

Estoy aprendiendo mucho. *Ich lerne zurzeit sehr viel.*

- **estar** + Gerundium bildet die Verlaufsform und bedeutet *zurzeit / gerade*.

• ¿**Continúas teniendo** problemas con el internet?
○ Sí, los mensajes **siguen tardando** mucho.
• *Hast du weiterhin Probleme mit dem Internet?*
○ *Ja, die Nachrichtenübertragung dauert immer noch sehr lange.*

seguir / continuar + Gerundium bedeutet *weiterhin, immer noch*.

Pero **voy aprendiendo** algunos trucos.
Aber allmählich lerne ich einige Tricks.

- **ir** + Gerundium bedeutet *allmählich* bzw. *nach und nach*.

Ahora **ando / vengo leyendo** libros especializados.
Nun lese ich seit einiger Zeit Fachbücher.

- **andar / venir** + Gerundium bedeutet *seit einiger Zeit*.

También mi hermano **empezó experimentando** con el ordenador…
Auch mein Bruder hat am Anfang mit dem Computer experimentiert…

- **empezar** + Gerundium bedeutet *am Anfang*.

… y **acabó siendo** un experto en el tema.
und wurde schließlich ein Experte auf dem Gebiet.

- **acabar / terminar** + Gerundium bedeutet *am Ende, schließlich*.

Se pasa la vida arreglando ordenadores.
Er verbringt sein Leben damit, Computer zu reparieren.

- **pasarse** + Zeit + Gerundium bedeutet *die ganze Zeit … dabei sein*.

Lleva ya varios años haciendo esto.
Er ist schon einige Jahre dabei, dies zu tun.

- **llevar** + Zeit + Gerundium bedeutet *etwas seit … tun*.

Einige Verben, die einen Zustand ausdrücken, bilden keine Verlaufsform, z. B. **estar**, **saber**, **recordar** usw:

In der Umgangssprache bedeutet **pasárselas** + Gerundium *die Zeit damit verbringen*: **Se las pasa arreglando** ordenadores.

Üben und Anwenden

Nicht konjugierte Formen des Verbs

gust-   sab-
quit-   sal-
ten-   ped-
discut- llor-
ca-   dorm-
llov-   escuch-
cant-   entend-

1. Schreiben Sie bitte die vollständige Infinitivform in die entsprechende Zeile. *

a) **-ar:** gustar

b) **-er:** _____

c) **-ir:** _____

Bitte aufpassen!
pedir = *bestellen*
pedar = *furzen*!

2. Vervollständigen Sie die Sätze mit den Formen von **ir** + Präposition. *

a) Tengo muchos libros y no sé cuándo los voy a leer.

quitar – *wegnehmen*
llorar – *weinen*
llover – *regnen*
caer – *fallen*

b) Jesús, ¿_____ ocupar el teléfono mucho tiempo? Es que espero una llamada...

c) ¡Pero, hijas, si ya mañana nos vamos a Bolivia! ¿A qué horas _____ hacer las maletas?

la maleta – *der Koffer*
hace calor – *es ist heiß*
cansado/-a – *müde*
gordo/-a – *dick*
gimnasio – *hier: Fitnesscenter*

d) ¡Hace mucho calor! ¡Creo que _____ ducharme otra vez!

e) ¡Uff! Si estamos tan cansados, mejor _____ dormir.

f) Pepe dice que está muy gordo y por eso ahora _____ ir al gimnasio todos los días.

3. Verbinden Sie bitte die Aussagen mit den passenden Reaktionen. *

a) ¿Quieres probar este helado? Es nuevo y está delicioso.   (3)

b) Podéis venir al cine con nosotros, si queréis.   ( )

c) Yo hago el postre. Sé hacer un flan muy bueno.   ( )

d) ¡Deja ya de trabajar, Jimena! Ya es muy tarde.   ( )

la grabadora – *der Brenner*
la jarra – *der Krug*
la esquina – *die Ecke*

e) Mira, acabamos de comprar esta nueva grabadora de DVD.   ( )

1. ¡Excelente! Entonces yo puedo preparar una jarra de sangría.

2. Bueno. ¿Vamos al bar de la esquina a tomar una cerveza?

3. No gracias, ahora prefiero tomar sólo un café...

4. ¿Y ya sabéis usarla? Porque yo quiero hacer una copia de esta película...

5. ¡Qué lástima! Tenemos que estudiar, hoy no podemos ir con vosotros.

Üben und Anwenden

Nicht konjugierte Formen des Verbs

4. In manche Sätze haben sich überflüssige Wörter eingeschlichen. Streichen Sie sie bitte durch. *

a) Me gusta ~~de~~ hacer deporte.

b) Queremos a pedir una ensalada mixta para todos.

c) Tengo que estudiar este fin de semana.

d) ¡Huy, qué bonito regalo! La verdad es que no sé por qué decir.

e) Sonia, ¿puedo para hacer una llamada por tu móvil?

f) ¿Me dejas a llevarme el coche, papi?

g) Para ir al centro hay que tomar el autobús número 15.

5. In diesem Artikel über einen chilenischen Tennistrainer fehlen die Ausdrücke, die am Rande angegeben sind. Bitte setzen Sie sie ein! **

a) Son las 11 de la noche y Antonio <u>acaba de terminar</u> su trabajo del día. b) "_____ solamente por las tardes," comenta. "Por las mañanas tengo tiempo para otras cosas: _____ _____ alemán, por ejemplo. c) Una de mis metas es _____ _____ bien, ya que _____ en este país."
d) A los 24 años, Antonio _____ solamente tenista profesional en su país y _____ como entrenador en un club en Alemania. e) "_____ ambas actividades," dice, "si eres tenista, muy pronto tienes que _____ en que a los 30 años ya eres prácticamente viejo. f) Por eso _____ un campo afín. g) Como entrenador, no necesito _____, es genial." h) ¿Y sobre la idea de _____ en Chile? "No sé," suspira. i) "Cuando vives mucho tiempo fuera, _____ ni de aquí ni de allá. A veces sueño con volver, pero la vida me trata bien en Alemania."

<u>acaba de terminar</u>
acabas por no ser
he decidido vivir
dejar de jugar
dejó de ser
empezó a trabajar
lograr hablarlo
he intentado encontrar
Pienso combinar
ponerte a pensar
trato de aprender
Suelo trabajar
volver a vivir

la meta – *das Ziel*
el entrenador – *der Trainer*
ambos / -as – *beide*
afín – *hier: verwandt*
suspirar – *seufzen*
fuera – *außerhalb*

Üben und Anwenden

Nicht konjugierte Formen des Verbs

la limosna –
das Almosen
el albergue –
die Herberge
llevar a cabo –
durchführen
por su lado – *seinerseits*
la peregrinación –
die Pilgerfahrt
al cabo de – *nach*

6. Patricia erzählt über die Erfahrungen, die sie auf dem Jakobsweg gemacht hat. Markieren Sie den richtigen Ausdruck. ***

a) En el año 2003, mi compañero Miguel y yo decidimos / pensamos a hacer el Camino de Santiago, aunque no teníamos ni un euro. b) Nos pusimos a / Solimos pensar en diferentes posibilidades para financiarnos. c) "¿Tú te atreverías a / alegras con pedir limosna?", preguntó Miguel. d) "Yo sí", respondí. "Y creo que así haremos / conseguiremos reunir suficiente para lograr / volver a pagar los albergues y la comida." e) Y así fue que Miguel y yo quedamos en / dejamos de llevar a cabo el plan. f) Nos echamos a / Llegamos a caminar desde Bilbao y todos los días acabábamos de / nos las arreglábamos para conseguir de dos a cinco euros. g) Pero aparte del aspecto práctico, el Camino de Santiago llegó a / terminó de ser para los dos una experiencia espiritual muy profunda. h) Solíamos / Íbamos a hablar poco mientras caminábamos; con frecuencia cada uno volvía de / se ponía a meditar por su lado. i) La peregrinación nos hizo / volvió a pensar mucho en lo que realmente era importante y lo que no. j) Y claro, cuando por fin llegamos a Santiago, habíamos terminado de / llegado a conocernos súper bien... y al cabo de un año acabamos por / acabamos de casarnos.

esforzarse –
sich bemühen

a) _____
b) _____
c) _____
d) _____
e) _____
f) _____

7. Schreiben Sie die Infinitiv- bzw. Gerundiumkonstruktion an den Rand, die statt des fett gedruckten Nebensatzes verwendet werden kann. ***

a) **Cuando llegó** a la oficina, Martín vio el mensaje de inmediato.

b) **En cuanto aclare** la situación, te llamo.

c) **Aunque tiene** normalmente poca paciencia, el profesor nos ha explicado hoy todo muy bien.

d) Tenemos que esforzarnos **hasta que consigamos** resultados positivos.

e) Claro, ¡no encuentras nada **porque eres** tan desordenado!

f) **Antes de que nos vayamos**, quisiera hablar un momento con el jefe.

Üben und Anwenden

Nicht konjugierte Formen des Verbs

8. Schreiben Sie die Verlaufsform der angegebenen Verben in die folgenden Minidialoge. *

a) • Perdón, ¿está Roberto?

○ Sí, pero no puede ponerse, __se está duchando__ .

b) • Quería hablar con la Sra. Fuentes, por favor.

○ En este momento _____ por otra línea.

c) • Hola, Sr. Paredes, quiero hablar con Paquita.

○ Hola, Manolo. Pues mira, llama más tarde porque justo ahora nosotros _____ .

d) • ¿Está Lina? Aquí habla Esteban.

○ No, Lina y Sara _____ en los Pirineos y vuelven el día 10. Pero yo le doy a Lina el recado.

e) • Oiga, ¿usted es el del anuncio? ¿_____ una casa?

○ No, yo _____ un piso. Supongo que se ha equivocado.

a) ducharse
b) hablar
c) cenar
d) esquiar
e) vender, alquilar

ponerse – *hier: ans Telefon gehen*
la línea – *die Leitung*
el recado – *die Nachricht*
se ha equivocado – *hier: Sie haben sich verwählt*

9. Ordnen Sie diese kleine Kurzgeschichte anhand der Ziffern 1–7. **

a) ( ) Así que, limpiándose las lágrimas, Esperanza se propuso empezar con ánimo esa nueva etapa de su vida.

b) (1) Cuando se murió su marido, Esperanza **estuvo llorando** durante semanas.

c) ( ) Y al final, se había pasado los días cuidando al marido enfermo.

d) ( ) "Y estoy segura de que, dondequiera que esté, se alegrará si ve que voy aprendiendo a vivir otra vez."

e) ( ) Pero después, poco a poco, se fue consolando.

f) ( ) "Él no va a volver a vivir, aun si yo sigo llorando", pensó.

g) ( ) Llevaba años dedicándose solamente a las tareas del hogar.

limpiarse – *hier: sich abwischen*
la lágrima – *die Träne*
el ánimo – *hier: Mut*
cuidar – *hier: pflegen*
dondequiera que esté – *wo immer er auch sein mag*
consolarse – *sich trösten*
aun si – *auch wenn*
dedicarse a – *sich beschäftigen mit*

10. Unterstreichen Sie nun die Gerundiumkonstruktionen in der Kurzgeschichte. **

Üben und Anwenden

Nicht konjugierte Formen des Verbs

11. Ergänzen Sie die fehlenden Endungen in diesen Dialogen. **

a) • Quería comprar estos calendarios que están rebajad_os_ .
   ○ Claro que sí. ¿Los quiere envuelt____ para regalo?

envolver – *hier: verpacken*
cansado / -a – *hier: ermüdend*
acalorado / -a – *hier: heftig*
solucionar – *lösen*
distraído / -a – *abgelenkt*

b) • ¡Uff! Este día ha sid____ muy cansad____. Hemos tenid____ muchas discusiones acalorad_____, pero, por suerte, hemos solucionad____ la mayoría de los problemas.

c) • Oiga, señorita, esta palabra está mal escrit____. La ha puest____ usted con h.
   ○ Ay, ¡Perdón! Es que estaba distraíd____. ¡Me parece que he estad____ sentad____ ante la computadora demasiadas horas y ya no estoy concentrad____! Ya está, ya la he corregid____.

d) • Lo siento, señores, la farmacia todavía está cerrad____. Está abiert____ al público por la mañana de 8.30 a 14.30 de lunes a viernes.

12. Gespräche in der Mittagspause. Vervollständigen Sie mit Infinitiv, Partizip Perfekt oder Gerundium. **

jubilarse – *in Rente gehen*
el objetivo – *das Ziel*
el plazo – *die Frist*
fijar – *festlegen*
comerse – *aufessen*

a) Llevamos un mes _trabajando_ (trabajar) en este proyecto y ya hemos _____ (obtener) los primeros resultados.

b) • Su marido acaba de _____ (jubilarse), ¿verdad, Sra. Villena? ¿Y qué está _____ (hacer) ahora con todo su tiempo libre?
   ○ Pues ahora anda _____ (aprender) idiomas y _____ (leer) mucho.

c) No sé cuándo estarán _____ (terminar) los planos para el nuevo edificio. Los ingenieros han tardado mucho en _____ (organizarse).

d) _____ (Trabajar) muy duro, seguramente lograremos _____ (conseguir) los objetivos dentro del plazo _____ (fijar).

e) Anoche, como no logramos _____ (ponerse) de acuerdo sobre el restaurante, acabamos _____ (quedarse) en casa y _____ (comerse) los restos de la nevera.

Üben und Anwenden

Nicht konjugierte Formen des Verbs

13. Lesen Sie diesen Artikel über die Sefarden und vervollständigen Sie den Text mit den angegebenen Ausdrücken. ***

a establecerse – acabó por ser – así llamados – Contando – era tolerada – fueron expulsados – ha cambiado – ha ido tomando – han ido – llevaron – manteniendo – prestadas – reconquistada – se fueron adaptando – siguen hablando – sigue siendo hablada – que tuvieron que salir – va a poder entender

a) Durante cientos de años, los judíos de todo el mundo han ido de un país a otro. b) Pero, ¿sabía usted que muchos de los descendientes de los judíos _____ de España a fines de la Edad Media, los _____ "sefardíes", todavía _____ español? c) En 1942, los judíos _____ porque, una vez _____ España de manos de los moros, ninguna otra religión, aparte de la católica, _____. d) _____ _____ entre los judíos y los árabes a muchas personas de excelente preparación, ese paso en la historia de España _____ _____ una pérdida lamentable desde el punto de vista cultural. e) Distintas circunstancias _____ a los sefardíes _____ en países diferentes. f) Con el tiempo, _____ a las culturas locales, por ejemplo en Turquía, en los Balcanes, en el Norte de África y en otras regiones, pero _____ intactos algunos rasgos de sus antiguas tradiciones. g) La lengua que _____ en casa se basa en el español de entonces, pero como toda lengua, con los siglos _____. h) Por ejemplo, poco a poco _____ palabras _____ de los idiomas circundantes y así existen hoy algunas interesantes diferencias regionales. i) Sin embargo, si usted habla español, probablemente _____ a los sefardíes.

el descendiente – *der Nachkomme*
los sefardíes – *die Sefarden*
expulsar – *vertreiben*
reconquistar – *wieder erobern*
el moro – *der Maure*
el paso – *der Schritt*
la pérdida – *der Verlust*
establecerse – *sich niederlassen*
mantener – *hier: aufrechterhalten*
el rasgo – *das Merkmal*
circundante – *umgebend*

Besondere Verben

ser, estar, hay

Besondere Verben

Ser, estar, hay

> Das deutsche Verb „sein" kann im Spanischen mit **ser**, **estar** oder **hay** wiedergegeben werden.

- 1 ¡Cuidado! Ahí **hay** una vaca.
- 2 ¿Dónde **está**?
- 3 Ahí, ¿la ves? **Es** una vaca negra.

1. Vorsicht! Dort ist eine Kuh. 2. Wo ist sie? 3. Dort, siehst du sie? Es ist eine schwarze Kuh.

Die Verben **ser**, **estar** und **hay** sind für manche Lerner richtige „Fallen", denn die spanische Sprache hält für das Verb „sein" einige feine Bedeutungsunterschiede bereit, die man aus der deutschen Sprache nicht kennt. Geben Sie sich ruhig Zeit, damit Sie das nötige Sprachgefühl entwickeln können!
Zum Glück gibt es einige hilfreiche Regeln.

Gebrauch von *ser*

> Mit **ser** werden „objektive" Informationen ausgedrückt.

- 1 Este **es** mi hijo Jorgito.
- 2 ¡Huy! **Es** un bebé monísimo.

1. Das ist mein Sohn Jorgito. 2. Ach, das ist ja ein ganz süßes Baby.

Mit **ser** identifiziert und definiert man Sachen und Personen und ordnet sie nach Kategorien.

> Vor Substantiven steht in der Regel **ser**.

- ¿Quién **es**? ▶ ○ **Soy** yo. **Soy** la profesora.
- ¡Oh! ¿Qué **es** esto? ▶ ○ **Son** chocolates, pero **son** míos.

– **Ser** + Substantiv oder Pronomen wird zur näheren Bestimmung von Personen oder Sachen verwendet.

Besondere Verben

ser, estar, hay

Luis **es** mi tío. **Es** médico y es peruano. **Es** católico pero **es** liberal.

– zur Angabe der Nationalität, des Berufes, der Religions- bzw. politischen Zugehörigkeit, des Verwandtschaftsverhältnisses usw.

Magdalena **es** rubia y muy atractiva. Sus hermanos **son** muy alegres. Este restaurante **es** excelente y no **es** demasiado caro.

– für die Beschreibung charakteristischer Eigenschaften. Es ist nicht ausschlaggebend, ob die Eigenschaft unveränderlich oder dauerhaft ist, sondern ob sie dazu dient, eine Person oder Sache (vorerst bzw. grundsätzlich) einer Gruppe zuzuordnen.

> **!** Für vorübergehende Tätigkeiten verwendet man **estar** + **de**: **Está de médico** en un proyecto.

▶ **Adjektiv**, S. 45

Weil sie als definierend empfunden werden, verwendet man folgende Adjektive in der Regel mit **ser**:

feliz	*glücklich*	infeliz	*unglücklich*
rico	*reich*	pobre	*arm*
responsable	*verantwortungsvoll*	irresponsable	*unverantwortlich*
culpable	*schuldig*	inocente	*unschuldig*

> Merke:
> *... Jahre alt sein* = **tener ... años**
> *... Meter groß sein* = **medir ... metro(s)**

- ¡No **es posible**! ¿**Es un hecho** que van a subir los precios?
- ¡**Es verdad**! **Es necesario** leer el periódico.

– bei vielen unpersönlichen Wendungen mit der Stuktur **es** + Adjektiv, denen ein Infinitiv oder ein Nebensatz folgt, (z. B. **fácil/difícil**, **cierto**, **bueno/malo**, **importante**, **necesario**, **normal**, **(im)posible**, **(im)probable**, **(in)útil**, **(in)justo** usw.) oder mit der Struktur **es** + Substantiv (z. B. **verdad**, **un hecho** usw.)

Este bolso **es de** piel, ¿verdad? ¿**Es de** Italia?
Este coche **es del** jefe.
Siéntete en casa, que **eres de** la familia.

– mit der Präposition **de**, um Herkunft, Material, Besitz oder Zugehörigkeit auszudrücken.

- ¿Esto **es para** mañana?
- Sí. El vino **es para** la fiesta y las flores **son para** Marcia.

– mit **para**, um Bestimmung, Ziel oder Empfänger anzugeben.

Besondere Verben

ser, estar, hay

¿Qué fecha **es** hoy? Hoy **es** el 20 de enero.
¡Qué pereza, ya no **es** domingo! **Es** hora de ir al trabajo.
¿**Son** las seis? ¡Ya **es** muy tarde! Ya casi **es** de noche.

▶ **Zeitangaben**, S. 261

– um Zeitangaben zu machen: Datum, Wochentag, Uhrzeit, Tageszeit (z. B. mit **tarde** *(spät)*, **temprano / pronto** *(früh)* bzw. **de mañana / tarde / noche** *(morgens / nachmittags / abends)*, **hora de** *(höchste Zeit, um)* usw.).

▶ **Zahlen**, S. 257

Somos cuatro, entonces **son** cuatro porciones.
¡Ya sé cuál **es** el resultado! Cinco y diez **son** quince.
• ¿Cuánto **es** en total, señor?   ▶   ○ **Son** quinientos euros.

– bei Anzahl, Menge, Ergebnissen und Angabe eines Gesamtbetrages.

El concierto **es** en el castillo. Va a **ser** en el salón rococó.

– für die Ortsangabe von Veranstaltungen im Sinne von *stattfinden*.

▶ **Partizip Perfekt**, S. 187

Cuzco **fue fundada** por los incas.

– zusammen mit dem Partizip Perfekt zur Bildung des Passivs.

▶ **Passiv**, S. 240

Gebrauch von *estar*

Mit **estar** werden Ortsangaben gemacht und Befinden bzw. Eigenschaften als Zustände oder als subjektive Bewertungen ausgedrückt.

1 Huy... no **estoy** nada bien... ¿Dónde **estoy**?

2 Tranquila, **estás** en el hospital y **estás** recién operada.

1. Oh... Mir geht es gar nicht gut... Wo bin ich eigentlich?
2. Ganz ruhig, du bist im Krankenhaus und bist frisch operiert.

¡Mis llaves no **están**!
• ¿**Está** Rodrigo?   ▶   ○ No **está**, lo siento.

– Man verwendet **estar** mit bestimmten Subjekten, um An- oder Abwesenheit auszudrücken.

Merke: **Estar** steht nie mit der Präposition **a** als Ortsangabe!
Estar steht häufig mit **en** oder anderen Ortspräpositionen.

¿Dónde **está** el señor Pérez? ¿**Estará** mañana en la fábrica?

– bei Ortsangaben im Sinne von *sich befinden* (*sitzen, stehen, liegen* usw.) wenn das Subjekt bestimmt ist, d. h. bei folgenden Strukturen:

Besondere Verben

ser, estar, hay

El jefe **está** en la oficina.
Correos está cerca.
¡Uff! ¿Dónde **está ese** libro?
Mis cosas no **están** en su lugar.
Todos estamos aquí.

– Bestimmter Artikel + Substantiv
– Namen
– Demonstrativbegleiter + Substantiv
– Possessivbegleiter + Substantiv
– Indefinitpronomen
   todo / -a / -os / -as

> Steht vor **todo** die Präposition **de**, dann verwendet man **hay**: **Aquí hay de todo** !

- ¿Cómo **está** tu padre?
- Todavía **está** muy enfermo, aunque ya **está** fuera de peligro.

– **Estar** wird verwendet, um Befinden oder einen veränderbaren Zustand auszudrücken.

> Das Zustandspassiv fällt unter diese Kategorie, da es das Ergebnis einer Handlung ausdrückt.

▶ **Zustandspassiv**, S. 240

Weil die Bedeutung immer einen Vergleich beinhaltet, verwendet man folgende Adjektive immer mit **estar**:

lleno	*voll*	vacío	*leer*
sano	*gesund*	enfermo	*krank*
vivo	*lebend*	muerto	*tot*
contento	*froh über etwas*	harto	*satt haben, leid sein*
satisfecho	*zufrieden*	insatisfecho	*unzufrieden*
ocupado	*beschäftigt*	preocupado	*besorgt*
maduro	*reif*	inmaduro	*unreif*
solo	*allein*	acompañado	*in Begleitung*
completo	*vollständig, ganz*	roto	*kaputt, zerbrochen*
permitido	*erlaubt*	prohibido	*verboten*

- ¿Por qué **estás de pie**? ¿No **estabas acostado**?

– um eine Körperstellung zu beschreiben, z. B. **estar de pie** *(stehen)*, **estar sentado / -a** *(sitzen)*, **estar acostado / -a** *(liegen)*.

- Leticia **está de** camarera para ganar un poco de dinero.

– mit der Präposition **de**, um eine gelegentliche bzw. vorübergehende Tätigkeit zu beschreiben.

- ¿Vienes, Andrés? ▶ ○ **Está** bien, ya voy.

– mit den Adverbien **bien**, **mal**, **regular**, **mejor** und **peor**.

> **Bien / mal** werden immer mit **estar** verwendet!

Besondere Verben

ser, estar, hay

In dieser Bedeutung wird **estar** + Adjektiv manchmal mit „aussehen" wiedergegeben, z. B. **Estás muy guapa** *(Du siehst sehr gut aus)*.	Por Dios, Fernando, ¡qué antipático **estás**! ¿Cómo? ¿Tu hija **está** casada ya? He visto a Ángel, ¿te acuerdas de él? Pues **está** totalmente calvo.

■ – um auszudrücken, dass jemand ein momentanes, zufälliges oder auffallendes Verhalten bzw. Aussehen zeigt oder dass eine Veränderung stattgefunden hat.

Esta chaqueta **está** demasiado cara.

■ – um eine persönliche Meinung bzw. Bewertung zu unterstreichen.

Bei der Bewertung von Essen und Trinken verwendet man grundsätzlich **estar**, z. B. **La paella** <u>**está**</u> **deliciosa.**	• Esta falda **me está** un poco **larga**, ¿no crees? ○ ¡Qué va! **Te está** muy **bien**, Sofía.

■ – mit einem Dativpronomen + Kleidung + Adjektiv oder den Adverbien **bien/mal** im Sinne von *gut stehen*.

¡Qué maravilla! ¡Por fin **estamos de vacaciones**! Yo **estoy a favor** del viaje. Y ustedes, ¿**están de acuerdo** también?

■ – bei zahlreichen festen Redewendungen.

Darunter sind folgende:

de viaje	*auf Reisen*	de buen humor	*gut gelaunt*
de visita	*zu Besuch*	de vacaciones	*in Urlaub*
de paso	*auf der Durchreise*	para bromas	*zum Spaßen*
al principio	*am Anfang*	al teléfono	*am Telefon*
de acuerdo	*einverstanden*	en desacuerdo	*nicht einver-*
al corriente	*auf dem Laufenden*		*standen*
a favor	*dafür*	en contra	*dagegen*
en un lío	*in Schwierigkeiten*	de mal humor	*schlecht gelaunt*

Estamos a diecinueve de marzo.
Estamos a dos grados bajo cero. ¡Qué frío! Ya **estamos en** invierno.

■ – in der 1. Person Plural mit der Präposition **a**, bei Datum und Temperaturangabe, und mit **en** bei Angabe der Jahreszeit.

▶ **Gerundium**, S. 189

Las gambas **están a** mitad de precio.

■ – mit der Präposition **a**, um einen veränderlichen Preis zu nennen.

¡No hagas tanto ruido, que el bebé **está durmiendo**!

■ – zusammen mit dem Gerundium in der Verlaufsform.

Besondere Verben

ser, estar, hay

1. Zusammenfassende Gegenüberstellung von *ser* und *estar*

ser	estar
¿Quién **es** usted? – Identifizierung (wer es ist)	¡Mis llaves no **están**! – (nicht) Anwesenheit
¿Qué **es** esto? **Es** un reloj. – Definition (was es ist)	El reloj **está** demasiado caro. – Bewertung, relativ (vergleichend)
La clase **es** en el salón grande. – <u>Ausnahme:</u> Veranstaltungsort (wo etwas Bestimmtes stattfindet)	Ya **estamos** en España. – Ort (wo sich jemand Bestimmtes befindet)
Luis **es** peruano, **es** mi tío. – Nationalität, Verwandtschaft usw.	¿Qué tal? ¿**Estás** bien? – Zustand: Befinden El vaso **está** lleno. – Zustand: veränderbar, relativ **Estamos** sentados a la sombra. – Zustand: Körperstellung
Tatiana **es** profesora. – Berufsbezeichnung	Tatiana **está** de profesora. – Vorübergehende Tätigkeit
Eres muy delgado. – Charakteristische Eigenschaft	¡Qué delgado **estás**! – Auffallende Eigenschaft, relativ
Magdalena **es** soltera. – Objektive Zuordnung	Magdalena **está** soltera. – Veränderbarer Zustand, relativ
Es de Juan / **de** piel / **de** aquí. – Besitz, Material, Herkunft	Me **está** un poco estrecho. – Mit Dativ: bei Kleidung
Es para mañana / **para** ti. – Bestimmung, Empfänger	
Es la una / lunes / de noche. – Angabe der Zeit	**Estamos** a 7 de septiembre. – <u>Ausnahme:</u> bestimmte Zeitangaben, z. B. Datum
Son 10 euros, y la propina, **son** 11. – Summe, Menge, Anzahl, Ergebnis	El pescado **está** a 5 euros el kilo. – Veränderlicher Preis
Es fácil / necesario / cierto. **Es** + Adjektiv/Substantiv	**Estamos** de viaje / de acuerdo. – Feststehende Ausdrücke
América **fue** descubierta en 1492. – Passiv	No todo **está** descubierto. – Zustandspassiv
	¿Por qué te **estás** riendo? – Verlaufsform

> **!** Casado / -a con + Person kann nur mit **estar** verwendet werden: **Estoy casada con** Alfredo desde hace 10 años.

Die Bedeutungsunterschiede, die *ser* und *estar* ausdrücken, erlauben manche Wortspiele und stilistische Effekte, z. B. **¡Qué inteligente estás hoy!** sagt aus, dass man die Person ansonsten nicht als intelligent einstuft, und bringt daher die Ironie gezielt zum Ausdruck.

Besondere Verben

ser, estar, hay

Je nachdem, ob sie mit **ser** oder **estar** gebraucht werden, haben einige Adjektive eine unterschiedliche Bedeutung.

Nur mit **estar**:
Está bien.
(Ist o.k. Das stimmt)
Está mal.
(Ist nicht o.k. Das stimmt nicht).

el tío / la tía –
in der Umgangssprache: der Kerl / das Klasseweib

2. Bedeutungsunterschied mancher Adjektive mit *ser* oder *estar*

	ser	estar
bueno	*gutmütig / gute Qualität* Juan **es** muy **bueno**. Este aparato **es bueno**.	*gesund / lecker / sexy* Ya **estoy bueno** y sin gripe. La paella **está** muy **buena**. Eh tía, ¡qué **buena** que **estás**!
malo	*böse / schlechte Qualität* Ese chico **es malo**. Este aparato **es malo**.	*krank / verdorben* Todavía **estoy malo**. El pescado **está malo**.
abierto	*aufgeschlossen (Person)* Mis amigos **son abiertos**.	*geöffnet* El banco ya **está abierto**.
aburrido	*langweilig, fade* Ese libro **es aburrido**.	*gelangweilt, es leid sein* Ya **estoy aburrido** de estudiar.
alegre	*fröhlich* Esta música **es** muy **alegre**.	*einen Schwips haben* Con el cava **estamos alegres**.
atento	*aufmerksam = höflich* **Es** usted muy **atento**.	*aufmerksam = achtsam* ¿**Estáis atentos** en clase?
callado	*still = schweigsam, ruhig* **Es** una persona **callada**.	*still = leise, still* La noche **estaba callada**.
cansado	*ermüdend* El camino **es cansado**.	*müde* ¡Qué **cansado estoy**!
cerrado	*verschlossen (Person)* **Es** un chico muy **cerrado**.	*geschlossen* El banco **está cerrado**.
claro	*hell* El color **es** muy **claro**.	*klar* ¿**Está** todo **claro**?
consciente	*sich einer Sache bewusst sein* **Soy consciente** de todo.	*bei Bewusstsein* El enfermo no **está consciente**.
delicado	*feinfühlig, heikel* El tema **es delicado**.	*gebrechlich, kränklich* El enfermo **está delicado**.
despierto	*aufgeweckt* Mónica **es** muy **despierta**.	*wach* El niño ya **está despierto**.
grave	*ernst, schwerwiegend* El problema **es grave**.	*schwer krank* El abuelo ya no **está grave**.

Besondere Verben

ser, estar, hay

joven	*jung* A los 15 **eres** muy **joven**.	*jung aussehen, jung geblieben* Mi abuela todavía **está joven**.
libre	*frei = ungebunden* Me gusta **ser libre**.	*frei = nicht besetzt* ¿**Está libre** ese asiento?
limpio	*sauber* El hotel **es** muy **limpio**.	*gesäubert* La habitación **está limpia**.
listo	*schlau, klug* **Eres** muy **listo**, ¿verdad?	*fertig, bereit* Ya nos vamos. ¿**Estáis listos**?
molesto	*störend, beschwerlich* Las moscas **son molestas**.	*gekränkt, mit Beschwerden* ¿Por qué **estás molesta**?
ordenado	*ordentlich (Charakter)* Pepe **es** muy **ordenado**.	*aufgeräumt, ordentlich* El escritorio no **está ordenado**.
orgulloso	*stolz (Art, Klima)* ¡No **seas orgulloso**!	*stolz auf jemanden/etwas* **Estamos** muy **orgullosos** de ti.
rico	*reich* Me gustaría **ser rico**.	*lecker* La sopa **está** muy **rica**.
seco	*trocken (Art, Klima)* Marisa **es** un poco **seca**.	*getrocknet, trocken* La ropa no **está seca** todavía.
seguro	*sicher, ohne Risiko* Este negocio **es seguro**.	*einer Sache sicher sein* No sé, no **estoy seguro**.
terco	*stur (Charakter)* Juan **es** muy **terco**.	*trotzig, dickköpfig* El niño **está terco** con su idea.
tonto	*dumm* ¡No **seas tonto**!	*albern, dickköpfig* Niño, ¡**estás tonto**!
sucio	*schmutzig* Este negocio **es sucio**.	*verschmutzt* La cocina **está sucia**.
verde	*grün* El nuevo sofá **es verde**.	*unreif* Los mangos **están verdes**.
viejo	*alt* Mi abuela **es vieja**.	*alt aussehen, veraltet* He visto a Pedro, **está viejo**.
vivo	*schlau, lebhaft* **Es** muy **viva** esta chica.	*am Leben sein* Mi padre ya no **está vivo**.

> ¡Ya <u>está</u>! ist eine Verkürzung von ¡Ya está listo! und bedeutet *Es ist schon fertig/bereit*.

Besondere Verben

ser, estar, hay

Hay und *estar*

Hay ist eine unpersönliche Form des Verbs **haber**. Sie ist unveränderlich.

1 **Hay** todavía pastel de manzana?

2 No, lo siento, ¡pastel de manzana ya no **hay**!

3 Pero aquí **está** el de fresas.

1. Gibt es noch Apfelkuchen? 2. Nein, tut mir leid, es gibt keinen Apfelkuchen mehr! 3. Aber hier ist der mit Erdbeeren.

▶ **Verbsorten**, S. 103

Nur in Ausnahmefällen wird **ser** mit einer Ortsbestimmung verwendet. In der Regel muss man sich z. B. zwischen **Aquí está** und **Aquí hay** entscheiden.

Haber als Vollverb wird nur in der unpersönlichen Form **hay** verwendet. Es dient dazu, in ein Thema einzuführen oder Ortsangaben zu unbestimmten Sachen oder Personen zu machen. Häufig kann man **hay** mit *es gibt* übersetzen, aber – wie auch **estar** – kann es ebenso mit *sein* sowie mit *liegen*, *sitzen*, *stehen* usw. wiedergegeben werden.

¡**Hay** novedades!   En la mesa **hay** una invitación.
Es gibt Neuigkeiten!   Auf dem Tisch **liegt** eine Einladung.

Im Präsens hat das Verb immer die Sonderform **hay**; für alle anderen Zeiten nimmt man die 3. Person Singular: **ha habido**, **había**, **hubo**, **habrá** usw. Danach können sowohl Substantive im Singular als auch im Plural folgen.

Últimamente <u>**ha** habido</u> muchos nuevos libros.

Zusammenfassende Gegenüberstellung von *hay* und *estar*

Hay que heißt *man muss*, z. B. **Hay que firmar aquí.**

hay = unbestimmtes Subjekt	estar = bestimmtes Subjekt
¿Dónde **hay un** hotel? – *mit unbestimmtem Artikel*	**El** Hotel Ritz **está** en el centro. – *mit bestimmtem Artikel*
Hoteles buenos, sí **los hay**. – *Objektpronomen*	**Ana está** allí, **yo** estoy aquí. – *Namen / Subjektpronomen*
No **hay** hoteles aquí. – *ohne Artikel*	¿Dónde **está este** hotel? – *mit Demonstrativbegleiter*
Hay dos pensiones. – *mit Mengen oder Zahlen*	¿Dónde **está vuestro** hotel? – *mit Possessivbegleiter*
Hay **muchos** hoteles. – *mit Indefinitbegleiter/ -pronomen*	No **todos están** en el centro. – <u>*Ausnahme*</u>: **todo**

Üben und Anwenden

Besondere Verben

1. Markieren Sie das richtige Verb. *

a) Cuba (es)/está/hay una isla que es/está/hay entre el Mar Caribe y el Golfo de México. b) La capital de Cuba es/está/hay La Habana. c) Desde hace algunos años es/está/hay un boom turístico en la isla. d) Muchos turistas visitan por ejemplo la Playa de Varadero, que no es/está/hay lejos de la capital. e) Esta playa es/está/hay famosa porque no sólo es/está/hay ahí 20 km de costa que disfrutar, sino también es/está/hay ya una infraestructura hotelera adecuada. f) Pero en La Habana misma también es/está/hay playas, y además, es/está/hay una ciudad fascinante. g) El centro histórico, la Habana Vieja, es/está/hay Patrimonio de la Humanidad de la UNESCO.

la isla – *die Insel*
desde hace – *seit*
disfrutar – *genießen*
la infraestructura hotelera – *die Hotel-Infrastruktur*
mismo/-a – *hier: selbst*
el Patrimonio de la Humanidad – *das Weltkulturerbe*

2. Ordnen Sie den Fragen (a–f) die richtige Antwort (1–6) zu. *

a) (3) ¿Qué hay de comer? ¡Tengo hambre!
b) ( ) Mamá, ¡no sé dónde están mis libros! ¿Los has visto?
c) ( ) ¿De verdad está Shakira en el restaurante? ¿Cuál de esas chicas es?
d) ( ) ¡Huy! ¿Qué es ese ruido tan raro?
e) ( ) Hola, Gerardo, ¡qué milagro! ¿Desde cuándo estás aquí?
f) ( ) Oye, Rosario, ¿dónde está tu marido? ¿No viene hoy al bar?

de comer – *hier: zum Essen*
¡Qué emoción! – *hier: Wie aufregend!*
¡Qué milagro! – *hier: Es wundert mich, dich zu sehen!*
granizar – *hageln*
el granizo – *der Hagel*
el techo – *hier: das Dach*

1. Desde hace un mes. Estoy de profesor en una escuela de verano.
2. Es aquella rubia que está allí, ¿la ves? ¡Qué emoción, estar en el mismo lugar que alguien tan famoso!
3. Arroz con pollo. Es una nueva receta, ¡y está riquísima!
4. No, está en la cama porque está muy cansado. Ya sabéis, su trabajo es muy estresante…
5. No, pero aquí al lado de la puerta hay unos. ¿Son esos?
6. Es que está granizando. Es el granizo que está cayendo sobre el techo.

Üben und Anwenden

Besondere Verben

3. Setzen Sie das Verb ein: ¿**ser**, **estar** oder **hay**? *

a) • Oiga, camarero, ¿ _____ Rioja?

○ Sí, señores, aquí _____ . _____ un vino estupendo. _____ muy bueno, de verdad.

b) • Hola, María, ¿cómo _____ ? ¿Qué cuentas, chica?

○ Bien, bien, pero ahora _____ desempleada y _____ buscando trabajo. Aquí cerca _____ una empresa donde buscan secretarias, y como _____ secretaria de idiomas, pues ...

desempleado / -a – arbeitslos
perdido / -a – hier: irritiert
la oferta – das Angebot
el escritorio – der Schreibtisch
el suministrador – der Lieferant

c) • Perdón, el Hotel Conquistador, ¿ _____ por aquí?

○ No, señorita, en este pueblo no _____ ningún hotel con ese nombre. Pero _____ un hotel, _____ el Hotel Continental. _____ en la Plaza de las Flores.

d) • ¡Qué raro! En esta fiesta todos _____ diferentes. Normalmente Roberto _____ muy serio, pero hoy _____ muy divertido. Y Juan Manuel, que normalmente _____ muy simpático, ¡hoy _____ insoportable!

○ Debe _____ por el vino, ¿no crees?

e) • _____ que llenar este formulario. ¿A qué fecha _____ (nosotros)?

○ No _____ seguro, ¿qué día _____ hoy?

• _____ jueves, hombre, _____ más perdido que yo.

f) • Lolita, ¿dónde _____ las ofertas de la casa Muñoz?

○ _____ en su oficina, Sr. Pértegaz.

• ¿Cuántas _____ ?

○ Sólo _____ una oferta de la casa Muñoz. Pero también _____ dos faxes de otro cliente. _____ en su escritorio.

• Muy bien. ¿ _____ también correspondencia del nuevo suministrador?

○ Sí, señor, aquí _____ .

Üben und Anwenden

Besondere Verben

4. Mit wem und wo unterhalten sich die Personen in Übung 3? Tragen Sie bitte den entsprechenden Buchstaben in die Klammer ein.*

1. ( ) Es un turista que está en la calle y habla con una persona del pueblo.
2. ( ) Son dos colegas, probablemente están en su lugar de trabajo.
3. ( ) Es un jefe y su secretaria. Están en la oficina.
4. ( ) Son unos amigos que están en una fiesta donde algunas personas están bebiendo bastante.
5. (a) Son unos clientes que están hablando con el camarero en un restaurante.
6. ( ) Son dos amigos que se encuentran, quizá están en una reunión.

5. Setzen Sie das richtige Verb ein: **ser**, **estar**, **hay** oder **tener**.**

a) Las pequeñas manías que todos tenemos normalmente no __son__ un problema. b) Sin embargo, _____ personas que _____ manías exageradas. c) Por ejemplo, algunas _____ horas y horas frente al ordenador, otras _____ dependientes de su trabajo. d) _____ gente que sólo _____ contenta cuando _____ muchas cosas y por eso su manía _____ comprar y comprar. e) _____ personas que comen y comen y no se dan cuenta cuando en realidad ya _____ satisfechas. f) Juan _____ un ejemplo de esto. g) _____ abogado y _____ 51 años. h) Podría _____ muy feliz porque _____ una familia muy agradable, pero lamentablemente su manía _____ ver la televisión y todo el tiempo _____ ahí, cambiando canales. i) Su mujer y sus hijos _____ intereses diferentes, y por eso no quieren _____ en casa los fines de semana. j) En consecuencia, Juan _____ muy solo; se _____ aislando cada vez más. k) Afortunadamente, _____ una terapia para él: con la ayuda adecuada, su problema _____ solución.

la manía – hier: der Tick, die Eigenart
exagerado / -a – übertrieben
frente a – vor
dependiente – abhängig
darse cuenta – merken

podría – hier: er könnte
cambiar canales – zappen
en consecuencia – als Folge
aislarse – sich isolieren
cada vez más – immer mehr

Üben und Anwenden

Besondere Verben

capacitado /-a – *hier: ausgebildet*
la competencia – *die Konkurrenz*
el cursillo de formación – *der Weiterbildungskurs*
vecino – *hier: benachbart*
la carpeta – *die Arbeitsmappe*
el/la participante – *der/die Teilnehmer/in*
la disposición – *die Verfügung*

6. In einem Unternehmen. Markieren Sie das richtige Verb. ***

a) Esta candidata ha *sido* / estado / habido la mejor. Es / Está / Hay experta en márqueting y es / está / hay capacitada para realizar entrevistas en varios idiomas. Hace dos años fue / estuvo / hubo trabajando con la competencia.

b) Señores, el cursillo de formación será / estará / habrá en el salón de conferencias que es / está / hay en el edificio vecino. Ahora la secretaria ya les es / está / ha entregando las carpetas a los participantes.

c) • Señorita, ¿ sería / estaría / habría tan amable de ayudarnos?
   ○ Por supuesto. Soy / Estoy / Hay a su disposición, señores.

d) Lo que dijo el experto fue / estuvo / hubo muy interesante, pero no era / estaba / había bien. Soy / Estoy / Hay seguro de que los datos no eran / estaban / habían correctos, era / estaba / había varios errores.

el tópico – *das Vorurteil*
vago – *faul*
mencionar – *erwähnen*
el alma – *die Seele*
más bien – *eher*
la fama – *der Ruhm*

7. Eine Expertin spricht über die Vorurteile, die einige Leute gegenüber dem Charakter der Andalusier haben. Vervollständigen Sie den Text mit **ser**, **estar** oder **hay**. ***

a) __Son__ muchos los tópicos que _____ acerca del carácter del andaluz: por ejemplo, se dice que _____ alegre, pero vago.

b) Posiblemente _____ cierto que _____ difícil no _____ alegre y no _____ de buen humor cuando siempre hace sol.

c) Sin embargo, _____ que mencionar que _____ muchos andaluces diferentes. d) La autora Luisa Moreno piensa que tal vez lo que _____ más cerca del alma del andaluz es el sol, la luz que siempre _____ presente y que explica por qué la mayoría de la gente _____ más bien optimista. e) Pero la autora no _____ de acuerdo con la fama de vago y opina que _____ muy injusta.

f) En Andalucía se trabaja como en todas partes, pero _____ importante trabajar para vivir, y el andaluz _____ alguien que vive intensamente.

Besondere Verben

Verben mit Dativ

Verben mit Dativ

1 **A mí me encanta** la música latina… ¿Y **a ti, te gusta** la salsa?

2 No, ese tipo de música **no me gusta nada**. Pero **me gusta mucho** el rock.

> Viele Empfindungsverben wie **gustar** müssen mit Dativpronomen verwendet werden. Zur Bekräftigung wird der Dativ verdoppelt, z. B. **a mí, a tí** usw.

▶ **Pronomen**, S. 77–78

1. Ich liebe lateinamerikanische Musik… Und du, magst du Salsa?
2. Nein, diese Art von Musik gefällt mir überhaupt nicht. Aber ich mag Rockmusik sehr gerne.

Viele Empfindungsverben bilden folgende Satzstruktur:

(a mí)	me		viajar
(a ti)	te	gusta (mucho)	
(a él, ella, usted)	le		el coche
(a nosotros/-as)	nos		
(a vosotros/-as)	os	gustan (mucho)	los coches
(a ellos, ellas, ustedes)	les		

> Ausnahmen: **amar** *(lieben)*, **odiar** *(hassen)*, **preferir** (ie) *(bevorzugen)*, **detestar** *(verabscheuen)* und **soportar** *(aushalten)*, z. B. **Odio los deportes.**

Ist das, was gefällt, missfällt, fehlt usw., ein Substantiv im Singular oder ein Infinitiv, steht das Verb in der 3. Person Singular. Steht das, was gefällt usw., im Plural oder folgt eine Aufzählung, steht das Verb in der 3. Person Plural.

Das Subjekt, d. h. das Substantiv bzw. der Infinitiv, kann auch am Anfang des Satzes stehen, besonders wenn der Dativ nicht verdoppelt wird:
   Me gusta mucho **viajar.** = **Viajar** me gusta mucho.

> Anders als im Deutschen steht vor dem Substantiv der bestimmte Artikel, z. B. **Me gusta la paella.**

Die deutsche Übersetzung hat manchmal Dativ, manchmal nicht. Vgl.
   Me duele.   Es tut **mir** weh. / Es schmerzt **mich.**
   Me parece bien.   Ich finde es gut.

Mit **mucho** drückt man einen hohen Grad aus; mit **no … nada** verneint man mit Nachdruck:
   Me gusta **mucho** la espinaca.   Ich mag Spinat sehr gerne.
   No me gusta **nada** la espinaca.   Ich mag Spinat überhaupt nicht.

> Bei ausdrucksstarken Verben wie **encantar, fascinar** steht weder **mucho** noch **nada.**

215

Besondere Verben

Reflexive Verben

Zu den Verben mit Dativ gehören:

interesar	*interessieren*
gustar	*mögen, gefallen, schmecken*
encantar	*sehr gerne mögen, lieben*
dar igual	*egal sein*
parecer bien / mal	*gut / schlecht finden*
preocupar	*Sorgen machen*
molestar	*stören*
enfadar	*ärgern*
pasar	*passieren*
doler (ue)	*weh tun, schmerzen*
bastar	*reichen, genügen*
faltar	*fehlen*
salir bien / mal	*gut / schlecht gelingen*
dar sueño	*schläfrig machen*
dar miedo	*Angst machen*
hacer falta	*brauchen*
hacer daño	*verletzen, schädlich sein*

1. *Lieben* heißt nur bei Personen **querer**, z. B. **¡Te quiero mucho!** Ansonsten heißt es **encantar**, z. B. **Me encanta** ir al cine, **me encantan** las películas.
2. Die Frage nach Zustimmung wird anhand der Präposition + Dativpronomen gebildet: **A mí me gusta, ¿y a ti?** *(Mir gefällt es, und dir?)*

Reflexive Verben

> 1 ¿**Te diviertes** en la playa?

> 2 No, **me aburro**. ¡No hay nada que hacer!

Reflexive Verben erkennt man im Wörterbuch an der Endung **-se**.

▶ **Präsens der Verben**, S. 108

1. Hast du Spaß am Strand? 2. Nein, ich langweile mich. Es gibt nichts zu tun!

Die reflexiven Verben haben immer das Reflexivpronomen bei sich. Es wird entsprechend der Person des Verbs mitkonjugiert. Ist ein Verb unregelmäßig, muss man die Unregelmäßigkeit beachten.

Einige Verben, die im Deutschen reflexiv sind, sind es im Spanischen nicht, z. B. **cambiar** *(sich verändern)*. Dagegen sind einige Verben im Spanischen reflexiv und im Deutschen nicht, z. B. **llamarse** *(heißen)*, **casarse** *(heiraten)*, **levantarse** *(aufstehen)* usw.

	aburri**rse**		divertir**se** (**ie**)	
(yo)	**me**	aburro	**me**	div**ie**rto
(tú)	**te**	aburres	**te**	div**ie**rtes
(él, ella, usted)	**se**	aburre	**se**	div**ie**rte
(nosotros / -as)	**nos**	aburrimos	**nos**	divertimos
(vosotros / -as)	**os**	aburrís	**os**	divertís
(ellos, ellas, ustedes)	**se**	aburren	**se**	div**ie**rten

Wie im Deutschen können einige Verben sowohl reflexiv als auch nicht reflexiv verwendet werden, z. B. **lavar** *(waschen)*, **lavarse** *(sich waschen)*. Allerdings ändert sich bei manchen die Bedeutung, z. B. **despertar** *(wecken)* – **despertarse** *(aufwachen)*; **ir** *(gehen)* – **irse** *(weggehen)*; **dormir** *(schlafen)* – **dormirse** *(einschlafen)* usw.

Besondere Verben

Reflexive Verben

Die Reflexivpronomen stehen normalerweise vor dem konjugierten Verb. An das Gerundium, den Infinitiv und Infinitivkonstruktionen können sie, an den bejahten Imperativ müssen sie angehängt werden.

> ▶ **Stellung der Pronomen**, S. 80

Manuel **se** ducha todos los días.
Ahora está duchándo**se**. = Ahora **se** está duchando.
Después va a vestir**se**. = Después **se** va a vestir.
Manuel, ¡láva**te** también el pelo!

Hier eine Auswahl reflexiver Verben:

Regelmäßige Formen und Gruppenverben

aburrirse	sich langweilen	levantarse	aufstehen
alegrarse	sich freuen	llamarse	heißen
atreverse a	wagen	llevarse	mitnehmen
ducharse	duschen	marcharse	weggehen
casarse	heiraten	quedarse	bleiben
dedicarse a	sich beschäftigen	quejarse	sich beklagen
enfadarse	sich ärgern	permitirse	sich erlauben

(ue)
ac**o**rdarse de	sich erinnern an	d**o**rmirse	einschlafen
ac**o**starse	sich hinlegen	pr**o**barse	anprobieren

(ie)
arr**e**pentirse	bereuen	ref**e**rirse a	sich beziehen auf
desp**e**rtarse	aufwachen	s**e**ntarse	sich setzen
div**e**rtirse	sich amüsieren	s**e**ntirse bien	sich wohl fühlen

(i)
desp**e**dirse	sich verabschieden	v**e**stirse	sich kleiden

(g)
ponerse algo	etwas anziehen

(ig)
caerse	hinfallen

1. Wie im Deutschen haben viele Empfindungsverben sowohl eine Dativ- („unpersönliche"), als auch eine Reflexivkonstruktion, z. B. **me alegra** (*es freut mich*) und **me alegro** (Reflexiv).
2. Die reflexiven Verben **sentarse** (ie) und **acostarse** (ue) beschreiben die Handlung: *sich setzen, sich hinlegen*. Für das Deutsche *sitzen* und *liegen* nimmt man **estar sentado/-a** bzw. **estar acostado/-a**.

Unregelmäßige Formen

	ir**se** (weggehen)		dar**se** cuenta (merken)	
(yo)	**me**	voy	**me** doy	cuenta
(tú)	**te**	vas	**te** das	cuenta
(él, ella, usted)	**se**	va	**se** da	cuenta
(nosotros/-as)	**nos**	vamos	**nos** damos	cuenta
(vosotros/-as)	**os**	vais	**os** dais	cuenta
(ellos, ellas, ustedes)	**se**	van	**se** dan	cuenta

Eine weitere Wendung mit **dar** in der reflexiven Form ist **darse prisa** (*sich beeilen*).

Besondere Verben

Übersetzung der deutschen Modalverben

▶ Modalverben, S. 104

> 1 ¡**Déjame** ir a la fiesta, mamá!

> 2 No, no **puedes** ir, ¡**tienes que** estudiar!

1. Lass mich zur Party gehen, Mama! 2. Nein, du darfst nicht hin, du musst lernen!

Die verschiedenen Bedeutungen deutscher Modalverben werden im Spanischen durch mehrere Konstruktionen zum Ausdruck gebracht.

1. Müssen und sollen

Tengo que terminar hoy mismo.	
– Verpflichtung, Zwang (persönlich)	**tener que** + Infinitiv
En la esquina **hay que torcer** a la izquierda.	
– Verpflichtung (unpersönlich, allgemein)	**hay que** + Infinitiv
Aquí no **es necesario pagar** aparcamiento. **No hace falta** pagar.	
– Notwendigkeit (allgemein)	**es necesario** / **hace falta** + Infinitiv
Es necesario que limpiemos la casa. ¡**Hace falta que** me **ayudes**!	
– Notwendigkeit (persönlich)	**es necesario que** / **hace falta que** + Subjuntivo
Debes llamar a tu hermana, es su cumpleaños.	
– moralische Pflicht	**deber** + Infinitiv
Tú debes (de) ser Lucía, ¿verdad?	
– Vermutung	**deber (de)** + Infinitiv
Hoy no **saldrás**, ¡y basta! Me **ayudarás** en casa.	
– Gebote bzw. Verbote	Futur I
Deberías hacer más deporte.	
– Ratschlag, moralisches Gebot	**deber** im Konditional + Infinitiv
Dígale a Pérez **que venga**.	
– Wiedergabe einer Aufforderung	Verb des Sagens + Subjuntivo

„Sollen" als Ausdruck der Höflichkeit, z. B. *Soll ich dich nach Hause bringen?* wird entweder nicht übersetzt oder mit einem Wunschverb + *Subjuntivo* wiedergegeben: **¿Te llevo a casa?** bzw. **¿Quieres que te lleve a casa?**

Besondere Verben

Übersetzung der deutschen Modalverben

2. Können und dürfen

- **¿Puede venir** un momento, señorita?
- Claro. **¿Puedo entrar?**

– Möglichkeit / Erlaubnis **poder** + Infinitiv

Tomás **sabe nadar** muy bien.

– Fähigkeit, Gelerntes beherrschen **saber** + Infinitiv

¿Me **permite fumar**? / ¿Me **permite que fume**?

– höfliche Bitte um Erlaubnis **permitir** + Infinitiv
permitir que + Subjuntivo

No debes llegar más tarde de las doce.

– Verbot **no deber** + Infinitiv

No hay que decirle nada a Ana.

– Ratschlag (negativ, unpersönlich) **no hay que** + Infinitiv

1. *Können* wird nicht immer mit **poder** bzw. **saber** übersetzt. Vgl. *Das kann nicht sein.* = **No puede ser.** aber *Ich kann nichts dafür.* = **No es culpa mía.**
2. *Dürfen* als Ausdruck der Höflichkeit, z. B. *Was darf es denn sein?* muss je nach Kontext wiedergegeben werden, z. B. **¿Qué desea/s?**, **¿Qué le/te sirvo?** oder **¿Qué quieres tomar?**

3. Wollen und möchten

Hoy **quiero ir** con vosotros al cine.

– starker Wunsch, familiär **querer** + Infinitiv

Quería / Quisiera hablar con usted un momento.

– höflich ausgedrückter Wunsch **quería / quisiera** + Infinitiv

4. Brauchen

Para este puesto **hace falta tener** carnet de conducir.

– Forderung **hacer falta** + Infinitiv

No necesitas explicarme todo. **No tengo que saber**lo.

– Keine Notwendigkeit / Pflicht **no necesitar**
no tener que + Infinitiv

219

Besondere Verben

Übersetzung der deutschen Modalverben

5. Lassen

¡**Déja**me **ir** a la fiesta, mamá!	
– Erlaubnis	**dejar** + Infinitiv
¿Para qué me has **hecho venir**?	
– Zwang, Veranlassung	**hacer** + Infinitiv
Roberto **se ha operado** la nariz.	
– etwas mit sich machen lassen	reflexives Verb

6. Werden

> „Werden" wird auch im Deutschen für die Übersetzung des Futurs und des Passivs gebraucht.
>
> ▶ **Futur**, S. 138
>
> ▶ **Passiv**, S. 240

Im Spanischen gibt es keine wörtliche Entsprechung für das deutsche „werden". Man muss es je nach Kontext umschreiben. Die wichtigsten Wendungen dafür sind:

El terrorismo **se ha convertido en** un gran problema.	
– grundlegende Verwandlung	**convertirse en** + Substantiv
El autor **se hizo** famoso después de su muerte.	
– Veränderung, Entwicklung	**hacerse** + Adjektiv/Substantiv
Pepe **se ha vuelto** muy arrogante.	
– starke Gemütsveränderung	**volverse** + Adjektiv/Substantiv
Con tanto ruido en la discoteca **me quedé** sorda.	
– Veränderung als Ergebnis	**quedarse** + Adjektiv
Julia **se ha puesto** roja como un tomate.	
– vorübergehende Veränderung	**ponerse** + Adjektiv
Yo de grande **quiero ser** actor. **Voy a ser** muy famoso.	
– Absicht, Vorhaben	**ir a ser** / **querer ser** + Substantiv/Adjektiv
En menos de un año **llegaré a ser** millonario.	
– Erreichen eines Ziels	**llegar a ser** + Substantiv/Adjektiv

> Die Enwicklung, die **volverse** bezeichnet, ist häufig negativ, während das Ziel, das man mit **llegar a ser** nennt, meistens positiv ist.

Besondere Verben

Übersetzung der deutschen Modalverben

> Las fotos **salieron** muy bonitas. **Quedaron** muy bien.
>
> – Ergebnis **salir / quedar** + Adjektiv / Adverb

Das deutsche *werden* wird im Spanischen außerdem durch weitere Verben bzw. Verbkonstruktionen ausgedrückt:

Einfache Verben:

nacer	*geboren werden*
envejecer	*alt werden*
mejorar	*besser werden*
empeorar	*schlechter werden*
adelgazar	*schlank werden*
engordar	*dick werden*
oscurecer	*dunkel werden*
amanecer	*Tag werden*
anochecer	*Nacht werden*

Reflexive Verben:

enfadarse	*böse werden*
enfurecerse	*wütend werden*
calmarse	*ruhig werden*
cansarse	*müde werden*
enfermarse	*krank werden*
curarse	*gesund werden*
desmayarse	*ohnmächtig werden*
entristecerse	*traurig werden*
marearse	*seekrank werden*

Feste Ausdrücke:

cumplir … años	*… Jahre alt werden*
ser de + Person	*– etw. aus jemandem werden*
ser hora de que + *Subjuntivo*	*– Zeit sein, dass*

Beispiele:

El bebé va a nacer en mayo. – *Das Baby wird im Mai geboren werden.*
No quiero engordar. – *Ich möchte nicht zunehmen.*
¡No te enfades! – *Werde nicht böse!*
Mi nieto cumple hoy un año. – *Mein Enkel wird heute ein Jahr alt.*
Cuéntame qué es de ti. – *Erzähle mir, was aus dir geworden ist.*
Ya es hora de que llegue Juan. – *Es wird Zeit, dass Juan kommt.*

Üben und Anwenden

Besondere Verben

1. Kombinieren Sie folgende Vorlieben mit der richtigen Verbform. *

la cerveza – los gatos – salir con mis amigos – las playas españolas – el deporte y la naturaleza – el vino tinto – la cocina mediterránea – las recetas prácticas – la col – el cine y el teatro

a) me gusta la cerveza, _____

_____

_____

b) me gustan _____

_____

_____

2. Im Restaurant wird natürlich über das Ambiente und über das Essen gesprochen, aber auch über Gefühle. Übersetzen Sie folgende Aussagen. *

a) Magst du Paella?

¿Te gusta la paella? _____

b) Mir schmeckt der Fisch überhaupt nicht.

_____

la comida – *das Essen*
el niño – *(kleines) Kind*
¡Salud! – *Prost!*
cariño – *Liebling*

c) Dieses Restaurant gefällt uns sehr gut.

_____

d) Ich finde es auch sehr gut.

_____

e) Ich liebe spanische Weine!

_____

f) Schmeckt euch das Essen, Kinder?

_____

g) Prost! Liebling, ich mag dich sehr ... Ich liebe dich!

_____

Üben und Anwenden

Besondere Verben

3. Im Fitnessstudio. Setzen Sie die fehlenden Pronomen ein. *

a) • ¿Qué _os_ pasa, chicos? ¿_____ molesta algo?

  ○ No, no, es que _____ duelen los brazos, este aparato es infernal.

b) • A mí _____ encanta venir al gimnasio todos los días. ¿Y a ___?

  ○ A ____ también, pero lamentablemente no siempre puedo.

c) • Vamos, Martha, ____ hace falta bajar un poco ese abdomen…

  ○ Pues _____ da igual. ¡Por hoy ya _____ basta de ejercicio!

d) • Claro, José, con tanto estrés, _____ duele la espalda.

  ○ Sí, lo sé. Eso _____ preocupa un poco. ¿Qué ejercicios me recomiendas?

e) • ¿Cuántas veces _____ faltan? Ya hemos perdido la cuenta.

  ○ _____ quedan cuatro veces más, pero tienen que ser este mes.

f) • Aaay, no Andrés, a mí este movimiento _____ hace daño.

  ○ ¡Qué va! Lo que _____ pasa a _____ es que no estás en forma.

me mí
te nos
ti os

infernal – *teuflisch*
bajar – *hier: straffen*
el abdomen – *hier: der Bauch*
la espalda – *der Rücken*
perder la cuenta – *nicht wissen, wie viel…*
¡Qué va! – *Ach, was!*
estar en forma – *fit sein*

4. Markieren Sie das richtige Verb. **

a) A los hispanohablantes (les encanta)/se encantan/nos encanto decir cuando alguien se gusta/les gusta/nos gustan e incluso existe una palabra para ello: el piropo. **b)** Si a un chico o a una chica te gustais/se gustas/le gustas , escuchar un "Hola, guapa." o un "Adiós, guapo." no se molesto/nos molestan/le molesta a nadie. **c)** No es necesario perder la calma, un piropo seguramente no te haces/te hace/se hacen daño. **d)** Claro que hay también expresiones más vulgares que no nos gustan/nos gustamos/nosotros gusta tampoco. **e)** Pero por lo general, a los hispanohablantes les parece/les parecen/se parecen normal tolerar una cierta dosis de flirteo en la vida cotidiana.

el/la hispanohablante – *Spanischsprecher/in*
incluso – *sogar*
una cierta dosis – *eine gewisse Dosis an*
la vida cotidiana – *das tägliche Leben*

Üben und Anwenden

Besondere Verben

5. Übung macht den Meister! Ergänzen Sie die Tabelle. *

Infinitiv:
a) quedarse
b) marcharse
c) acordarse
d) vestirse
e) sentarse
f) irse
g) quejarse
h) despedirse

	yo	tú	él/ella	nosotros	vosotros	ellos/ellas
a)	me quedo	te quedas	se queda	nos quedamos	os quedáis	se quedan
b)			se marcha	nos marchamos		
c)		te acuerdas			os acordáis	
d)	me visto		se viste			
e)				nos sentamos		
f)					os vais	
g)		te quejas				
h)				nos despedimos		

6. Ricardo ist ehrenamtlicher Helfer beim Roten Kreuz. Vervollständigen Sie dieses Interview mit den reflexiven Verben. **

la persona mayor – *die ältere Person*
la movilidad – *die Beweglichkeit*
la mayor parte – *der Großteil*
por una parte ... por otra – *einerseits ... andererseits*
ocuparse de – *sich kümmern um*
por miedo – *aus Angst*
tanto ... como – *sowohl ... als auch*
reunirse – *sich treffen*
de vez en cuando – *gelegentlich*
a quien quise mucho – *den ich sehr liebte*

a) • Tú eres voluntario de la Cruz Roja, ¿a qué *(dedicarse)* te dedicas ?

b) ○ Ayudo a personas mayores que tienen poca movilidad y por eso *(quedarse)* _____ en casa la mayor parte del tiempo.

c) • ¿Y qué problemas concretos tienen?

○ Bueno, por una parte yo *(ocuparse)* _____ de algunas cosas prácticas. Algunas personas no *(levantarse)* _____ si están solas por miedo a caerse. *(Relajarse)* _____ más si estoy yo cuando *(ducharse)* _____, por ejemplo.

d) • Claro. ¿Y por otra parte ...?

○ Por otra parte, algunos simplemente *(sentirse)* _____ un poco solos y *(alegrarse)* _____ cuando los visitamos.

e) • ¿Y te gusta esta actividad?

○ Sí, me encanta. *(Sentirse)* _____ útil, conozco a gente interesante, tanto mayores como compañeros, porque también nosotros *(reunirse)* _____ de vez en cuando. Y *(acordarse)* _____ mucho de mi abuelo, a quien quise mucho.

Üben und Anwenden
Besondere Verben

7. Hier erfahren Sie etwas über die Geschichte und den Nutzen des Kaugummis. Setzen Sie bitte die Verben ein. **

a) El chicle __se llama__ así porque viene del nombre de una resina (tzicli) que mascaban los aztecas. b) Antes, los indígenas con frecuencia _____ trocitos de chicle a todas partes. c) En el siglo XIX, un científico norteamericano _____ del enorme potencial que tenía este material. d) En la selva de Centroamérica, los "chicleros" _____ a reunir la resina, que después _____ al sol para formar bloques, y así la exportaban al extranjero. e) Hoy el chicle es sintético. A muchas personas les gusta mascarlo cuando por alguna razón no _____ los dientes después de comer. f) Otros _____ cuando están nerviosos o _____ mejor si mascan chicle. g) Mascar chicle te ayuda porque, con el movimiento, tú _____ de la tensión muscular. h) Por otro lado, los soldados normalmente llevan chicle en su ración militar porque mascando _____ despiertos.

se concentran
se dedicaban
se dio cuenta
se lavan
se llama
se llevaban
se mantienen
se relajan
se secaba
te liberas

mascar – *kauen*

8. Verbinden Sie bitte die Aussagen mit den Reaktionen. *

a) No puedo ir con vosotros, debo terminar un trabajo para la Universidad.

b) ¿Me permite fumar? ¿Quiere que salga al balcón?

c) Tú debes ser la hija de Marisol, ¿verdad?

d) Señor Flores, quisiera hablar con usted un momento.

e) Si sabes esquiar bien, podemos subir al glaciar.

el glaciar – *der Gletscher*

( ) 1. No, no sé muy bien. Deberíamos quedarnos en pistas más fáciles.

(d) 2. Lo siento mucho, pero en este momento tengo que salir...

( ) 3. ¿Y tienes que terminarlo hoy? ¿No puedes dejarlo para mañana?

( ) 4. Sí, mi madre nos espera en casa. ¿Puedo llevar tu maleta?

( ) 5. No es necesario, puede hacerlo aquí si quiere.

Üben und Anwenden

Besondere Verben

9. Verbinden Sie die Satzhälften zu sinnvollen Sätzen. **

( ) a) Este cantante se volvió (3)

( ) b) La receta me salió muy ( )

de pronto – *plötzlich*
el sapo – *die Kröte*
ciego/-a – *blind*

( ) c) De pronto, el sapo se convirtió ( )

( ) d) La autora se hizo ( )

( ) e) No mires directamente al sol, ¡te ( )

( ) f) Cuando sea grande voy a ( )

( ) g) Cuando me encontré con el jefe en ese club nocturno ( )
me puse roja

1. en un príncipe guapísimo.

2. ser policía y a llevar uniforme.

3. famoso porque además de cantar bailaba muy bien.

4. como un tomate, porque la mujer con quien estaba no era su mujer.

5. bien, el pastel quedó exquisito.

6. rica cuando llevaron su novela al cine con un director buenísimo.

7. vas a quedar ciego!

10. Markieren Sie den richtigen Ausdruck in der Kurzbiographie über eine berühmte Argentinierin. ***

a) Eva Perón nació/fue nacida en 1919 en Argentina. b) En 1935 se fue a Buenos Aires y salió/se hizo actriz. c) Allí conoció a Juan Domingo Perón, quien en 1944 se puso/fue nombrado vicepresidente. d) Pronto, Evita se convirtió/se fue en su mejor colaboradora. e) Perón se hizo/fue elegido presidente en 1946, pero antes se casó con ella y así Evita llegó a ser/quería ser primera dama. f) Evita deseaba el poder para hacerse/quedarse aliada de los pobres. g) Aunque se volvió/se puso una figura de glamour, el pueblo siempre la perdonó porque salió/se convirtió en protectora de los humildes. h) Durante un viaje a Europa en plena Guerra Mundial, Evita se volvió enferma/se enfermó de cáncer. i) Murió en 1952, sólo llegó a cumplir/fue 33 años.

humilde – *bescheiden*
en plena Guerra Mundial – *mitten im Weltkrieg*

Verneinung

Mehrfache Verneinung

Die Verneinung

1 ¡Qué agradable es **no** hacer **nada**!

2 Sí, **no** trabajar **ni** limpiar la casa...

> Außer der einfachen Verneinung mit **no** kann man im Spanischen mehrere Verneinungselemente kombinieren.

1. Wie angenehm es ist, nichts zu tun! 2. Ja, weder zu arbeiten noch das Haus putzen ...

Steht **no** alleine, dann heißt es *nein*. So kann man eine negative Antwort auf eine Frage geben, evtl. gefolgt von der Richtigstellung.

- ¿Eres economista?
- ○ **No**, soy profesora.

> Beachte:
> **¿Quieres café? –
> <u>No</u>, gracias.** und
> - **¿No quieres café?**
> ○ **<u>Sí</u>, gracias.**

Um eine Aussage zu verneinen, stellt man **no** vor das konjugierte Verb. In Infinitiv- bzw. Gerundiumkonstruktionen oder in zusammengesetzten Zeiten steht **no** deshalb vor dem Modal- bzw. Hilfsverb. Hat ein Satz Objekt- oder Reflexivpronomen, so steht **no** davor. Je nach Kontext bedeutet **no** dann *nicht* oder *kein*.

- ¿Quieres bistec?
- ○ **No**, **no** quiero, gracias. **No** como carne.

¡**No** puede ser! **No** ha llegado el correo. **No** me ha llegado la carta.

Mehrfache Verneinung

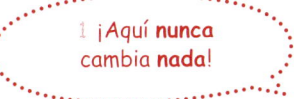

1 ¡Aquí **nunca** cambia **nada**!

2 **Tampoco** puedes decir eso.

1. Hier ändert sich nie etwas! 2. Das kannst du auch nicht sagen.

Im Spanischen hat man häufig mehr als ein Verneinungselement im Satz. **No** steht weiterhin vor dem Verb.

Juan **no** viene **nunca** a clase, por eso **ya no** nos vemos.

Die Verneinung

Mehrfache Verneinung

1. Ist **nadie** ein Objekt, so steht **a** davor: **No veo a nadie.**
2. Beachte:
   - ¿**Ya** está listo.
   - ○ No, **todavía no**.
   Vgl.
   - ¿**Todavía** está trabajando?
   - ○ No, **ya no**.

Verneinungselemente sind:

nadie	niemand	nunca / jamás	nie
nada	nichts	ninguno / -a	kein / e
tampoco	auch nicht	todavía no / aún no	noch nicht
apenas	kaum / erst	ya no	nicht mehr
ni	und nicht / auch kein	de ningún modo	keineswegs
ni … ni	weder … noch	de ninguna manera	keineswegs

Die häufigsten Strukturen mit mehreren Verneinungselementen sind:

No veo **nada**. **No** he visto **nada**.

– **no** + konjugiertes Verb bzw. Hilfsverb + Verneinungselement.

No puedes hacer **nada**. Pepe **no** está haciendo **nada tampoco**.
Y yo **no** voy a hacer **nada tampoco**.

– In Infinitiv- bzw. Gerundiumkonstruktionen steht **no** vor der Verbeinheit und weitere Verneinungselemente meistens dahinter.

No quiero trabajar **ni** estudiar. **No** me gustan **ni** la oficina **ni** la Universidad.

– Statt einer zweiten Verneinung mit **no** im selben Satz wird **ni** verwendet. **Ni** kann mehrmals im Satz stehen.

A Paco **no** le gusta **nada**. = A Paco **nada** le gusta.
No ha venido **nadie**. = **Nadie** ha venido.
No me gustan **ni** el rock **ni** el jazz. = **Ni** el rock **ni** el jazz me gustan.

– Stehen **nada**, **nadie**, **nunca**, **jamás**, **ni**, **ninguno** oder **tampoco** vor dem Verb, dann entfällt **no**.

No he comido **todavía**. = **Todavía no** he comido.
No trabajo ya. = Ya **no** trabajo.

– Stehen **todavía** oder **ya** vor dem Verb, dann folgt ihnen **no**.

In der Umgangssprache wird eine Verneinung häufig durch zusätzliche Floskeln verstärkt, z. B. **No, ¡ni hablar!** *(Nein, kommt nicht in Frage!)*, **No, ¡en absoluto!** *(Nein, überhaupt nicht!)*, **No, nada de eso.** *(Nein, nichts dergleichen!)* oder **No, ni idea.** *(Nein, keine Ahnung.)* usw.

Bei der Verwendung von verschiedenen Verneinungselementen muss man auf die Übersetzung achten. **Nada** bzw. **nadie** werden im Deutschen häufig mit *etwas* bzw. *jemand* wiedergegeben.

Nadie sabe **nada**.	*Niemand weiß etwas.*
Aquí **no** hay **nunca nadie.**	*Hier ist nie jemand.*
No veo a **nadie** en **ningún** lado.	*Ich sehe nirgends jemanden.*

Üben und Anwenden

Verneinung

1. Antworten Sie auf folgende Fragen mit einer Verneinung. *

a) • ¿Tienes coche?   ○ No, no tengo coche.

b) • ¿Quieres café?   ○ _____

c) • ¿Sabes esquiar?   ○ _____

d) • ¿Te gusta el cine?   ○ _____

e) • ¿Habéis terminado?   ○ _____

2. Ein berühmtes Model antwortet auf die Fragen der Reporter. Setzen Sie die Verneinungselemente ein. *

a) • ¿Siempre estás a dieta?   ○ No, __nunca__ .

b) • ¿Alguien te escoge la ropa?   ○ No, _____ .

c) • ¿Haces todo sin consultar a tu agente?   ○ No, _____ .

d) • La otras modelos de tu agencia no llevan tatuajes. ¿Y tú?   ○ Yo _____ .

e) • ¿Todavía trabajas en un bar?   ○ No, _____ . Ahora gano suficiente como modelo.

nadie *tampoco* *~~nunca~~* *nada* *ya no*

3. Zum Schluss noch ein paar Wendungen. Ordnen Sie zu. **

a) De nada. → 7.
b) ¡Claro que no!
c) De ninguna manera.
d) ¡Cómo no!
e) Ni sí ni no.
f) ¿Tienes ganas o no?
g) ¡Nada de eso!
h) ¡No quiero ni pensarlo!
i) Ni modo.
j) No es nada grave.

1. *Keineswegs.*
2. *Jein.*
3. *Nichts dergleichen!*
4. *Selbstverständlich, gerne!*
5. *Es bleibt nichts anderes übrig.*
6. *Sicher nicht!*
7. *Keine Ursache.*
8. *Hast du Lust oder nicht?*
9. *Es ist nichts Schlimmes.*
10. *Ich will nicht einmal daran denken!*

Satzarten

Einfacher Satz

Satzarten

1 ¿Cómo has dormido, Susana?

2 Mmmh, he dormido muy bien.

3 ¡Qué pena que hoy sea lunes!

Ein Satz besteht oft aus Subjekt und Prädikat. Das Prädikat besteht aus einem Verb und kann durch eine oder mehrere Ergänzungen (z. B. Objekte oder Angaben des Ortes bzw. der Zeit) erweitert werden.

1. Wie hast du geschlafen, Susana? 2. Mmmh, ich habe sehr gut geschlafen. 3. Wie schade, dass heute Montag ist!

Der einfache Satz

1. Der Aussagesatz

Im Spanischen kann ein Verb alleine schon einen Satz bilden.

- ¿Qué haces?   ○ **Trabajo.**

Bei mehreren Elementen gilt die Reihenfolge Subjekt – Prädikat:

Subjekt	(Objekt-pronomen)	Verb	Ergänzungen	
El cantante	les	ha dado	autógrafos	a todas las chicas.
		Han venido	al concierto	para verlo.

Ergänzungen sind:

1. Anders als im Deutschen steht das indirekte nach dem direkten Objekt, vgl. *Ich habe Lola diese CD geschenkt.*
2. Bei der 3. Person verdoppelt man in der Regel das indirekte Objekt mit dem Pronomen **le** bzw. **les**.

▶ **Personalpronomen**, S. 74 – 78

Escucha **esta canción**. ¿Conoces **a este cantante**?

▌ – ein direktes Objekt. Bei Personen steht die Präposition **a** davor.

Esta canción **a mí me** encanta. **Le** he regalado **este CD a Lola**.

▌ – ein indirektes Objekt alleine oder zusätzlich zum direkten Objekt.

¿Te acuerdas **de ella**? La viste **en Ibiza** cuando fuimos a ver a Rocío.

▌ – eine präpositionale, adverbiale oder Infinitivergänzung.

Satzarten

Einfacher Satz

Adverbien und adverbiale Ergänzungen sind Angaben des Ortes, der Zeit, der Häufigkeit, des Grundes, der Art und Weise usw. Sie können am Satzanfang, am Satzende oder verteilt stehen:

A las ocho, en la Plaza Mayor, tengo una cita con Paco.
Tengo una cita con Paco **a las ocho en la Plaza Mayor**.
A las ocho tengo una cita con Paco **en la Plaza Mayor.**

2. Der Fragesatz

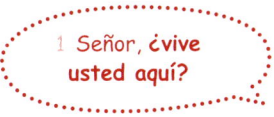

1 Señor, ¿vive usted aquí?

2 ¿Dónde está la playa?

> Das umgedrehte Fragezeichen ¿ steht direkt vor der Frage. Daher kann es nach einem Komma auch „mitten im Satz" stehen.

1. Mein Herr, wohnen Sie hier? 2. Wo ist der Strand?

Bei Fragesätzen ist die Wortstellung meist wie im Deutschen.

¿Usted es el señor Pérez? = **¿Es usted el señor Pérez?**

Entfällt das Subjektpronomen, weil aus dem Kontext hervorgeht, von wem man spricht, dann ist die Satzstellung von Frage- und Aussagesatz dieselbe.

- ¿Ha vivido en Madrid?   ▶   ○ Ha vivido en Madrid.

Bei Fragen mit Fragewort gilt folgende Reihenfolge:

Fragewort	Prädikat	Subjekt
¿Quién	es	el cantante?
¿Dónde	están	todas las chicas?

Fragewörter tragen immer einen Akzent. Außer den Fragebegleitern und -Pronomen **qué**, **quién**, **cuál**, **cuánto** sind folgende Frageadverbien wichtig:

– **cómo** *(wie)*	**¿Cómo está** tu madre?
– **dónde** *(wo)*	**¿Dónde** estás?
– **adónde** *(wohin)*	**¿Adónde** vais?
– **de dónde** *(woher)*	**¿De dónde** eres?
– **cuándo** *(wann)*	**¿Cuándo** estuviste en Trujillo?
– **desde cuándo** *(seit wann)*	**¿Desde cuándo** trabajas aquí?
– **para cuándo** *(für wann)*	**¿Para cuándo** es la reservación?
– **cuánto tiempo** *(wie lange)*	**¿Cuánto tiempo** vas a trabajar?

▶ **Fragebegleiter**, S. 32

▶ **Fragepronomen**, S. 89

Mit **a cómo** fragt man nach einem veränderlichen Preis, z. B. **¿A cómo** están las sardinas?

! In der Umgangssprache ersetzt man oft **cómo** mit **¿qué tal?**. Beispiele: **¿Qué tal (está) la sopa?** *(Wie schmeckt die Suppe?)*, **¿Qué tal (estuvo) el fin de semana?** *(Wie war das Wochenende?)*

Satzarten

Haupt- und Nebensätze · Bedingungssatz

Haupt- und Nebensätze

Verbindet man Haupt- und Nebensätze miteinander, kann man komplexe Zusammenhänge zum Ausdruck bringen.

He llegado tarde porque hoy es el cumpleaños de Víctor, que es mi nuevo colega.

Ich bin spät gekommen, denn heute ist Víctors Geburtstag, der ja mein neuer Kollege ist.

▶ **Konjunktionen**, S. 253

Sätze werden durch Konjunktionen (z. B. **porque**) oder Relativpronomen (z. B. **que**) verbunden. Miteinander verbinden kann man:

▶ **Relativpronomen**, S. 97

| – zwei Hauptsätze oder | María cocina **y** Pedro pone la mesa. |
| – Haupt- und Nebensatz. | María cocina **porque** Pedro no sabe. |

▶ **Gebrauch des Subjuntivo**, S. 158

Es gibt verschiedene Arten von Nebensätzen: Je nach Bedeutung steht ihr Verb im Indikativ oder im *Subjuntivo*.

Bitte unterscheiden Sie zwischen **si** = *wenn, falls* (Bedingungssatz) und **cuando** = *wenn* (zeitlicher Adverbialsatz). Vgl. **Si puedo**, te llamo. **Cuando pueda**, te llamo.

– dass-Sätze	Me gusta **que salgamos juntos**.
– Relativsätze	El camino **por el que vamos** es muy bonito.
– Adverbialsätze	**Cuando sea grande**, voy a ser policía.
– Bedingungssätze	**Si puedo**, voy a la fiesta el sábado.

Der Bedingungssatz

Man unterscheidet zwei Arten von Bedingungssätzen:

Bedingungssätze benennen im Hauptsatz die Folge einer im si-Satz angegebenen Bedingung. Die Reihenfolge von Haupt- und Nebensatz ist unwichtig. Vgl. **Me llamas si quieres venir.**

| – Realer Bedingungssatz | **Si quieres venir**, me llamas. |
| – Irrealer Bedingungssatz | **Si tuviera dinero**, me iría de viaje. |

Zeitenfolge beim Bedingungssatz

Folgende Kombinationen sind möglich, je nachdem, wie der Sprecher bzw. die Sprecherin die Bedingung darstellt.

Satzarten

Bedingungssatz

1. Realer Bedingungssatz:

Die Bedingung ist in der Gegenwart oder in der Zukunft erfüllbar:

Si-Satz im Indikativ Präsens		+ *Hauptsatz*
Si me **llamas**,	te lo **cuento** todo.	– im Indikativ Präsens
	te **contaré** en detalle.	– im Indikativ Futur I
	coméntame todo.	– im Imperativ

Die Bedingung ist in der Vergangenheit bereits erfüllt:

Si-Satz im Indikativ Perfekt		+ *Hauptsatz*
Si ya **ha llegado** Pepa,	me **avisas**.	– im Indikativ Präsens
	me **llamará**.	– im Indikativ Futur I
	llámame.	– im Imperativ

2. Irrealer Bedingungssatz:

Die Bedingung ist in der Gegenwart oder in der Zukunft schwer zu erfüllen oder gar unerfüllbar:

Si-Satz im Subjuntivo Imperfekt	+ *Hauptsatz*
Si **fuera/fuese** rico, no trabajaría.	– im Konditional I

Die Bedingung ist in der Vergangenheit nicht erfüllt worden:

Si-Satz Subjuntivo Plusquamperfekt		+ *Hauptsatz*
Si **hubiera/hubiese podido**,	**habría ido**.	– im Konditional II
	hubiera ido.	– *Subj.* Plusquamperfekt
	hubiese ido.	

3. Bedingungssätze ohne *si*

Man kann Bedingungen auch mit einigen *Subjuntivo*-Auslösern ausdrücken, z. B. **en caso de que** *(im Falle, dass)*, **a condición (de) que** *(unter der Bedingung, dass)*, **siempre y cuando** *(vorausgesetzt, dass)* und **a menos que** *(es sei denn)*. Im realen Nebensatz steht hier immer *Subjuntivo* Präsens. Ansonsten entsprechen sie den Regeln der *si*-Sätze.

Nebensatz im Subjuntivo Präsens	+ *Hauptsatz im Indikativ Präsens/ Futur oder Imperativ*
En caso de que me llames,	te lo **cuento/contaré** todo.
	coméntame todo.

---

1. Im *si*-Satz steht kein *Subjuntivo* Präsens, Futur I oder Konditional! Nur im Hauptsatz findet man im realen Bedingungssatz das Futur I.
2. Dies gilt nicht für Sätze, in denen **si** *ob* bedeutet, z. B. in **Avísame si vendrás.** Das ist nämlich kein Konditionalsatz, sondern eine indirekte Frage.

! Wird eine Folge in der Gegenwart beschrieben, kann man im letzteren Fall den Konditional I im Hauptsatz haben, z. B.: **Si no me hubiera quedado en la oficina, el reporte no estaría listo ahora.**

Üben und Anwenden

Satzarten

1. Verbinden Sie die Spalten zu einem Satzgefüge. **

a) Si hubieras ido a la fiesta
b) Si conocieras a Juan
c) Si lo escuchas cantar
d) Si no lo has escuchado
e) Si puedo, lo
f) Si no pudiera venir,

1. entenderías por qué me gusta.
2. no sabes todavía lo que es bueno.
3. invitaré a cenar pronto.
4. habrías conocido a Juan.
5. me pondría muy triste.
6. te encantará.

2. Vervollständigen Sie in diesem Psychotest die irrealen Bedingungssätze mit den angegebenen Verben. **

a) ser, ser
b) hacer, volver
c) ser, casarse
d) comprar, ganar
e) gustar, poder

a) ¿Qué animal __serías__ si _____ uno? ¿Por qué?

b) ¿Qué _____ de otra manera si _____ a vivir tu vida?

c) ¿Cómo __habría__ _____ tu vida si _____ con tu primer amor?

d) ¿Qué _____ si _____ muchísimo dinero en la lotería?

e) ¿Qué te _____ cambiar en tu vida actual si _____ cambiar dos cosas?

3. Im Leben gibt es Optimisten und Pessimisten. Vervollständigen Sie diesen Dialog mit **si** oder **cuando**. **

a) • __Cuando__ tengamos dinero, haremos un viaje.

  ○ _____ algún día tenemos dinero, porque con lo que ganamos…

b) • _____ haya vuelos baratos a Bolivia, los podemos aprovechar.

  ○ ¿Tú crees? _____ algún día una compañía aérea empieza con líneas aéreas a Bolivia, será un milagro.

c) • _____ seas más optimista, avísame, ¿eh?

  ○ ¡Hombre! _____ fuera tan optimista como tú, no sería realista.

Indirekte Rede

Redeeinleitende Verben und Perspektivenwechsel

Die indirekte Rede

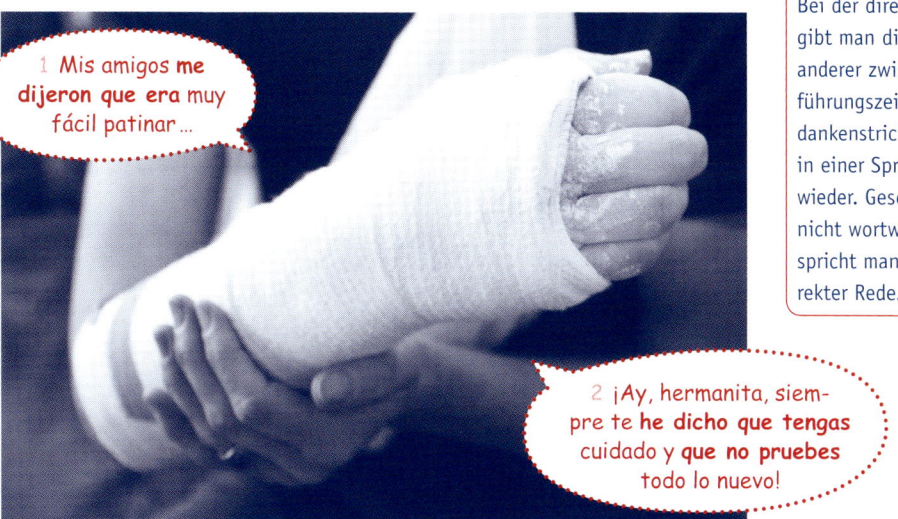

> 1 Mis amigos **me dijeron que era** muy fácil patinar …

> 2 ¡Ay, hermanita, siempre te **he dicho que tengas** cuidado y **que no pruebes** todo lo nuevo!

Bei der direkten Rede gibt man die Worte anderer zwischen Anführungszeichen, Gedankenstrichen oder in einer Sprechblase wieder. Geschieht dies nicht wortwörtlich, spricht man von indirekter Rede.

1. Meine Freunde sagten mir, dass Roller-Skating sehr leicht wäre … 2. Ach, Schwesterchen, ich habe dir immer gesagt, dass du vorsichtig sein und nicht alles Neue ausprobieren sollst!

1. Redeeinleitende Verben und Perspektivenwechsel

Die indirekte Rede beginnt mit einem redeeinleitenden Verb, d. h. einem „Verb des Sagens" und **que** *(dass)*. Werden mehrere Sätze wiedergegeben, wird **que** jedes Mal wiederholt. Indirekte Fragen werden durch **si** *(ob)* oder ein Fragepronomen, z. B. **qué**, **quién** usw. eingeleitet.

Wie im Deutschen passt man bei der indirekten Rede einige Elemente der neuen Perspektive an. Eventuell ändert man z. B.:

> "**Yo he hecho** un flan." ▶ Irma dice que **ella ha hecho** un flan.
>
> – die Person des Verbs und das Subjektpronomen.
>
> "¿**Vienes** a visitar**me**?" ▶ Irma pregunta **si voy** a visitar**la**.
>
> – die Richtung der Verben **ir** – **venir**, **traer** – **llevar** und die Objektpronomen.
>
> "**Esta** receta es de **mi** amiga." ▶ Dice que **esa** receta es de **su** amiga.
>
> – die Demonstrativ- und Possessivpronomen.
>
> "**Aquí** la anoto para ti." ▶ Dice que **ahí** la anota para mí.
>
> – die Ortsadverbien.

1. Im Spanischen braucht man **que** manchmal auch dann, wenn im Deutschen das *dass* entfällt, z. B. bei **Dice que sí / no / quizá.** *(Er sagt ja / nein / vielleicht.)*
2. Fragepronomen tragen immer einen Akzent.

235

Indirekte Rede

Indirekte Rede mit Hauptsatz in der „Gegenwart" / „Vergangenheit"

Je nach Sprechabsicht wählt man das passende Verb des Sagens für die Wiedergabe, z. B.:

decir *(sagen)*, comentar *(bemerken)*, responder / contestar *(antworten)*	– Informationen und Berichte
opinar *(meinen)*, comentar *(bemerken)*	– Meinungen, Bewertungen
explicar / aclarar *(erklären)*	– Erklärungen
contar *(erzählen)*, prometer *(versprechen)*, exclamar *(ausrufen)*, gritar *(schreien)*	– Erzählungen
preguntar *(fragen)*, no saber *(nicht wissen)*, querer saber *(wissen wollen)*	– Fragen
pedir *(bitten)*, decir *(auffordern)*, ordenar *(befehlen)*	– Aufforderungen und Befehle
proponer *(vorschlagen)*, recomendar *(empfehlen)*, aconsejar *(raten)*	– Rat- und Vorschläge

! Enthält die direkte Rede einen Imperativ, so wird er mit dem *Subjuntivo* Präsens wiedergegeben, z. B. "**¡Avisadme!**" ▶ "**Me ha pedido que le avisemos.**"

In Nebensätzen verwendet man den *Subjuntivo* für Aufforderungen und Befehle daher auch bei der indirekten Rede, wenn in der direkten Rede ein Imperativ steht.

2. Die Indirekte Rede mit Hauptsatz in der „Gegenwart"

Die Zeit der direkten Rede bleibt bei der indirekten Wiedergabe im Nebensatz erhalten, wenn sich die zeitlichen Bedingungen der Aussage nicht ändern (z. B. wenn „mañana" immer noch davorsteht). Dies ist in der Regel dann der Fall, wenn das Verb des Sagens in einer der folgenden Zeiten steht:

- ¿**Vais** a estar mañana? **Quisiera** organizar una fiesta.
- Sí **estaremos**. ¿**Podemos** llevar algo?
- Sí, dile a Juan que **prepare** el flan que le sale tan bien.

Mi jefe pregunta si **vamos** a estar mañana.	– Präsens
Ha explicado que **quisiera** organizar una fiesta.	– Perfekt
Le diré que sí **estaremos**.	– Futur
Por mí, le preguntaría si **podemos** llevar algo.	– Konditional I
Me ha pedido que te diga que **prepares** un flan.	– *Subjuntivo* Präsens

3. Die Indirekte Rede mit Hauptsatz in der „Vergangenheit"

Steht das Verb des Sagens im *Indefinido*, Imperfekt oder Plusquamperfekt, wird die Zeit der Aussage „um einen Schritt zurückgestellt".

Indirekte Rede

Indirekte Rede mit Hauptsatz in der „Vergangenheit"

- Me **gusta** viajar. Ya **he viajado** mucho. **Recomiéndame** una ruta.
- Dile a Juan que me **preste** su guía.

Mi jefe dijo que le **gustaba** viajar.	– Indefinido
Siempre contaba que ya **había viajado** mucho.	– Imperfekt
Me había pedido que le **recomendara** una ruta.	– Plusquamperfekt

Die Zeitenfolge bei der indirekten Rede mit Verben in der Vergangenheit ist wie folgt:

	Dijo / Decía / Había dicho …
"Antes **viajaba** menos."	– que antes **viajaba** menos.
"De joven no **había podido**."	– que de joven no **había podido**.
"Me **gustaría** ir a Yucatán".	– que le **gustaría** ir a Yucatán.

■ Imperfekt, Plusquamperfekt und Konditional bleiben erhalten.

"Ahora **tengo** la oportunidad."	– que ahora **tenía** la oportunidad.
Präsens	▶ Imperfekt

"Ya **he viajado** mucho."	– que ya **había viajado** mucho.
Perfekt	▶ Plusquamperfekt

"En verano **fui** a Perú."	– que en verano **fue / había ido** a Perú.
Indefinido bleibt oder	▶ Plusquamperfekt

"Pronto **iré** a Yucatán."	– que pronto **iría** a Yucatán.
Futur	▶ Konditional

"**Recomiéndame** una ruta."	– que le **recomendara** una ruta.
Imperativ	▶ *Subjuntivo* Imperfekt

"Ojalá **haga** buen tiempo."	– que ojalá **hiciera** buen tiempo.
Subjuntivo Präsens	▶ *Subjuntivo* Imperfekt

Steht in der direkten Aussage anstelle des Futurs **ir a** + Infinitiv im Präsens, wird sie durch **iba a** + Infinitiv ausgedrückt, z. B. **Voy a** viajar mañana. Dijo que <u>iba a</u> viajar al día siguiente.

Verwendet der Sprecher / die Sprecherin bei der Wiedergabe ein Verb des Sagens in der Vergangenheit, so müssen die Zeitangaben den neuen zeitlichen Bedingungen angepasst werden, z. B. „hoy" ▶ ese día, „mañana" ▶ al día siguiente, „ayer" ▶ el día anterior usw.

Üben und Anwenden

Indirekte Rede

1. Da ihre Oma nicht mehr so gut hört, wiederholt die Enkelin ihr beim Arzt das, was er gesagt hat. Vervollständigen Sie bitte die Sätze. **

a) • ¿Desde cuándo se siente débil?

débil – schwach

○ El médico quiere saber _desde cuándo te sientes débil_ , abuela.

b) • ¿Le duele algo, señora?

○ El médico pregunta _____ , abuela.

c) • ¡Acuéstese ahí, por favor!

○ Dice _____ , abuela.

d) • Respire profundamente y relájese.

○ Ha dicho que _____ .

2. Tage später erzählt die Oma, was der Arzt gesagt hat. ***

a) • ¿Ha tenido la tensión alta mucho tiempo?

la tensión – der (Blut-)Druck
con toda seguridad – mit Gewissheit

○ El médico quiso saber _si había tenido la tensión alta_ mucho tiempo.

b) • ¿Toma algún medicamento para el corazón?

○ Preguntó _____ para el corazón.

c) • Tome estas pastillas y llámeme en una semana.

○ Me recomendó _____ .

d) • No se preocupe. Estas pastillas le ayudarán con toda seguridad.

○ Dijo _____ con toda seguridad.

te pongas
los hiciéramos
~~nos vayamos~~
te la arregló
olvidáramos

a buena hora – pünktlich, zeitig
los deberes – die Hausaufgaben
arreglar – hier: nähen, in Ordnung bringen

3. Der jüngere Bruder muss immer das wiedergeben, was Mama sagt. Wählen Sie die richtige Verbform. ***

Mamá: Idos siempre a buena hora al colegio. No olvidéis los deberes, hacedlos. Ah, y Laurita, ponte la falda del uniforme, ya te la arreglé.

a) Mamá ha dicho que _nos vayamos_ siempre a buena hora al colegio.

b) Dijo que no _____ los deberes y que _____ .

c) Laurita, mamá te recuerda que _____ la falda del uniforme, porque ya _____ .

Üben und Anwenden

Indirekte Rede

4. Im Treppenhaus wird vieles gesagt. Wählen Sie bei den Wiedergaben bitte das richtige Verb des Sagens aus. **

a) *Felipe:* "¿Cuándo cumples años? Yo, ¡mañana!" ▶ Felipito ordena / quiere saber cuándo es mi cumpleaños. Me ha dicho / ha propuesto que mañana es el suyo.

b) *Claudia:* "Daniela está saliendo ahora con Marcelo y está loca por él." ▶ Claudia me ha contado / aconseja que Daniela y Marcelo tienen una relación y pregunta / ha comentado que ella está enamoradísima.

c) *Matilde:* "¿Pueden bajar la radio? Se oye en todo el edificio." ▶ Doña Matilde ha prometido / ha pedido que pongamos la radio menos fuerte, responde / opina que le molesta a todos los vecinos.

estar loco/-a por alguien – *nach jdm. verrückt sein*
bajar – *hier: leiser stellen*

5. Sergio hört Maribels Anrufbeantworter ab und gibt die Information an sie weiter. ***

a) Hola, soy Soledad. Maribel, llámame esta noche, por favor. Me urge que hables conmigo. ▶ Ha llamado Soledad y dice que la llames esta noche, que _____.

b) ¿Te acuerdas de mi primo Miguel? Pues está de visita y queremos ir de copas. ¿Te apetece venir con nosotros? Quedamos a las diez en el bar "Tango". Ah, soy yo, Raúl. ▶ Raúl pregunta si _____ Miguel. Dice que está de visita y _____ ir de copas. Quiere saber si te apetece _____ y dejó dicho que _____ a las diez en el bar "Tango".

c) Hola, soy Agustín. Fíjate que tengo una crítica genial del grupo que fuimos a ver el otro día, así que te escaneé la página y te la envié por e-mail. Dime qué te parece. ▶ Agustín dice que _____ una crítica genial del grupo que _____ a ver el otro día, así que _____ la página y _____ por e-mail. Quiere que le _____ tu opinión.

me urge – *es ist dringend für mich*
el primo – *der Cousin*
ir de copas – *etwas trinken gehen*
te apetece – *hast du Lust*
quedar – *hier: sich treffen*
fíjate – *stell dir vor*
escanear – *scannen*

Passiv

Vorgangs- und Zustandspassiv

Das Passiv

1 ¿Sabes tú cuántas fotos **han sido publicadas** de ese actor?

2 ¡Miles! Ahora todas las revistas **están agotadas**.

Im Spanischen gibt es zwei Passiv-Konstruktionen: Vorgangspassiv und Zustandspassiv.

Das Passiv wird vor allem in der Schriftsprache verwendet. In der spanischen Umgangssprache wird es selten gebraucht. Stattdessen werden einige unpersönliche Sätze bevorzugt.

▸ **Unpersönliche Sätze und Passiversatz**, S. 241

▸ **Partizip Perfekt**, S. 187

Das Passiv kann man in allen Zeiten und Modi bilden, indem man **ser** entsprechend konjugiert, z. B. **son publicadas**, **han sido publicadas**, es malo que **sean** publicadas usw.

1. Weißt du, wie viele Fotos von diesem Schauspieler veröffentlicht worden sind?
2. Tausende! Nun sind alle Zeitschriften ausverkauft.

Nur Verben mit direktem Objekt können in einer Passivkonstruktion auftreten. Beim Passiv steht nicht das Subjekt im Mittelpunkt, sondern das Geschehen oder die von der Handlung betroffenen Personen oder Sachen.

1. Vorgangspassiv

Beim Vorgangspassiv ist der Vorgang des Geschehens wichtig. Das direkte Objekt des Aktivsatzes wird zum Passivsubjekt; der Urheber rückt aus dem Bild oder wird nicht genannt. Das Vorgangspassiv wird mit **ser** und dem Partizip Perfekt gebildet, wobei dieses sich in Geschlecht und Zahl nach dem Subjekt richtet. Den Urheber kann man mit der Präposition **por** hinzufügen.

Aktiv	Las revistas	publicaron	estas fotos.
	Subjekt	Verb	direktes Objekt
Passiv	Estas fotos	**fueron publicadas**	(por las revistas).
	Passivsubjekt	Verb	Urheber

2. Zustandspassiv

Steht nicht das Geschehen, sondern dessen Ergebnis im Mittelpunkt, so verwendet man **estar** + Partizip, wobei dieses in Geschlecht und Zahl mit dem Subjekt übereinstimmt, z. B.:

• Mi vuelo, ¿ya **está confirmado**?
○ Sí, y su habitación de hotel ya **está reservada** también.

Unpersönliche Sätze

Folgende unpersönliche Konstruktionen haben kein Subjekt:

¿Por qué **llueve** tanto?	*Warum **regnet es** so viel?*

■ – Klimatische Verben, z. B. **llover**, **hacer sol** usw.

Hay mal tiempo.	***Es ist** schlechtes Wetter.*
Hay que llevar paraguas.	***Man muss** einen Schirm mitnehmen.*

■ – **hay** *(es ist / es gibt)* und **hay que** *(man muss)*.

Se espera una mejora.	***Man** erwartet eine Wetterbesserung.*

■ – **se** + 3. Person des Verbs. In der Regel stimmt das Verb in der Zahl mit dem Substantiv überein, das danach folgt.

Dicen que va a hacer sol.	***Man** sagt, dass **es** sonnig wird.*

■ – Verben in der 3. Person Plural.

Schließt man sich mit ein, so verwendet man **uno / -a** als Subjekt, z. B.:

Uno siempre espera buen tiempo en las vacaciones.

> Unpersönliche Sätze haben im Deutschen meistens *es* bzw. *man* als Subjekt.

> **!**
> 1. In der **se**-Konstruktion bleibt das Verb im Singular, wenn das nachfolgende Substantiv eine bestimmte Person ist, z. B. **Se invita a todos los colegas a la fiesta.**
> 2. Mit reflexiven Verben drückt man einen unpersönlichen Satz mit **uno + se** aus: **Uno se levanta temprano** *(Man steht früh auf).*

Passivsatz

Um das direkte Objekt in den Mittelpunkt zu stellen, rückt man es an den Anfang des Satzes und verdoppelt es durch ein Akkusativpronomen, z. B.:

Las fotos las publicaron las revistas.
A la novia del actor, muchísimos reporteros **la** han entrevistado.

Wird der Urheber nicht genannt, formuliert man unpersönliche Sätze:

Aquí **se construyen** nuevos centros comerciales.

■ – eine unpersönliche Konstruktion mit dem Reflexivpronomen **se**.

Dicen que será todo muy moderno.
Al alcalde lo **han entrevistado** en la radio sobre estos proyectos.

■ – ein unpersönlicher Aktivsatz mit dem Verb in der 3. Person Plural. Durch Voranstellung und Verdoppelung kann man das direkte Objekt zudem noch hervorheben.

> Im Spanischen bevorzugt man Aktivsätze. Anstelle des Passivs findet man oft alternative Konstruktionen.

Üben und Anwenden

Passiv

1. Viele Spanier gehen liebend gern mit Freunden Tapas essen. Hier lesen Sie, wie das geht. Bilden Sie die Präsensform des vorgegebenen Verbs. *

la tapa – *(in Spanien)*
das Appetithäppchen
la caña – *(in Spanien)*
das kleine Bier
la barra – *die Theke*
la cáscara – *die Schale*
el suelo – *der Fußboden*

a) Según la costumbre, para ir de tapas en España, se *(ir)* __va__ con amigos.

b) Por lo general se *(recorrer)* _____ varios bares y se *(tomar)* _____ una caña o un vaso de vino en cada uno, con un par de tapas.

c) Normalmente no se *(mezclar)* _____ las bebidas.

d) Las tapas se *(poder)* _____ comer de pie en la barra del bar, y siempre se *(compartir)* _____.

e) Las cáscaras de las gambas se *(soler)* _____ tirar al suelo.

f) La cuenta no se *(pagar)* _____ por separado, sino que normalmente cada uno / -a paga una ronda.

2. Was braucht man wirklich, um abzunehmen? Stellen Sie diese Sätze zu einem Text zusammen. Nummerieren Sie die Sätze in der richtigen Reihenfolge. **

fijar – *festlegen*
bajar de peso – *abnehmen*
el éxito – *der Erfolg*
el fracaso – *der Misserfolg*
de fuera – *von außen*

a) (   ) fijarse metas modestas. De ese modo se

b) (1) Uno no puede bajar de peso en un día. Hay que

c) (   ) que la única persona que puede bajar de peso es uno

d) (   ) posibilidad de realizarla.

e) (   ) logran éxitos pequeños y se gana

f) (   ) repetirse constantemente los fracasos anteriores. Dicen

g) (   ) mismo: si la decisión viene de fuera, no hay

h) (   ) motivación. Hay que pensar positivamente y no

3. Schneewittchen ist zurückgekommen und hat ein ziemliches Chaos vorgefunden. Vervollständigen Sie die Sätze mit dem Zustandspassiv. **

deshacer – *hier: aufwühlen*

a) ¿Quién ha roto las lámparas? ¿Por qué __están rotas__?

b) ¿Quién ha deshecho las camas? ¿Por qué _____?

c) ¿Quién ha abierto la nevera? ¿Por qué _____?

d) ¿Quién ha desordenado todo? ¿Por qué _____?

Üben und Anwenden

Passiv

4. Manche Episoden der Geschichte sind völlig unbekannt. Setzen Sie die angegebenen Verben ins Passiv. **

a) Cartagena de Indias _fue fundada_ en la costa de Colombia en 1533 por Don Pedro de Heredia. b) Este importante puerto _____ contra frecuentes invasiones, por ser un importante centro comercial del Caribe. c) En el siglo XVIII, la "Armada Invencible" de los ingleses _____ en Cartagena de Indias, pero la noticia no _____ en Europa: 186 barcos _____ a Colombia.

d) Después de la derrota, toda publicación sobre ella _____ por el rey Jorge II de Inglaterra. e) Durante el siguiente siglo, el Imperio español en América ya no _____ por los ingleses.

a) fundar
b) fortificar
c) vencer, difundir, enviar
d) prohibir
e) amenazar

fortificar – *befestigen*
invencible – *unbesiegbar*
difundir – *verbreiten*
la derrota – *die Niederlage*
publicar – *veröffentlichen*
amenazar – *hier: bedrohen*

5. Welche Erklärung gehört zu welchem Sprichwort? ***

a) Cuando el río suena, agua lleva.   (4)
b) Poderoso caballero es don dinero.   (   )
c) Barriga llena, corazón contento.   (   )
d) No eches más leña al fuego.   (   )
e) Se hace lo que se puede.   (   )
f) Al pan pan y al vino vino.   (   )
g) Al mejor cazador se le va la liebre.   (   )
h) A lo hecho, pecho.   (   )
i) Agua que no has de beber, déjala correr.(   )
j) Árbol que crece torcido nunca jamás se endereza. (   )

1. Cada persona pone su mejor esfuerzo para hacer las cosas bien.
2. Si algo no es para uno, es mejor no tocarlo.
3. Es muy difícil que uno cambie sus costumbres.
4. Si se oyen rumores, hay algo de verdad.
5. Hay que aceptar la responsabilidad de los propios actos.
6. Cuando uno ha comido, está satisfecho de la vida.
7. No hay que polarizar más un conflicto.
8. Cuando se es rico, se tiene poder.
9. Si algo no sale bien, no significa que no seas bueno.
10. Hay que llamar a las cosas por su nombre.

la barriga – *der Bauch*
la leña – *das Brennholz*
la liebre – *der Hase*
enderezarse – *sich aufrichten*

Präpositionen

A

Die Präpositionen

> Präpositionen bezeichnen das Verhältnis zwischen Wörtern oder Wortgruppen zueinander.

1 Sólo **por** este proyecto urgente he venido **a** la oficina.

2 Este calor es insoportable **para** mí.

3 ¡Cómo me gustaría estar **en** la piscina!

1. Nur wegen dieses dringenden Projektes bin ich ins Büro gekommen. 2. Diese Hitze ist für mich unerträglich! 3. Wie gerne wäre ich jetzt im Schwimmbad!

Es gibt einfache Präpositionen (**a**, **de**, **en** usw.) und präpositionale Ausdrücke, die aus mehreren Wörtern bestehen (**al lado de**, **detrás de** usw.). Hier behandeln wir nur die wichtigsten.

1. A

> 1. A + el = al
> 2. Vgl. **querer** + Sache = *wollen, möchten*; **querer a** + Person = *lieben*, z. B. **Quiero a Lupita.**
>
> ▶ Artikel, S. 21

- Pepe le ha prestado este CD **a** mi hermano.
- ¡Qué bien! Y a propósito, ¿le has puesto pilas **al** toca CD portátil?

■ Man verwendet die Präposition **a** vor dem indirekten Objekt.

- Busco **a** Antonio para consultarle algo sobre este programa.
- ¿Conoces **a** Dora? Ella sabe mucho de esto también.

■ – vor dem direkten Objekt bei Personen, Personengruppen (z. B. **Escucha a la orquesta**) oder personifizierten Ausdrücken (z. B. **Busco al amor**). Nach **buscar**, **encontrar**, **necesitar** und **tener** steht die Präposition **a** nur, wenn es sich um eine bestimmte Person handelt.

- ¿**A**dónde vas?   ○ Voy **al** sur. Mañana viajo **a** Tarifa.
- Simón ha venido **a** traerte un regalo para tu cumpleaños.

■ – um eine Richtung *(nach)* oder Zweck *(um zu)* anzugeben, insbesondere nach Verben der Bewegung (**ir**, **venir**, **volver** usw.).

Präpositionen

A

De aquí **a** Madrid no es muy lejos. La ciudad está **a** 40 kilómetros.
De hoy **a** mañana descanso.

- bei Entfernungs- bzw. Zeitraumangaben *(bis)*.

Tiene que torcer **a** la izquierda. **Al** lado del parque está el hotel.

- in präpositionalen Ausdrücken.

Auch der Ablauf eines Zeitraumes wird mit **a** angegeben: **A los cinco días nos volvimos a encontrar.** *(Nach fünf Tagen trafen wir uns noch einmal).*

Wichtige präpositionale Ausdrücke:

a la izquierda de	*links von*	a la derecha de	*rechts von*
a causa de	*wegen*	debido a	*aufgrund von*
a excepción de	*abgesehen von*	a partir de	*ab, von ... an*
a pesar de	*trotz*	a través de	*durch*
al lado de / junto a	*neben*	al cabo de	*nach (+ Zeit)*

La discoteca abre **a** mediodía.
- ¿**A** qué estamos?   ○ **A** cuatro de enero
A los 21 años empecé a trabajar en el taller.
Me lavo los dientes tres veces **al** día.

- bei Zeitpunkt *(um)*, Altersangaben *(mit)* und Häufigkeitsangaben, z. B **... veces al día / a la semana / al mes**.

Las patatas **a** la francesa son patatas fritas.
Estos cuadros están pintados **a** mano.
A caballo son dos horas, **a** pie es medio día.

- um Art und Weise zu beschreiben, z. B. bei der Zubereitungs- bzw. Fertigungsart und bei einigen Bewegungsarten *(zu Fuß / Pferde)*.

Te invito **a** la conferencia. ¿Ya sabes **a** qué se refiere?
Vamos **a** practicar. Vuelva **a** repetir, por favor.

- nach bestimmten Adjektiven wie **igual**, **parecido**, **inferior / superior**; nach Verben wie **acostumbrarse**, **dedicarse**, **invitar**, **jugar**, **oler**, **saber**, bei den Infinitivkonstruktionen **ir a**, **empezar / comenzar a**, **volver a**, **ponerse a** usw. sowie **invitar a**, **aprender a**, **enseñar a** u. a.

▸ **Verbalperiphrasen**, S. 191

A ver si podemos meter otro gol. **A veces** es mejor esperar.
Al final el equipo pasó a las finales.

- bei zahlreichen festen adverbialen Wendungen, z. B. **a veces**, **a menudo**, **a gusto**, **a lo mejor**, **a tiempo**, **a ver**, **al final** usw.

▸ **Adverb**, S. 53

Präpositionen

Con · De

2. Con

Vivo **con** mis padres.
¿Vienes **con** nosotros al cine?

■ Man verwendet die Präposition **con** *(mit, bei)* für Begleitung bzw. Zusammensein.

La sopa se hace **con** champiñones.
Mejor haz las cuentas **con** el programa Excel.

■ – für Werkzeug bzw. Mittel.

¡No me mires **con** esa cara! Podemos hacerlo, aunque **con** dificultades.

■ – für Art und Weise.

Sara **se** va a **casar conmigo**.
¿Estás **de acuerdo con** Luis?

■ – nach bestimmten Verben wie **casarse, enojarse / enfadarse, soñar** und in festen Wendungen wie **estar de acuerdo con, con gusto, con cuidado** usw.

! Für die 1. und 2. Person Singular des Pronomens gibt es die Sonderformen **conmigo** und **contigo**.

3. De

Esta foto es **de** Juanito. Es el hijo **de** la amiga **de** mi madre.
¿**De** quién es el libro **del** museo **de** Dalí? Es **de** la biblioteca.

■ Man verwendet die Präposition **de** für Beziehung, Besitz oder Urheber.

Es un sofá **de** cuero muy fino.   ¿Te gustan las novelas **de** amor?
Quiero un bocadillo **de** queso.   Enrique es el chico **de** las gafas.
Volamos a la ciudad **de** Quito.   ¿Conoces la costa **de** Almería?

■ – für nähere Bestimmung, z. B. Material, Inhalt, Merkmale usw., sowie generell nach **calle, ciudad, isla, parque, plaza** usw. + Namen.

Während man im Deutschen häufig Substantive zusammensetzt, werden sie im Spanischen meistens durch **de** miteinander verbunden, z. B. *Ledersofa* = **sofá de cuero**.

Vgl. *der junge Mann mit der Brille* = **el chico de gafas**.

La habitación mide seis metros **de** largo y cuatro **de** ancho.
Me trae un poco más **de** pan, por favor, y un vaso **de** vino tinto.

■ – bei Maßen und Mengenangaben.

Präpositionen

De

Soy **de** la costa norte. Vengo **de** Ribadeo.

- um die Herkunft anzugeben.

Estamos a un km **de** la playa. **De** aquí al mar tardamos diez minutos. La consulta cierra **de** dos a cuatro.

- um den Anfangspunkt einer Entfernung/eines Zeitraumes anzugeben.

Eran las once **de** la mañana del 25 **de** septiembre de 2004. **De** joven vivía en la costa y trabajaba **de** noche en un bar.

- beim Datum oder bei Zeitabschnitten.

Antes de irte, mira esos papeles que están **delante de** ti.

- in präpositionalen Ausdrücken.

> De + el = del
>
> ▶ **Artikel**, S. 21

Wichtige Ausdrücke sind:

alrededor de	um ... herum
antes/después de	vor/nach
cerca/lejos de	nahe bei/weit weg von
debajo/encima de	unter/auf, über
delante/detrás de	vor/hinter
dentro/fuera de	innerhalb/außerhalb
enfrente de	gegenüber, vor

¿**Te acuerdas de** Lorenzo? Se **acaba de** casar.

- nach bestimmten Adjektiven wie **capaz**, **fácil/difícil**, **lleno**, **seguro**; nach Verben wie **acordarse**, **enamorarse**, **tratarse**; nach Substantiven wie **ganas**, **miedo** und bei Infinitivkonstruktionen wie **acabar de**, **dejar de**, **terminar de**, **tratar de**.

▶ **Verbalperiphrasen**, S. 191

Vamos, ¡camina **de prisa**! Tenemos que llegar **de una vez**.

- in zahlreichen festen Wendungen.

Auch wichtig:
- **Gracias.**
- **De** nada.

de cerca/lejos	aus der Nähe/Ferne
de día/de noche	tagsüber/nachts
de prisa	eilig, schnell
de pronto/de repente	plötzlich
de una vez	endlich
de verdad	tatsächlich

Präpositionen

En

4. En

> ⚠ Bei **entrar** verwendet man **en**, besonders dann, wenn man sich im Raum befindet, z. B. **Cuando entramos <u>en</u> la sala del cine ya estaba oscuro.**

1. *Bei jemandem zu Hause* wird entweder mit **en casa de** oder mit **con** wiedergegeben, z. B. **Pablito no está <u>en mi casa</u>, está <u>con</u> mis padres.** *(Pablito ist nicht bei mir, er ist bei meinen Eltern.).*
2. *Bei einer Firma arbeiten* wird normalerweise mit **en** angegeben, z. B. **Trabajo <u>en</u> IBERFRUTAS, S.A.**

¡El pasaporte no está **en** el bolso!	– *in der Tasche (drin)*
Este fin de semana estoy **en** casa.	– *zu Hause*
La maleta está **en** la cama.	– *auf dem Bett*
Hay un cuadro **en** la pared.	– *an der Wand*

■ Man verwendet die Präposition **en**, um den Ort, in, auf bzw. an dem sich etwas oder jemand befindet, zu bestimmen.

Siempre tomo vacaciones **en verano**, normalmente **en agosto**. Mi hermano nació **en 1974**. Lo voy a ver **en una semana**, **en Navidad**.

■ – bei Jahreszeit, Jahr, Feiertag und Zeitraum.

¿Cómo se dice **en alemán**: "Voy **en coche**"?

■ – bei Sprachen und bei Verkehrsmitteln.

Cambia algo, **en lugar de** quejarte solamente.

■ – in präpositionalen Ausdrücken.

Wichtige Ausdrücke sind:

en dirección a	*in Richtung … nach*
en lugar de / en vez de	*statt, anstelle*
en medio de	*mitten in*
en torno a	*um … herum*

Siempre **pienso en** ti, no tardes **en** volver.
No **insistas** más **en** esto, por favor. No **quedamos en** nada.

■ – nach bestimmten Verben wie **confiar en**, **pensar en**, **insistir en**, **quedar en**, **tardar en**.

En general no desayuno, aunque **en realidad** debería hacerlo.
¿**En serio** prefieres quedarte en casa?

■ – bei festen Wendungen, z. B. **en general**, **en realidad**, **en serio** usw.

Präpositionen

Para · Por

5. Para

Estas flores son **para** ti.   Estas son copas **para** vino tinto.
Llamo **para** pedir una cita.   ¡Nos vamos **para** Colombia!

■ Man verwendet die Präposition **para** um Bestimmung, Empfänger, Absicht, Zweck oder Zielrichtung auszudrücken *(für, um zu, nach)*.

Para las 9 ya vamos a terminar.
¿Dejamos la discusión **para** mañana?

■ – um einen gezielten Zeitpunkt (z. B. Termin, Frist) auszudrücken.

Felipe está grande **para** un chico de su edad.
Esto es fácil **para** ti, ¿verdad?

■ – um einen Vergleich auszudrücken oder Bezug zu nehmen.

> **Para** + Infinitiv darf nicht durch ein Pronomen getrennt werden, z. B. **Haz yoga para relajarte.**

6. Por

¡Lo hice **por** tu culpa!
No puedo venir **por** tener mucho trabajo.

■ Man verwendet die Präposition **por** um einen Grund oder eine Ursache anzugeben *(für, wegen, weil…)*.

He sabido el resultado **por** el telediario, te mando los datos **por** fax.

■ – zur Angabe des Mittels *(durch, per)*.

Si das una vuelta **por** el centro, pasa **por** mi casa.
Voy a hacer un viaje **por** Sudamérica.
Te he buscado **por** todas partes.

■ – um einen oder mehrere Punkte einer Fläche zu bezeichnen *(durch, vorbei an)*.

El toro saltó **por encima** de la barrera y se escapó **por detrás** de ella.

■ – in präpositionalen Ausdrücken.

> 1. Vgl. **¿Por qué? Pues porque sí.**
> 2. *Abholen* kann mit **ir por** ausgedrückt werden, z. B. **Voy por ti**. In Spanien hört man in der Umgangssprache die Kombination **ir a por**, z. B. **Voy a por ti**.

Wichtige Ausdrücke sind:

por aquí	*in der Nähe*
por encima / debajo de	*darüber / darunter*
por delante / detrás de	*dahinter / davor*
por dentro / fuera de	*von innen / außen*

Die Präpositionen

Por · Übersetzung von „vor" und „seit"

> **Por la mañana** no puedo, mejor **por la tarde**.
> Voy a quedarme aquí **por un mes** más. **Por junio** me tengo que ir.
>
> – um eine Zeitspanne oder eine ungefähre Zeitangabe zu bezeichnen.

▶ **Passiv**, S. 240

> El Fausto fue escrito **por** Goethe.
>
> – um den Urheber des Passivs anzugeben.

> ¿**Por** cuánto se vende este terreno?
> Los incas cambiaban el oro **por** cosas sin valor.
> He pagado la cuenta **por** vosotras.
>
> – um Preis bzw. Tausch anzugeben *(für, gegen, zu Gunsten von)*.

> Mi madre se interesa **por** la arqueología.
>
> – nach einigen Verben, z. B. **interesarse por**.

> ¡**Por** última vez! ¿Vas a venir o no?
>
> – bei zahlreichen festen Wendungen.

Hier die wichtigsten:

por ... vez	*zum ... Mal*	por lo menos	*mindestens*
por casualidad	*zufällig*	por lo tanto	*deshalb*
por cierto	*übrigens*	por poco	*beinahe*
por fin	*schließlich, endlich*	por fortuna	*zum Glück*
por un lado	*einerseits*	por otro lado	*andererseits, woanders*

7. Die Übersetzung von *vor* und *seit*

Antes de la una tenemos que estar allí, ¡pero el tren ya se fue **hace** una hora!	*vor ein Uhr* *vor einer Stunde*
Vivo aquí **desde hace** dos meses, **desde** abril.	*seit zwei Monaten* *seit April*

Ausdrücke für Zeiträume stehen immer mit Wörtern, die „Zeiteinheiten" bezeichnen, z. B. Sekunde/n, Minute/n, Stunde/n, Tag/e usw.

Einige spanische Präpositionen beziehen sich auf einen Zeitpunkt oder auf eine abgeschlossene Etappe, andere auf einen Zeitraum:

	mit Zeitpunkt	mit Zeitraum
vor	antes de	hace
seit	desde	desde hace

Zeitpunkte: **el verano, mi cumpleaños, las vacaciones, ayer**
Zeiträume: **un segundo, treinta minutos, dos días, mucho tiempo**

Üben und Anwenden
Präpositionen

1. Bilbao ist einen Besuch wert! Wählen Sie die richtige Alternative. *

a) Mañana a /(por) la mañana vamos a / — ir por / en avión.

b) Volamos directamente en / a Bilbao. c) Bilbao está en el / del norte de España, en / de el País Vasco. d) Por / Con supuesto, queremos — / a ver al / el museo Guggenheim. e) Es obra del / al arquitecto estadounidense Frank O. Gehry y es una — / de las atracciones más visitadas por / para los turistas. f) Pero Bilbao tiene a / — muchos otros atractivos, además con / de una excelente gastronomía. g) De / Por ejemplo, es muy agradable de / — caminar a / por las calles del Casco Viejo, la parte antigua de / a la ciudad. h) Los bilbaínos son muy amables y reciben — / a los visitantes por / con esta frase: "Bienvenidos, ya estáis en / a casa."

estadounidense – aus den USA
la atracción – die Sehenswürdigkeit
el atractivo – der Reiz
el visitante – der Besucher

2. Einige Leute sind auf Jobsuche. Setzen Sie die fehlenden Präpositionen **a**, **de**, **con**, **en**, **por** oder **para** ein. *

a) • Mira, aquí necesitan un ingeniero _de_ construcción _____ trabajar _____ Tarragona. Le voy _____ decir _____ Manuel.

○ Sí, seguro que ese puesto es interesante _____ él.

b) Dicen _____ el periódico que las escuelas _____ idiomas _____ Barcelona buscan profesores _____ experiencia _____ el verano. ¿No quieres ir _____ Barcelona? Podemos trabajar _____ las vacaciones _____ la ciudad, _____ variar, en vez _____ siempre ir _____ la playa.

c) • Aquí buscan practicantes _____ conocimiento _____ programas _____ ordenador _____ nivel usuario. Sólo hay que mandar los papeles _____ esta dirección o contactar _____ la empresa _____ e-mail.

○ Sí, pero quieren personas _____ menos _____ 30 años, no es _____ mí.

la construcción – der Bau
la experiencia – die Erfahrung
el verano – der Sommer
para variar – um mal etwas anderes zu tun
en vez de – anstatt
a nivel usuario – auf Anwenderniveau

251

Üben und Anwenden

Präpositionen

3. Verbinden Sie bitte diese Satzhälften miteinander. **

a) Llamo para — 3. confirmar mi vuelo a Caracas.
b) Para mí, este — 5. vino va muy bien con el pescado.
c) ¡Muchas gracias — 1. por todo! Ha sido muy agradable.
d) Me parece un precio — 2. muy alto por tan mala calidad.
e) Mire, llamaba por lo de — 4. su reserva, es que nos falta un dato.

4. Opa erzählt von den 60er Jahren. Ergänzen Sie mit **por** oder **para**. **

a) Hoy nos preocupan los emigrantes que vienen _para_ acá, pero no olvidemos la situación que había _____ los años 60... b) Recuerdo que un día pasó_____ el pueblo un Mercedes, _____ admiración de todos. c) ¡Era Ángel! Se había ido _____ Alemania y volvía _____ pasar el verano. d) ¡Y qué historias traía _____ nosotros! e) Sí, _____ allá había trabajo _____ miles de españoles, _____ ser mano de obra barata. f) Alemania era _____ ellos la tierra prometida. g) Se iban _____ trabajar duro y _____ ahorrar mucho, aunque recibían poco _____ su trabajo. h) La mayoría pensaba quedarse sólo _____ unos años y volver después _____ cumplir sus sueños... pero ____ muchos fue una nueva patria...

la mano de obra – *hier: die Arbeitskraft*
la tierra prometida – *das gelobte Land*
ahorrar – *sparen*
cumplir – *erfüllen*
la patria – *die Heimat*

5. Wiedersehen zweier Angestellter im Kaufhaus. Setzen Sie ein. **

a) • ¡Gloria! ¿ _Desde_ cuándo trabajas aquí?
b) ○ _____ un mes. ¡Qué sorpresa verte aquí!
c) • Sí, creo que no nos hemos visto _____ varios años, ¿no?
d) ○ Es verdad, _____ la escuela. ¿Tomamos un aperitivo juntos _____ ir a casa hoy por la noche? ¿Quedamos en el bar "Paco"?
e) • ¡Excelente! Pero ahora me voy. Tengo que ver a mi jefe _____ las 10, y ya ha llegado _____ diez minutos. Es que hemos pedido unos jerseys _____ dos semanas y no han llegado. Los estamos reclamando _____ el jueves. Entonces hasta más tarde, ¿vale?

antes de

hace

desde

desde hace

Konjunktionen

Nebenordnende Konjunktionen

Die Konjunktionen

1 Podemos ir al cine **y** ver la película de Goya.

2 Yo creo **que** llegamos a tiempo todavía.

3 Nos vamos **en cuanto** termine de lavar los platos.

Konjunktionen fügen Satzteile oder Sätze zusammen. Es gibt nebenordnende und unterordnende Konjunktionen.

1. Wir können ins Kino gehen und uns den Film über Goya ansehen. 2. Ich glaube, dass wir noch rechtzeitig ankommen. 3. Wir gehen los, sobald ich die Teller fertig gespült habe.

Nebenordnende Konjunktionen

Nebenordnende Konjunktionen stehen zwischen zwei gleichwertigen Elementen, z. B. zwei Substantiven, zwei Adjektiven, zwei Hauptsätzen usw.

Hier sind die wichtigsten:

• Estos son Inés **y** Octavio.	**y** *(und)*
Ni tú **ni** Pepe los conocéis.	**ni ... ni** *(weder ... noch)*
○ ¿Quién es más simpático, Octavio **o** Inés?	**o** *(oder)*
• Inés es más amable, **pero** Octavio es divertido.	**pero** *(aber)*
Inés no es amiga de Octavio, **sino** su prima.	**sino** *(sondern)*
Octavio no tiene dinero, **pues** ahora no trabaja.	**pues** *(da)*
Sin embargo, es optimista.	**sin embargo** *(aber trotzdem)*
Por eso está tranquilo.	**por eso** *(deshalb)*
En cambio, Inés se preocupa.	**en cambio** *(dagegen)*

! Vor Wörtern, die mit **i-** oder **hi-** beginnen, wird die Konjunktion **y** zu **e**. Ebenso wird die Konjunktion **o** zu **u** vor den Wörtern, die mit **o-** oder **ho-** beginnen.
• Creo que Octavio **e** Inés van a venir, pero no sé si Inés **u** Octavio traerán el vino.

Konjunktionen

Unterordnende Konjunktionen

Unterordnende Konjunktionen

Unterordnende Konjunktionen stehen zwischen einem Haupt- und einem Nebensatz.
Nach manchen Konjunktionen steht immer der *Subjuntivo*, z. B. **para que**. Bei manchen wiederum hängt die Verwendung von *Subjuntivo* oder Indikativ vom Verb des Hauptsatzes ab (z. B. **pensar que** (Indikativ), **dudar que** *(Subjuntivo)* oder aber vom zeitlichen Bezug (z. B. **cuando** + *Subjuntivo* bezieht sich auf die Zukunft). Vor einigen Konjunktionen, besonders vor **que**, steht im Spanischen kein Komma.

Hier haben Sie die wichtigsten unterordnenden Konjunktionen.

<u>Unterstrichen</u> bedeutet, dass die Konjunktion mit Indikativ verwendet wird. **Fett** heißt, dass sie mit Indikativ oder mit *Subjuntivo* verwendet wird und rot bedeutet, dass sie immer mit *Subjuntivo* verwendet wird.

▶ **Gebrauch des *Subjuntivo*, S. 161**

1. **Que** wird manchmal nicht ins Deutsche übertragen, z. B. **Digo que no.**
2. Vor **que** steht ein Komma nur in einigen Relativsätzen, z. B. **Mi amigo, que es de Cuba, no conoce la nieve.**

▶ **Relativpronomen, S. 97 ff**

Nach **como si** steht immer *Subjuntivo* Imperfekt oder Plusquamperfekt.

Beispiel	Konjunktion
Espero <u>que</u> esté bien, señorita Julia. El señor Lugo dice <u>que</u> va a llegar a las dos.	<u>que</u> *(dass)*
Prepare los papeles **para que** estén listos. Llame al cliente **a fin de que** venga más tarde.	para que, a fin de que *(damit)*
Estos son productos nuevos, **así que** los ponemos en la lista. Ese precio está mal, **de modo que** hay que corregirlo. Estoy en mi oficina, **de manera que** puede traerme las cartas.	<u>así que</u> **de modo que** **de manera que** *(so dass)*
Si llama el señor Roa, que venga personalmente. Ha preguntado **si** le hacemos un precio especial.	si *(falls, wenn)* <u>si</u> *(ob)*
En caso de que llame, no quiero hablar con él.	en caso de que *(im Falle, dass)*
Podemos darle un descuento **con tal de que** pida mucho. Ahora quiero trabajar en paz, **a menos que** haya algo urgente.	con tal de que *(vorausgesetzt, dass)* a menos que *(es sei denn, dass)*
Como es mediodía, vamos a comer. **Como** me llame ahora mi jefe, ¡renuncio! ¡Actúa **como si** fuéramos sus esclavos!	<u>como</u> *(da)* como *(wenn)* como si *(als ob)*

Konjunktionen

Unterordnende Konjunktionen

Cuando llega, empieza a dar órdenes. **Cuando** vuelva de comer, va a tener más trabajo para mí. **En cuanto** empiece, me va a interrumpir otra vez. **Tan pronto como** hago algo, quiere otra cosa.

cuando *(immer wenn)*
cuando *(sobald, wenn)*
en cuanto *(sobald)*
tan pronto como *(sobald)*

Tengo que concentrarme **mientras** trabajo. **Mientras** el jefe esté en la reunión, estoy tranquila.

mientras *(während)*
mientras *(solange)*

> Die Präposition **durante** *(während)* wird mit Substantiv verwendet, z. B. **Me concentro durante mi trabajo.**

Aunque no he terminado, ya me voy. **Aunque** el jefe no quiera, hoy no me quedo más.

aunque *(obwohl, auch wenn)*

Normalmente espero a mi novio **hasta que** llega a casa. Hoy no lo voy a esperar **hasta que** llegue. Tengo hambre.

hasta que *(bis)*

Antes de que venga, voy a prepararme unos espaguetis. **Después de que** coma, me voy a sentir mejor.

antes de que *(bevor)*
después de que *(nachdem)*

A pesar de que mi jefe es difícil, el trabajo me gusta.

a pesar de que *(auch wenn)*

Desde que lo conozco, no ha cambiado.

desde que *(seitdem)*

Por más que trato, siempre es muy duro conmigo.

por más que *(wie sehr auch)*

> In der Umgangssprache wird **que** anstelle von **es que** bzw. **porque** verwendet, z. B. **Habla más fuerte, que no te oigo.**

No puedo trabajar **sin que** me critique.

sin que *(ohne dass)*

Ya que es así, tengo que guardar la calma. Pero no es difícil, **porque** soy una persona tranquila.

ya que *(da ... ja)*
porque *(weil)*

Üben und Anwenden

Konjunktionen

1. Ana beschreibt ihre Nichten. Wählen Sie die richtige Kunjunktion. *

a) Eugenia, Ofelia y /(e) Isabel son las hijas de mi prima. b) No estoy segura de si Eugenia o / u Isabel es mayor, pero Ofelia es la pequeñita. c) Es una niña alegre y / e inquieta, tiene siete o / u ocho años.

2. Eduardo arbeitet in einer Textilfabrik und telefoniert ständig. Ergänzen Sie seine Aussagen mit **porque**, **pero** oder **sino**. **

a) Yo no dije que iba a hacer la presentación, __sino__ sólo las transparencias, _____ el jefe es quien va a presentar.

b) Claro que el márqueting es importante, _____ tenemos que elaborar una mejor estrategia de ventas _____ la competencia es muy fuerte.

c) Ese material no es para todos los clientes, _____ sólo para algunos, _____ es muy caro.

3. Verbinden Sie die Satzhälften miteinander. **

a) Si el profesor no viene pronto,   1. no dejes de ver el museo de Dalí.
b) Cuando hagas el pastel de la receta,   2. me llama para hacer otra cita.
c) Si no mejora en dos días,   3. nos vamos a casa.
d) Cuando vayas a Figueres,   4. ¿me traes un trozo para probarlo?

4. Unsere Romanhelden vor ihrer ersten gemeinsamen Nacht … Ergänzen Sie die Konjunktionen. ***

Antes de que
aunque
~~En cuanto~~
ni
pero
por eso
porque
que
y

a) (Sobald) En cuanto entraron en el piso, él supo (dass) _____ sería algo muy especial. b) (Bevor) _____ subieran, habían ido a cenar (und) _____, (obwohl) _____ por lo general era tímido, con ella era distinto, (weil) _____ parecía sinceramente interesada. c) Quizá (deshalb) _____ ahora era todo tan natural.
d) Se besaron, (aber) _____ sin muchas palabras (noch) _____ prisas …

Zahlen und Mengen

Grundzahlen

Zahlen, Mengen und Zeitangaben

1. En casa éramos **once** hermanos, **cinco** hombres y **seis** mujeres.
2. Y en la escuela había el **doble** de chicos que de chicas.

1. Zu Hause waren wir elf Geschwister, fünf Jungen und sechs Mädchen.
2. Und in der Schule gab es doppelt so viele Jungen wie Mädchen.

Grundzahlen

0 cero	20 veinte	201 doscient**os uno**, **un**, doscient**as una**
1 **un/o**, **una**	21 veint**iuno**, -**ún**, -**una**	240 doscient**os/-as** cuarenta
2 dos	22 veint**i**dós	300 trescient**os/-as**
3 tres	30 treinta	400 cuatrocientos/-as
4 cuatro	31 treinta **y** uno, un, una	412 cuatrocientos/-as doce
5 cinco	32 treinta **y** dos	500 **quinientos/-as**
6 seis	40 cuarenta	600 seiscientos/-as
7 siete	50 **cincuenta**	700 **sete**cientos/-as
8 ocho	55 cincuenta y cinco	800 ochocientos/-as
9 nueve	60 **sesenta**	900 novecientos/-as
10 diez	70 **setenta**	1.000 **mil**
11 **once**	80 ochenta	1.999 mil novecientos/-as noventa y nueve
12 **doce**	90 noventa	2.001 dos mil uno, un, una
13 **trece**	100 **cien**	15.000 quince mil
14 **catorce**	101 cien**to uno**, **un**, **una**	500.000 quinientos/-as mil
15 **quince**	110 cien**to** diez	1.000.000 un millón
16 diec**i**séis	200 doscient**os/-as**	100.000.000 cien millones
17 diec**i**siete		1.000.000.000 mil millones
18 diec**i**ocho		
19 diec**i**nueve		

Die meisten Grundzahlen sind unveränderlich. Anders als im Deutschen ist die feste Reihenfolge immer absteigend: Tausender – Hunderter – Zehner – Einer.

1. Um große Zahlen leichter lesbar zu machen, trennt man jeweils 3 Ziffern durch einen Punkt.
2. Merke: Jahreszahlen sind männlich und werden wie jede andere Zahl gelesen, z. B. 1968 = **mil novecientos sesenta y ocho.**

Zahlen und Mengen

Grundzahlen

> Merke: Zwischen Hundertern und Zehnern bzw. Einern steht kein **y**, z. B.
> **Doscienta_s_ _t_reinta y cinco**, **ciento _uno_**.

Die Zahlen 16 – 29 sind zu einem Wort zusammengezogen, wobei das ursprüngliche **y** zu **i** wurde: **diez y seis ▸ dieciséis**. Ab 31 werden Zehner und Einer getrennt geschrieben und durch **y** verbunden.

¿Es **un** tres o **un** nueve? Es que ya no veo muy bien.

Zahlen sind im Spanischen männlich.

> ❗ Vor Zahlen und Mengen bedeutet **unos / -as** *ungefähr*.

• Tengo veinti**una** monedas y veinti**ún** billetes... Sí, son veinti**uno**.

Uno passt sich dem Geschlecht des Substantivs an. Vor männlichen Substantiven steht **un**. Dies gilt auch für 21, 31, 41 usw.

> **Veintiún**, **veintidós** und **veintitrés** tragen einen Akzent.

• Hay **cien** competiciones y la entrada cuesta **ciento** cincuenta euros.

Hundert heißt **cien**. Ab 101 verwendet man jedoch **ciento**.

Doscient**as** competidoras van a correr los quinient**os** metros.
Trescient**as** diez mil cadenas de televisión transmiten las Olimpíadas.

> ❗ *Prozent* wird so wiedergegeben: 100 % = **el / un cien _por cien /_ _ciento_.**

Die Hunderter richten sich in Geschlecht und Zahl nach dem Substantiv. Dies gilt auch dann, wenn eine weitere unveränderliche Zahl dazwischensteht (z. B. **trescient_a_s diez mil caden_a_s**).

Las Olimpíadas en México fueron en **mil** novecientos sesenta y ocho.

Mil ist unveränderlich, auch zwischen 1.100 und 9.999.

> Vor dem Substantiv steht die Präposition **de** auch bei **millón / millone**s + Bruchzahlen. Vgl. **un millón y _medio_ de productos**, **un millón quinientos _mil_ productos**.

• México D.F. tiene unos veinte **millones de** habitantes.
◦ Aquí dice que ya hay **un millón ochocientos cincuenta mil** más.

Zwischen **millón / millones** und dem nachfolgenden Substantiv steht die Präposition **de**, wenn keine weitere Zahl dazwischensteht.

• Este negocio puede ganar **mil millones / un millardo** de dólares.

Zwar gibt es den Ausdruck **millardo** für *Milliarde*, doch wird er viel weniger gebraucht als **mil millones**.

Das Datum

Man verkürzt das Datum mit Bindestrich: **22-4-2005** bzw. **22-IV-2005**.

> ❗ 1. *Der erste* heißt **el uno** oder auch **el primero**.
> 2. Im Brief steht beim Datum kein Artikel.

Für die Monatstage verwendet man die Grundzahlen. Vor dem Tag steht in der Regel der bestimmte Artikel, zwischen Tag und Monat sowie zwischen Monat und Jahr steht jeweils die Präposition **de**, z. B.:

La carta es del 22 (**veintidós**) **de** abril **de** 2005 (dos mil cinco).

Zahlen und Mengen

Ordnungszahlen

Ordnungszahlen

> 1 Es la **cuarta** vez que vengo, ¡y todavía no sé en qué piso vives!

> 2 Vivo en el **quinto** piso. Hay que subir uno más.

1. Es ist das vierte Mal, dass ich komme, und ich weiß noch immer nicht, in welchem Stockwerk du wohnst! 2. Ich wohne im fünften Stock. Man muss noch eins höher gehen.

Im Spanischen werden Ordnungszahlen nummerisch so dargestellt:

1°, 1er, 1a	primero, primer, primera	6°, 6a	sexto/-a
2°, 2a	segundo/-a	7°, 7a	séptimo/-a
3°, 3er, 3a	tercero, tercer, tercera	8°, 8a	octavo/-a
4°, 4a	cuarto/-a	9°, 9a	noveno/-a
5°, 5a	quinto/-a	10°, 10a	décimo/-a

Ordnungszahlen richten sich in Geschlecht und Zahl nach dem Substantiv.

Im Spanischen werden Ordnungszahlen nicht durch einen Punkt nach der Zahl gekennzeichnet.

Es la **cuarta** vez que pregunto y usted es la **cuarta** que no lo sabe.

■ Ordnungszahlen stehen meistens vor dem Substantiv oder ersetzen es.

El **primer** día escuchamos el **tercer** concierto de Albéniz.

■ **Primero** und **tercero** verlieren vor einem männlichen Substantiv das **-o**.

La oficina está en el **piso once**.

■ Ab „11." werden die Ordnungszahlen kaum verwendet. Stattdessen nimmt man in der Regel die Grundzahlen nach dem Substantiv.

1. In der Umgangssprache verwendet man oft ab „11." (elfte) die Endung **-avo/-a**, die sonst für Bruchzahlen gilt, z. B. **Es la veinteava vez que te llamo.**
2. *Zum x-ten Mal* heißt **por enésima vez**.

! Nur für besondere Anlässe verwendet man Ordnungszahlen über zehn, z. B. **el vigésimo quinto aniversario.**

Jahrhunderte, Herrscher und Namen

Jahrhunderte, Herrschernamen, bestimmte historische Ereignisse usw. werden nummerisch mit römischen Ziffern gekennzeichnet. Als Regel gilt: Bis zehn liest man sie wie Ordnungszahlen, danach wie Grundzahlen.

geschrieben	gesprochen
el siglo V a. C.	el siglo quinto antes de Cristo
el siglo XXI	el siglo veintiuno
Felipe II	Felipe Segundo
Luis XIV	Luis Catorce
la II Guerra Mundial	la Segunda Guerra Mundial

Zahlen und Mengen

Prozent- und Dezimalzahlen · Mengenangaben

Prozent- und Dezimalzahlen

El/Un 50 % (cincuenta por ciento) de las chicas estudia una carrera.

Vor Prozentzahlen steht in der Regel der Artikel (bestimmt oder unbestimmt). Das Verb steht meistens im Singular.

Sólo **un 8,5 % (ocho coma cinco por ciento)** recibe una beca.

Wie im Deutschen stehen Dezimalzahlen hinter einem Komma.

Mengenangaben

| 1/2 kg | medio kilo | 1/2 h | media hora |

Medio, **media** stehen ohne Artikel.

| 1/3 l | un tercio de litro | la tercera parte de los alumnos |
| 1/4 kg | un cuarto de kilo | la cuarta parte del profesorado |

Zwischen **tercio** und **cuarto** und dem Substantiv steht die Präposition **de**. Möchte man ein Drittel bzw. Viertel einer bestimmten Menge bezeichnen, verwendet man meistens die Konstruktionen **la tercera** bzw. **cuarta parte de**.

| 1 1/2 l | un litro y medio | 2 3/4 h | dos horas y tres cuartos |

Bei gemischten Zahlen gilt: ganze Zahl + **y** + Bruchteil.

Hoy logramos sólo **la mitad**, mañana tenemos que trabajar **el doble**.

Nützlich sind auch: **la mitad** *(die Hälfte)*, **el doble** *(das Doppelte)* und **el triple** *(das Dreifache)*.

Folgende Mengenangaben sind mit Zahlen verwandt:

una docena de actrices	*ein Dutzend Schauspielerinnen*
un centenar de modelos	*hundert Mannequins*
cientos de reporteros	*Hunderte von Reportern*
un millar de revistas	*tausend Zeitschriften*
miles de entrevistas	*Tausende von Interviews*
millones de fotos	*Millionen von Fotos*

! **Una quincena** sowie **quince días** bedeutet *14 Tage = zwei Wochen*.

Zahlen und Mengen
Uhrzeit

Die Uhrzeit

1 ¿A qué hora empieza la peli?
2 A las nueve.
3 ¿Y ya son las nueve?

1. Wann geht der Film los? 2. Um neun. 3. Und ist es schon neun Uhr?

¿Qué hor**a es**?

■ Die Frage nach der Uhrzeit steht in der Regel im Singular.

Es la una. Ya casi **es** mediodía.

■ Bei 1 Uhr, 12 Uhr mittags (**mediodía**) und Mitternacht (**medianoche**) verwendet man **es**, ansonsten **son**. Die Stunden werden mit dem femininen bestimmten Artikel + den Grundzahlen von 1 bis 12 ausgedrückt.

Son las once **de la noche**. ¡Qué tarde!

■ Um die Uhrzeit genauer zu bestimmen, fügt man **de la mañana** (von 1–12), **de la tarde** (von 1 bis Einbruch der Dunkelheit) oder **de la noche** (von Einbruch der Dunkelheit bis 24 Uhr) hinzu.

Son las cuatro **y cinco**.
• ¿Ya son las dos **y media**? ○ No, son las dos **y cuarto**.

■ Die Minuten bis halb werden mit **y** an die vorhergehende Stunde angeschlossen. Ebenso: **media** *(halb)* und **cuarto** *(Viertel)*.

• ¿Ya es la una menos **cuarto**? ○ No, es la una **menos veinte**.

■ Nach *halb* werden die Minuten von der nächsten vollen Stunde mit **menos** abgezogen. Ebenso: **menos cuarto**.

• ¿**A qué hora** empieza la película? ○ **A las** nueve y media.

■ Eine Uhrzeit als Zeitpunkt für etwas erfragt man mit **¿A qué hora?**. **A la/s ...** heißt *Um ... Uhr*.

! Das 24-Stunden-System wird nur für offizielle Zeitangaben verwendet, z. B. an Bahnhöfen und Flughäfen, in Fernseh- und Radiosendungen, z. B.
El tren sale <u>a las veinte horas y diez minutos</u>. El avión llega a las <u>dieciséis quince</u>.

1. **Hora/s** steht bei der Uhrzeitangabe nicht dabei.
2. <u>**Por** la mañana/tarde/noche</u> wird ohne Angabe der Uhzeit verwendet.

In LA wird nach halb der Ausdruck **falta/n ... para** verwendet, z. B. <u>**Faltan diez para las cinco.**</u>

261

Üben und Anwenden

Zahlen

1. Wie übersetzen Sie diese Mengen in Ihrem Kochbuch? *

a) 1/2 kg Kartoffeln   _medio kilo de patatas_

b) 1/4 kg Schinken   _____

c) 100 g Käse   _____

d) 1 1/2 l Weißwein   _____

2. Lesen und schreiben Sie die Zeitangaben auf Ihrer Digitaluhr. *

a) 01.30   _la una y media de la mañana_

b) 17.15   _____

c) 05.40   _____

d) 00.10   _____

3. Schreiben Sie bitte die Zahlen, Währungen, Gewichte usw. aus. *

el euro – *der Euro*
la fecha de nacimiento – *das Geburtsdatum*

a) Este hotel tiene **54** habitaciones dobles que cuestan por noche **91 €**.

cincuenta y cuatro, _____

b) Mi fecha de nacimiento es el **30-X-1965**.

_____

c) En **1987** Ecuador tenía **9.008.474** habitantes. Hoy son un **13,2 %** más.

_____

4. Übersetzen Sie bitte. *

el céntimo – *der Cent*
Hace ... grados – *Wir haben ... Grad*

a) Ich brauche 50 Cent.   _Necesito cincuenta céntimos._

b) Es ist das dritte Mal.   _____

c) Ich wohne in der 2. Etage.   _____

d) Heute haben wir 25 Grad.   _____

e) Der Film fängt um zehn Uhr an.   _____

f) Meine Lehrerin ist 44 Jahre alt.   _____

g) Morgen ist Freitag der 13.   _____

Lösungen

Substantive (S. 17–19)

1. **el:** libro, Danubio, sistema, ocho, agua, avión; **la:** oficina, mano, catedral, luna, libertad, mujer;
   los: hoteles, problemas, camareros, sofás, coches, mapas; **las:** ciudades, noches, habitaciones, farmacias, decisiones, llaves.
2. a) los vecinos; b) las jóvenes; c) los programas; d) los ordenadores; e) las discusiones; f) los domingos; g) las llaves; h) los análisis.
3. a) la madre – el padre – los padres; b) el hijo – la hija – los hijos; c) la hermana – el hermano – los hermanos; d) el señor Roca – la señora Roca – los señores Roca; e) la abuela – el abuelo – los abuelos; f) el hombre – la mujer – el niño/el hijo.
4. a) la mujer; b) la actriz; c) la cantante; d) la gata; e) la yegua; f) la dependienta; g) la princesa; h) la modelo; i) la vaca; j) la gallina.
5. a) El; b) los; c) el; d) las; e) el; f) La; g) los.
6. a) el capital; b) la policía; c) del grupo; d) los medios; e) la guía; f) la capital; g) la bolsa; h) las medias.
7. a–3; b–5; c–2; d–1; e–4.

Begleiter, Artikel (S. 26–27)

1. a) los, —, los; b) —, —; c) El, el, El; d) —, la, —; e) del, el.
2. a) ¡Por favor, otra cerveza! b) Perdón, ¿dónde están los servicios? c) Lo mejor es la paella. d) La paella me gusta mucho. e) ¿Tiene/n agua mineral con gas? f) Y, por favor, otro medio litro de vino tinto. g) ¡La cuenta, por favor!
3. a) un; b) Los; c) —; d) —; e) El; f) lo; g) la.
4. a) el señor Lozada; b) otra solución; c) Lo que dices; d) la señora Reyes; e) el abrigo; f) El jueves.
5. a) La, los, el, un; b) el, al, —, el, las, la; c) el, —, un/el; d) al, lo; e) los, un; f) la, —/un.

Demonstrativ-, Possessiv- und Fragebegleiter (S. 34–36)

1. a) ¿De quién es esa maleta? ¿De aquel señor? b) Aquí está este paraguas. ¿Es de aquella joven? c) Ese turista ha dejado este mapa.
2. a) esta, Estos; b) estas, esta; c) esta, este; d) este, este.
3. a) esa, ese; b) esa, Ese; c) esas, ese; d) Ese, esa; e) esos.
4. a) 7; b) 1; c) 3; d) 5; e) 4; f) 6; g) 8; h) 2.
5. a) ese, Este; b) aquella; c) este, aquel, esa; d) Estos, esa; e) ese, esta; f) Estos, aquellos; g) esa, este.

Lösungen

Seite 36 – 52

6. a) *unbetont:* **su** coche, **su** vecina, **sus** hijos;
betont: Dios **mío**, una vecina **mía**;
b) *unbetont:* **vuestros** amigos, **nuestros** amigos;
betont: una compañera **suya**.
7. a) tus; b) mis, nuestros; c) tuya; d) su; e) tus, tuya, su; f) sus, mi.
8. a) Cuántos; b) Qué/Cuántos; c) cuántas; d) Qué; e) Cuánta.

Indefinitbegleiter (S. 43 – 44)

1. a) mucha, algún, varios; b) ninguna; c) cualquier, demasiada, tantas.
2. a) otra; b) otro; c) otras; d) otros; e) otra.
3. a) Todo el; b) Todos los; c) todas las; d) toda la, todos los; e) todas las, todos los; f) toda la.
4. a) alguna, ningún; b) algún, ninguna, algunas; c) alguna, ningún; d) alguna, ningún.
5. a) Cada, mismo, mismo, diferentes; b) muchas, todos, varias, misma, ningún; c) suficiente, bastante; d) algunas, muchas, varias; e) Todas, ningún; f) Algunas, alguna, otra, ningún; g) algunas, otras, tantas.

Adjektiv (S. 50 – 52)

1. a) negro; b) viejo; c) alegre; d) pequeño; e) rico; f) barato; g) interesante; h) feo; i) moderno; j) corto.
2. patatas bravas, aceitunas negras, ensalada mixta, jamón serrano, queso manchego, sardinas fritas con tomate.
3. a) encantadora, amables, cariñosa, alegre, rubia, azules, medio, mayor; b) serio, conservador, hostil, alto, delgado, económicas, internacional, importante; c) pequeños, inquietos, activos, catastrófico, monos, moreno, gordito, rubia, preciosos, ocupada.
4. a) tres blusas y unos pantalones rojos; b) dos pantalones azul marino; c) una chaqueta marrón; d) cinco camisas blancas; e) una blusa y un jersey verdes; f) un vestido naranja.
5. a) nueva, trabajadora; b) holgazanes, científico; c) triste, cansado; d) fáciles, útiles y divertidos.
6. a – 6; b – 1; c – 4; d – 3; e – 7; f – 5; g – 2.
7. a) Es la primera vez que estoy aquí. b) Este es un buen restaurante. c) ¡Eso me parece un mal chiste! d) ¡Mmmh! ¡Qué buena receta! e) Pare por favor enfrente de tercer edificio a la izquierda. f) ¡No tengo ningún problema! g) ¡Esa es una gran película!
8. a) verde; b) rojas; c) amarillos; d) negra; e) blancos; f) rosa, azules; g) roja, amarilla, verde; h) rojos; i) verde.

Adverb (S. 59–61)

1. a) buen, bien; b) alegremente, alegre; c) rápidas, rápido/rápidamente; d) tranquilo, tranquilamente; e) malo, mal, mal.
2. 1) Buenos días, Srta. Perea. 2) ¿Está aquí el Sr. Salgado? 3) Sólo traigo… 4) No, lamentablemente… 5) Está en una reunión urgente. 6) Pero por supuesto… 7) Yo se los doy… 8) Está bien…
3. *Adjektive:* muchas, amable, Buenos, urgente.
Adverbien: aquí, bien, por supuesto, Sólo, lamentablemente, pronto, luego, probablemente.
4. a) Buen; b) bien, buen; c) bien, Buenos, bien; d) buenos.
5. a) Los domingos, por la tarde, totalmente; b) Pronto, a menudo; c) Hoy, rápido, todavía; d) mucho, bien; e) Por fin, a tiempo; f) Por lo general, caóticamente, con mucho gusto; g) Casi, de repente; h) Por supuesto, también; i) lamentablemente, al final; j) En realidad, sobre todo.
6. a) Ya, tarde, todavía, de pronto; b) mañana, enseguida; c) antes, mucho, perfectamente; d) Así, constantemente, siempre, amablemente; e) Poco a poco, pronto.
7. a) temporales; b) temporalmente; c) activamente; d) activa; e) regulares; f) regularmente; g) profesionalmente; h) profesionales.

Vergleich (S. 68–71)

1. a) que, tanto, como; b) que, tantas, como; c) tantas, como, tantos, como.
2. a) bonita que; b) anticuado que; c) fresca como; d) cómodos que; e) horrible como.
3. a) mejor; b) menos, que; c) más, que; d) más, que.
4. a–3; b–5; c–6; d–2; e–1; f–4.
5. a) más; b) más malo/peor; c) menos; d) mejor; e) más grande; f) el mayor.
6. a) que; b) mucho, igual; c) de; d) muy; e) de, que; f) que, más; g) de.
7. a) más silenciosamente que; b) menos tranquilamente que; c) tan rápido/rápidamente como; d) mejor que; e) tanto como, más duro/duramente.
8. a) Enrique canta mejor. b) Sonia hace menos deporte que Sara. c) Juliana hace más deberes que Carlitos. d) Pedro ha hecho menos presentaciones que María. e) La letra de Eduardo es más fea/peor que la de Gonzalo.
9. a) altísimo; b) clarísimo; c) rarísimamente; d) prontísimo; e) tantísimo.
10. a) mucho, muchas; b) muy, mucho; c) muchas, mucho; d) muy, muchas; e) muy; f) muy, muchas, muy; g) muy, muy, mucha, Muchas, mucho.

Lösungen

Seite 81–92

Personalpronomen (S. 81–86)

1. a) ¿Dónde está el coche? ¿No funciona? b) Señor Mata, usted vive lejos, ¿verdad? Yo también. c) Jesús y María trabajan desde hace un mes. Ella trabaja en un banco y él en un supermercado.
d) • Este cuadro es muy interesante. ▶ ○ Sí, es muy moderno.
e) • ¿La nueva colega? ▶ ○ Yo no lo soy, es ella. Yo sólo estoy de visita.
2. a) ellos; b) contigo; c) tú, yo; d) ti, ella.
3. a–3; b–4; c–6; d–5; e–2; f–1.
4. a) a ella, a ti; b) conmigo, entre tú y yo; c) contigo, Para mí; d) detrás de nosotros, delante de ti.
5. a) las; b) las; c) lo, los; d) La, La, los.
6. Vamos a hacerla. Queremos hacerla, vais a conocerlos.
7. a) les; b) me; c) le; d) te; e) os; f) les; g) nos; h) le; i) les.
8. a) se; b) nos; c) me, me; d) os, nos; e) te, te; f) me, se.
9. a) A Laura ya no la veo.
b) Estas cuentas las pagamos enseguida/inmediatamente.
c) ¡Sólo a vosotros os quiero tanto!
10. a) te lo; b) se las; c) te lo; d) se las; e) se lo; f) os los.
11. a) se los; b) se las; c) nos las; d) se la; e) se las.
12. a) Me lo he comprado;
b) se las está probando;
c) te lo puedo regalar;
d) se ha ido con él; e) se la voy a llevar.
13. b) está probándoselas;
c) puedo regalártelo;
e) voy a llevársela.
14. a) te; b) ellas, entender**los**; c) —, la; d) lo; e) —, nosotros, ellos; f) —, se; g) ella; h) —;
i) ti, te, visitar**lo**.
15. a) le, sí, la; b) con**migo**, se/le; c) se lo, sí; d) ella, con**migo**, me, con**sigo**; e) mand**ársela**; f) convertir**la**, ella; g) se, sí.

Demonstrativ-, Possessiv- und Fragepronomen (S. 91–92)

1. a) V; b) C; c) V; d) V; e) C; f) C; g) C.
2. a) esas; b) Ese; c) aquel; d) ese, este; e) ese; f) Esto, esto.
3. a) suyo, mío; b) vuestras, nuestras, mía; c) tuya, mía, mías; d) tuyo, mío.
4. a) mi, mis; b) sus, nuestras, sus, nuestras; c) míos, tuyos; d) mi, suyo, tu; e) vuestras; f) mío.
5. a) cuál; b) Cuánto; c) Quién; d) qué.
6. a) Qué; b) qué, qué; c) Cuál; d) Cuál; e) Qué; f) Cuál.

Lösungen

Seite 100–115

Indefinit- und Relativpronomen (S. 100–102)

1. a) nadie, alguien; b) algo, nada; c) alguien, alguna; d) algo, nada.

2. a) nada; b) otra; c) uno; d) nadie; e) suficiente; f) mismo.

3. a) Las dietas no ayudan a nadie. b) Uno no debe preocuparse por reducir el consumo de azúcar. c) Las vitaminas de los alimentos naturales no son suficientes. d) ¿Ejercicio? La mayoría de la gente hace demasiado, ¡no es necesario tanto! e) A cualquiera le ayuda tomar tres aspirinas diarias.

4. a) muchos, cada uno; b) Algunos, suficientes, nadie; c) Cualquiera, pocos, tantos; d) demasiado, otros; e) nadie, nada; f) alguien.

5. a) un cocinero famoso que vive … b) El restaurante donde trabaja … c) Su mujer, quien trabaja … d) es un lugar adonde van …

6. a) ¡Por fin estoy en el piso con el que he soñado tanto tiempo! b) Una vecina, a quien he encontrado en el pasillo, me ha saludado muy amablemente. c) Ahora estoy en el salón, desde donde se escucha el ruido de los pájaros del parque que está enfrente del edificio.

7. a) cuya, como; b) que, cuyo, que/quienes; c) lo que; d) que; e) cuyos, que.

Verb: Indikativ, Präsens (S. 113–117)

1. a) sonrío, sé, puedo, voy; b) sueñas, bebes, encuentras; c) prefiere, sigue, habla; d) recordamos, vamos, vemos; e) vivís, distribuís, dais, conocéis; f) ven, hacen, trabajan.

2. a) estar, ganar, poder, comprar; b) regalar, construir; c) significar, ofrecer; d) medir, costar; e) tener, parecer.

3. a) destruir; b) encontrar; c) responder; d) cerrar; e) bajar; f) vender; g) salir; h) despertar; i) llevar; j) terminar.

4. a) *regelmäßig:* buscar, preguntar, responder, abrir, subir, bajar, comprar, vender, entrar, llevar, terminar; b) *o ▸ ue:* encontrar, dormir; c) *e ▸ ie:* cerrar, despertar, empezar; d) *y:* construir, destruir; e) *g:* salir; f) *ig:* traer.

5. a) estamos, tiene, tiene; b) tengo, veo, viene, quiere, duerme; c) son, es; d) sigue, juego, quiere; e) sois, dice; f) creo, son, aprenden, salgo, doy, significa, cuesta, es, come; g) oyen, pueden, cuentan, repito, llaman, escuchamos, vuela.

6. a) estudiar, estudio, estudias, estudia, estudiamos, estudiáis, estudian; b) vender, vendo, vende, vendemos, vendéis, venden; c) escribir, escribes, escribe, escribimos, escribís, escriben; d) estoy, estás, está, estamos, estáis, están; e) hacer, hago, haces, hace, hacéis, hacen; f) venir, vengo, vienes, venimos, venís, vienen;

Lösungen

Seite 115 – 125

g) ir, voy, vas, va, vamos, vais;
h) saber, sé, sabes, sabe, sabemos, saben.

7. a – 2; b – 5; c – 6; d – 1; e – 4; f – 3.

8. a) tener hambre / sed; b) tener ganas de; c) tener sueño; d) tener … años; e) tener prisa.

9. 1) • ¿Qué te ofrezco? Tengo cerveza, vino, licor …
2) ○ Primero prefiero algo fresco, porque hace mucho calor. 3) ¿Tienes algún zumo?
4) • Claro, te puedo dar zumo de piña, de melocotón …
5) ○ Entonces, ¿por favor me das de piña? 6) Es que soy alérgico al melocotón.
7) • Claro, aquí lo tienes.
8) ¿Te importa si yo bebo zumo de melocotón?
9) ○ Hombre, no hay ningún problema si eres tú quien lo bebe.

10. a) mira; b) paga, manda; c) van; d) es, tiene, quiere; e) suena, lleva; f) dicen; g) hace, puede; h) muere; i) cae; j) cuesta, vale.

11. a) son, guardan, conoces; b) llevan, simboliza, visten; c) tiene, es, dura, representa; d) arrojan, salen, deben.

12. a) está; b) se va, participa, hieren, queda; c) Pasa, es, permanece; d) consigue, puede; e) ocupa, se casa, escribe, tienen; f) publica, deja; g) muere.

Verb: Indikativ, Vergangenheit, Perfekt / Imperfekt (S. 123 – 125)

1. a) habéis terminado, hemos cosido; b) ha habido, ha traído, ha dicho; c) has visto, he puesto; d) ha guardado; e) ha empezado, han salido.

2. a) ha tocado; b) Ha venido, hemos sido; c) hemos estado, hemos pasado; d) ha estado, ha contado; e) ha hecho, hemos llorado; f) se han ido, nos hemos quedado; g) ha resultado, ha empezado.

3. 1) • Hola Carmencita, ¿ya …
2) ○ Estupendamente …
3) • ¡Qué bien! …
4) ○ Pues … No, pero …
5) • ¡Qué guay! ¿Entonces …
6) ○ Sí, sí. Ha sido realmente …

4. volver, pasar, viajar, llover, hacer, haber, gustar, ver, ser.

5. a) llego, espera, he encontrado; b) cocina, ha preparado, ha limpiado; c) ha dicho, ha leído, ha abierto, sabe, es, trabajan, llevan; d) ha decidido, quiere; e) he quedado, he dado.

6. a) estaba; b) Llevaba; c) sabía; d) hacía; e) Tenía.

7. a) he hecho, hacía; b) He pelado, pelaba; c) He preparado, preparaba; d) ha salido, salía.

8. a) volvían, estaban; b) tenía; c) podía, veía, se aburría; d) trabajaba, hacía; e) llamaba; f) era; g) se preocupaban, visitaban; h) se sentaban, se sentían; i) estaban, pasaban, echaban.

Lösungen

Seite 133–147

Verb: Indikativ, Vergangenheit, *Indefinido*, Kontrast mit Imperfekt (S. 133–137)

1. a) repetí, empecé, tuve;
b) escribiste, viste, tomaste;
c) dio, fue, siguió; d) hicimos, recordamos, comimos;
e) pusisteis, estuvisteis, limpiasteis; f) dijeron, pidieron, pudieron.
2. a) nacer, llegar; b) realizar, fundar; c) estar, dedicarse, decidir, irse; d) empezar;
e) hacerse, seguir, recibir, publicar; f) mudarse.
3. a–3; b–5; c–4; d–1; e–2.
4. a) fuiste; b) Viajé, Fue;
c) conocisteis; d) Visitamos, vimos; e) vivieron; f) pasamos;
g) volamos, nos quedamos, nos ahorramos, pagamos.
5. a) asesinó, encontró, dijo, vi, respondió, hablaron, dijeron, fue; b) iba, trabajaba, tenía, odiaba, era; c) He pasado, he dicho, hemos preguntado, ha habido, ha hecho, ha sido;
d) había visto, había muerto, habían sido.
6. a) vi, veía, he visto, había visto, ver; b) fuiste, eras, habías sido, ser; c) siguió, seguía, ha seguido, seguir; d) estuvimos, hemos estado, habíamos estado, estar; e) dijisteis, decíais, habéis dicho, habíais dicho;
f) tuvieron, han tenido, habían tenido, tener; g) ponía, he puesto, había puesto, poner.
7. a) encontré, estaba; b) he pensado, Estuvo, trabajó, aprendió, ha tenido; c) has hecho, hice, salimos, Fuimos, conocíamos.
8. a) Tuve, había perdido;
b) Llamé, había llegado;
c) habían cobrado, fui.
9. a–4; b–1; c–6; d–5; e–2; f–3.
10. a) llegó, vivían, eran;
b) conquistaron, obligaron;
c) dejaron, eran, iniciaron;
d) murieron, tenían, trajeron;
e) sufrió, llegaban; f) hubo;
g) dependía; h) perdió, se convirtió.
11. a) vivía, tenía; b) se llamaba;
c) mandó, era, se perdieron;
d) dijo, se subió; e) Descubrió, había, caminaron; f) llegaron, vieron, era, se habían imaginado; g) dijeron, empezaron, habían comido, estaban;
h) habían visto, llegó; i) Se trataba, era, sabían; j) saludó, invitó; k) se pusieron, aceptaron; l) cenaron, se durmieron, había dado;
m) cambió, despertó, tuvo;
n) terminó, habéis leído.

Verb: Futur + Konditional (S. 146–149)

1. a) hará; b) iremos;
c) Saldremos; d) haré;
e) traerá; f) pasaremos.
2. a) habrá pasado; b) nos habremos relajado; c) habré vuelto;
d) Habrá sido.
3. a) saldrás; b) estará; c) irás;
d) pedirán, harás; e) tendrás;
f) llevará; g) se alegrará;
h) Te saludará, dirá.
4. a) habrás salido; b) habrá estado; c) habrás ido;
d) habrán pedido, habrás hecho; e) habrás tenido;
f) habrá llevado; g) se habrá

269

Lösungen

Seite 147–166

alegrado; h) Te habrá saludado, habrá dicho.
5. a–5; b–3; c–1; d–6; e–2; f–4.
6. a–7; b–5; c–2; d–6; e–1; f–4; g–3.
7. a) guardaría; b) pondrían; c) gastarías; d) compraríamos; e) tendría.
8. a–4; b–8; c–5; d–6; e–7; f–2; g–3; h–1.
9. poder, encantar, deber, gustar, decir, importar, tener, hacer.
10. a) me sentaría; b) me comería; c) pediría; d) pagaríamos; e) dejaría; f) pensaría; g) llegaría; llevaría; h) ofrecería.
11. a) C; b) I; c) I; d) C; e) I; f) I; g) C; h) C.
12. a) habría pagado; b) habríais podido; c) habría tenido; d) habríamos dicho.

Verb: Imperativ (S. 155–157)

1. a) ven, escribe, sal; b) repita, baile, sea, recuerde; c) hagamos, hablemos; d) poned, seguid, id; e) den, oigan, tomen.
2. a–5; b–3; c–2; d–1; e–4.
3. a) ponerse, subir, quedarse; b) corregir, dar, mandar; c) hacer, hacer, poner; d) mostrar, traer; e) andar, enfadarse, mirar, dar.
4. a) tú; b) tú; c) usted; d) usted; e) usted; f) tú; g) tú; h) usted.
5. a) pise; b) Introduzca; c) Tire – Empuje; d) haga; e) Ponga; f) aparque.
6. a) piséis; b) Introducid; c) Tirad – Empujad; d) hagáis; e) Poned; f) aparquéis.
7. a) empezar, empieza, empiece, empecemos, empezad, empiecen; b) vender, venda, vendamos, vended, vendan; c) subir, sube, suba, subamos, suban; d) ve, vaya, vayamos, id, vayan; e) decir, di, digamos, decid, digan.
8. a) dejad, levantaos; b) ayúdame, sube; c) te quejes, Acomódalo; d) haced, poned, Poneos; e) Vámonos / Vayámonos.
9. a) ¡Acércate! b) ¡Vete! c) ¡Dígamelo! d) ¡No os las pongáis! e) ¡No se rían! f) ¡No lo hagas!
10. a) servidlo; b) síguela; c) Leámosla; d) pídesela; e) no se lo compre; f) no se lo traigáis; g) póntelos; h) terminémoslo.

Verb: *Subjuntivo* Präsens (S. 166–170)

1. a–2; b–5; c–1; d–6; e–3; f–4.
2. a) necesitan que - construyan; b) dudan que - puedan; c) piden que – sea; d) teme que – aumente; e) no piensan que – paguen; f) es hora de que – bajen; g) Es necesario que – digan; h) Es natural que – vaya.
3. a) construir; b) poder; c) ser; d) aumentar; e) pagar; f) bajar; g) decir; i) ir.
4. a) mande, tarden; b) ponga, responda; c) reenvíe; d) sean, escriban.

Lösungen

Seite 167–179

5. a) viajar, viaje, viajes, viaje, viajemos, viajéis, viajen;
b) volar, vuele, vueles, volemos, voléis, vuelen;
c) conocer, conozcas, conozca, conozcamos, conozcáis, conozcan; d) esté, estés, esté, estemos, estéis, estén; e) ir, vaya, vayas, vaya, vayáis, vayan; f) quedarse, me quede, te quedes, se quede, nos quedemos, os quedéis;
g) vuelva, vuelvas, vuelva, volvamos, volváis, vuelvan.

6. a) comunicarse; b) escuche, ofrezca; c) solucionar, hablar; d) hacer, distraiga, interrumpa; e) pueda; f) acepten, hablen, sepan.

7. a–3; b–1; c–5; d–2; e–4.

8. a–7; b–3; c–1; d–6; e–8; f–2; g–5; h–4.

9. a) esperes, vuelvas; b) comprenda, expliquemos, se dé; c) termines, pueda, acabe, empiece; d) estés, sea, esté, salga, sea.

10. a) gustan; b) leen; c) conserven; d) son, adquieran; e) expliquen; f) tienes/tengas, aumenten; g) ganan, se identifiquen, desarrollen; h) sean; i) parecen/parezcan, dan, sufran; j) dejan, son, esté, haya, duren; k) tenéis, voy, tenga, lea, juguemos.

11. a) llegas, va, haya; b) cita, seas; c) se retrase, pierdas, llames; d) llegue, planee; e) existan, siga; f) está, sean, venga; g) sea; h) cumplan, hagas; i) hay, tire, recuerde; j) haga; k) interrumpa, quieren, termine; l) pierden, hablan, está; m) miren, parezca; n) gusten, seas.

Verb: *Subjuntivo*, weitere Zeiten (S. 177–181)

1. a) haya habido; b) hayan ocurrido; c) haya llovido; d) haya recogido; e) haya revelado; f) hayan pasado.

2. a) fueron, pidieron, tuvieron; fuera, pidiera, tuviera; b) se enteraron, leyeron, dijeron; te enteraras, leyeras, dijeras; c) conocieron, pusieron, bebieron; conociera, pusiera, bebiera; d) hicieron, trabajaron, se divirtieron; hiciéramos, trabajáramos, nos divirtiéramos; e) vieron, se acostaron, siguieron; vierais, os acostarais, siguierais; f) consultaron, dieron, oyeron; consultaran, dieran, oyeran.

3. a) hubiera; b) me aburriera, tuviera; c) pudiera; d) me dedicara, tocara; e) hiciera; f) propusiera, faltara, fuera; g) estuvieras; h) vinierais; i) dijeras/dijerais.

4. a–3; b–5; c–8; d–6; e–1; f–2; g–4; h–7.

5. a) el hecho de que – publicaran; b) fue un escándalo que – hicieran; c) había sido un gran avance que – hubiera; d) les pareció pésima idea que – presentaran; e) Temieron que – fomentaran; f) criticaron que llevaran, aunque – fueran; g) Les molestó que – mostraran; h) les gustó que – posaran; i) fue agradable que – dejaran.

6. a) publicar; b) hacer; c) haber; d) presentar; e) fomentar; f) ser, llevar; g) mostrar; h) posar; i) dejar.

Lösungen

Seite 179–200

7. a) trabaje, trabajara; b) queráis, explicaras; c) vivierais, cambiaran, vivamos; d) fuera, presente, vayamos.
8. a – 2; b – 7; c – 3; d – 5; e – 8; f – 1; g – 6; h – 4.
9. a) terminara; b) limpiara, hiciera; c) estaba/estuviera, tuviera; d) fuera; e) solicitara; f) ofrecían, eran, estaban; g) fuera; h) pidiera, llegara; i) llegó, se diera; j) cambiaba; k) descansara.
10. a) hubiera hecho; b) hubiera hablado; c) se hubiera imaginado; d) hubiera dicho; e) hubiera llegado; f) hubiera abierto; g) hubiera escrito.
11. a) como si fuera; b) temían que (yo) no pudiera; c) Digas lo que digas; d) se haya/n podido (usted/es) ir; e) mi hermana se hubiera puesto mis zapatos; f) cuando hayáis llegado a casa; g) hagamos las cosas; h) te hubieras quedado con nosotros.

Nicht konjugierte Formen des Verbs (S. 196–201)

1. a) gustar, quitar, cantar, llorar, escuchar; b) tener, caer, llover, saber, entender; c) discutir, salir, pedir, dormir.
2. a) voy a; b) vas a; c) vais a; d) voy a; e) vamos a; f) va a.
3. a – 3; b – 5; c – 1; d – 2; e – 4.
4. a) de; b) a; c) —; d) por; e) para; f) a; g) —.
5. a) acaba de terminar; b) Suelo trabajar, trato de aprender; c) lograr hablarlo, he decidido vivir; d) dejó de ser, empezó a trabajar; e) Pienso combinar, ponerte a pensar; f) he intentado encontrar; g) dejar de jugar; h) volver a vivir; i) acabas por no ser.
6. a) decidimos; b) Nos pusimos a; c) te atreverías a; d) conseguiremos, lograr; e) quedamos en; f) Nos echamos a; nos las arreglábamos para; g) llegó a; h) Solíamos, se ponía a; i) hizo; j) llegado a, acabamos por.
7. a) Al llegar; b) Nada más aclarar; c) Teniendo; d) hasta conseguir; e) siendo/por ser; f) Antes de irnos.
8. a) se está duchando; b) está hablando; c) estamos cenando; d) están esquiando; e) Está vendiendo, estoy alquilando.
9. b – 1; e – 2; g – 3; c – 4; f – 5; d – 6; a – 7.
10. b) estuvo llorando; e) se fue consolando; g) llevaba años dedicándose; c) se había pasado los días cuidando; f) sigo llorando; d) voy aprendiendo; a) limpiándose las lágrimas.
11. a) rebajados, envueltos; b) sido, cansado, tenido, acaloradas, solucionado; c) escrita, puesto, distraída, estado, sentada, concentrada, corregido; d) cerrada, abierta.
12. a) trabajando, obtenido; b) jubilarse, haciendo, aprendiendo, leyendo; c) terminados, organizarse; d) Trabajando, conseguir, fijado; e) ponernos, quedándonos, comiéndonos.

Lösungen

Seite 201–224

13. a) han ido; b) que tuvieron que salir, así llamados, siguen hablando; c) fueron expulsados, reconquistada, era tolerada; d) Contando, acabó por ser; e) llevaron – a establecerse; f) se fueron adaptando, manteniendo; g) sigue siendo hablada, ha cambiado; h) ha ido tomando, prestadas; i) va a poder entender.

Besondere Verben: *ser, estar, hay* (S. 211–214)

1. a) es, está; b) es; c) hay; d) está; e) es, hay, hay; f) hay, es; g) es.
2. a–3; b–5; c–2; d–6; e–1; f–4.
3. a) hay, está, Es, Está/Es. b) estás, estoy, estoy, hay, soy; c) está, hay, hay, es, Está; d) están, es, está, es, está, ser; e) Hay, estamos, estoy, es, Es, estás; f) están, Están, hay/son, hay/es, hay, Están, Hay, está.
4. 1–c; 2–e; 3–f; 4–d; 5–a; 6–b.
5. a) son; b) hay, tienen; c) están, son; d) Hay, está, tiene, es; e) Hay, están; f) es; g) Es, tiene; h) ser, tiene, es, está; i) tienen, estar; j) está, está; k) hay, tiene.
6. a) ha sido, Es, está, estuvo; b) será, está, está; c) sería, Estoy; d) fue/ estuvo, estaba, Estoy, estaban, había.
7. a) Son, hay, es; b) es, es, ser, estar; c) hay, hay; d) está, está, es; e) está, es; f) es, es.

Besondere Verben: Verben mit Dativ, Reflexive Verben, Modalverben, *werden* (S. 222–226)

1. a) la cerveza, salir con mis amigos, el vino tinto, la cocina mediterránea, la col; b) los gatos, las playas españolas, el deporte y la naturaleza, las recetas prácticas, el cine y el teatro.
2. a) ¿Te gusta la paella? b) (A mí) no me gusta nada el pescado./ El pescado no me gusta nada. c) Este restaurante nos gusta mucho/nos encanta. d) A mí también me parece muy bien. e) ¡Me encantan/me gustan mucho los vinos españoles! f) ¿Os gusta la comida, niños/hijos? g) ¡Salud! Cariño, me gustas mucho... ¡Te quiero!
3. a) os, Os, nos; b) me, ti, mí; c) te, me, me; d) te, me; e) nos, Os; f) me, te, ti.
4. a) les encanta, les gusta; b) le gustas, le molesta; c) te hace; d) nos gustan; e) les parece.
5. a) me quedo, te quedas, se queda, nos quedamos, os quedáis, se quedan; b) me marcho, te marchas, os marcháis, se marchan; c) me acuerdo, se acuerda, nos acordamos, se acuerdan; d) te vistes, nos vestimos, os vestís, se visten; e) me siento, te sientas, se sienta, os sentáis, se sientan; f) me voy, te vas, se va, nos vamos, se van; g) me quejo, se queja, nos quejamos, os quejáis, se quejan; h) me despido, te despides, se despide, os despedís, se despiden.

Seite 224–239

6. a) te dedicas; b) se quedan; c) me ocupo, se levantan, Se relajan, se duchan; d) se sienten, se alegran; e) Me siento, nos reunimos, me acuerdo.
7. a) se llama; b) se llevaban; c) se dio cuenta; d) se dedicaban, se secaba; e) se lavan; f) se relajan, se concentran; g) te liberas; h) se mantienen.
8. a–3; b–5; c–4; d–2; e–1.
9. a–3; b–5; c–1; d–6; e–7; f–2; g–4.
10. a) nació; b) se hizo; c) fue nombrado; d) se convirtió; e) fue elegido, llegó a ser; f) hacerse; g) se volvió, se convirtió; h) se enfermó; i) llegó a cumplir.

Die Verneinung (S. 229)

1. a) No, no tengo coche. b) No, no quiero café. c) No, no sé esquiar. d) No, no me gusta el cine. e) No, no hemos terminado.
2. a) nunca; b) nadie; c) nada; d) tampoco; e) ya no.
3. a) a–7; b–6; c–1; d–4; e–2; f–8; g–3; h–10; i–5; j–9.

Satzarten, der Bedingungssatz (S. 234)

1. a–4; b–1; c–6; d–2; e–3; f–5.
2. a) serías, fueras; b) harías, volvieras; c) habría sido, te hubieras casado; d) comprarías, ganaras; e) gustaría, pudieras.
3. a) Cuando, Si; b) Cuando, Si; c) Cuando, Si.

Die indirekte Rede (S. 238–239)

1. a) desde cuándo te sientes débil; b) si te duele algo; c) que te acuestes ahí (por favor); d) respires profundamente y te relajes.
2. a) si había tenido la tensión alta; b) si tomaba algún medicamento; c) que tomara esas/unas pastillas y lo llamara en una semana; d) que no me preocupara y que estas pastillas me ayudarían.
3. a) nos vayamos; b) olvidáramos, los hiciéramos; te pongas, te la arregló.
4. a) quiere saber, ha dicho; b) ha contado, ha comentado; c) ha pedido, opina.
5. a) la llames, le urge que hables con ella; b) te acuerdas de su primo, que quieren, ir con ellos, quedaron; c) tiene, fueron/fuisteis, te escaneó, te la envió, digas.

Lösungen

Seite 242–243

Passiv + unpersönliche Sätze (S. 242–243)

1. a) va; b) recorren, toma; c) mezclan; d) pueden, comparten; e) suelen; f) paga.
2. a–2; b–1; c–6; d–8; e–3; f–5; g–7: h–4.
3. a) están rotas; b) están deshechas; c) está abierta; d) está desordenado.
4. a) fue fundada; b) fue fortificado; c) fue vencida, fue difundida; d) fueron enviados; e) fue prohibida; f) fue amenazado.
5. a–4; b–8; c–6; d–7; e–1; f–10; g–9; h–5; i–2; j–3.

Präpositionen (S. 251–252)

1. a) por, a, en; b) a; c) en el, en; d) Por, —, el; e) del, de, por; f) —, de; g) Por, —, por, de; h) a, con, en.
2. a) de, para, en, a, a, para; b) en, de, de/en, con, para, a, en, en, para, de, a; c) con, de, de, a, a, a/con, por, de, de, para.
3. a–3; b–5; c–1; d–2; e–4.
4. a) para, por; b) por, para; c) para, para; d) para; e) por, para, por; f) para; g) para, para, por; h) por, para, para.
5. a) Desde; b) Desde hace; c) desde hace; d) desde, antes de; e) antes de, hace, hace, desde.

Konjunktionen (S. 256)

1. a) e; b) o; c) e, u.
2. a) sino, porque; b) pero, porque; c) sino, porque.
3. a–3; b–4; c–2; d–1.
4. a) En cuanto, que; b) Antes de que, y, aunque, porque; c) por eso; d) pero, ni.

Zahlen, Mengen und Zeitangaben (S. 262)

1. a) medio kilo de patatas; b) un cuarto de kilo de jamón; c) cien gramos de queso; e) un litro y medio de vino blanco.
2. a) la una y media de la mañana; b) las cinco y cuarto de la tarde; c) las seis menos veinte de la mañana; d) las doce y diez de la noche.
3. a) cincuenta y cuatro, noventa y un euros; b) treinta de octubre de mil novecientos sesenta y cinco; c) mil novecientos ochenta y siete, nueve millones ocho mil cuatrocientos setenta y cuatro, trece coma dos por ciento.
4. a) Necesito cincuenta céntimos. b) Es la tercera vez. c) Vivo en el segundo piso. d) Hoy hace/tenemos veinticinco grados. e) La película empieza a las diez. f) Mi profesora tiene cuarenta y cuatro años. g) Mañana es viernes trece.

Grammatikbegriffe

Grammatikbegriffe in der Übersicht

Die in diesem Buch verwendeten Begriffe sind durch Fettdruck hervorgehoben.

Lateinisch	Deutsch	Spanisch
Adjektiv	Eigenschaftswort	adjetivo
Adverb	Umstandswort	adverbio
Akkusativ	Wen-Fall	acusativo
Akkusativobjekt	Ergänzung im Wen-Fall	objeto directo
Artikel	Geschlechtswort	artículo
Dativ	Wem-Fall	dativo
Dativobjekt	Ergänzung im Wem-Fall	objeto indirecto
Demonstrativpronomen	hinweisendes Fürwort	pronombre demostrativo
direktes Objekt	Ergänzung im Wen-Fall	objeto directo
feminin	weiblich	femenino
Futur	Zukunft	futuro
Futur II	vollendete Zukunft	futuro perfecto
Genitiv	Wessen-Fall	genitivo
Genus	**Geschlecht**	género
Gerundium	gebeugte Grundform des Zeitworts	gerundio
Hilfsverb	Hilfszeitwort	verbo auxiliar
—	historische Vergangenheit	**indefinido**
Imperativ	Befehlsform	imperativo
Imperfekt	unvollendete Vergangenheit	imperfecto
Indikativ	Wirklichkeitsform	indicativo
indirektes Objekt	Ergänzung im Wem-Fall	objeto indirecto
Infinitiv	Grundform	infinitivo
Interrogativpronomen	**Fragewort**	pronombre interrogativo
Kardinalzahl	**Grundzahl**	número cardinal
Komparativ	**Steigerung / Vergleich**	comparativo
Konditional	Bedingungsform	condicional
Konditionalsatz	**Bedingungssatz, si-Satz**	oración condicional
Konjugation	Beugung des Zeitworts	conjugación
Konjunktion	Bindewort	conjunción
Konjunktiv	Möglichkeitsform	**subjuntivo**
Konsonant	Mitlaut	consonante
maskulin	männlich	masculino
Modalverb	modales Hilfszeitwort	verbo modal

Grammatikbegriffe

Lateinisch	Deutsch	Spanisch
—	**nahe Zukunft**	futuro próximo
Negation	**Verneinung**	negación
Nominativ	Wer-Fall	nominativo
Numerus	**Zahl**	número
Objekt	**Ergänzung**	objeto
Objektpronomen	Fürwort, das ein Objekt ersetzt	pronombre de objeto
Ordinalzahl	**Ordnungszahl**	número ordinal
Partizip Perfekt	Mittelwort der Vergangenheit	participio perfecto
Passiv	Leideform	voz pasiva
Perfekt	vollendete Gegenwart	(pretérito) perfecto
Personalpronomen	persönliches Fürwort	pronombre personal
Plural	Mehrzahl	plural
Plusquamperfekt	vollendete Vergangenheit	pluscuamperfecto
Possessivpronomen	besitzanzeigendes Fürwort	pronombre posesivo
Prädikat	Satzaussage	predicado
Präposition	Verhältniswort	preposición
Präsens	Gegenwart	presente
Pronomen	Fürwort	pronombre
reflexives Verb	rückbezügliches Zeitwort	verbo reflexivo
Reflexivpronomen	rückbezügliches Fürwort	pronombre reflexivo
Relativpronomen	bezügliches Fürwort	pronombre relativo
Singular	Einzahl	singular
Subjekt	Satzgegenstand	sujeto
Subjektpronomen	Fürwort als Satzgegenstand	pronombre sujeto
Substantiv	Hauptwort	sustantivo
Superlativ	**höchster Grad des Vergleichs**	superlativo
Tempus	**Zeit**	tiempo
unbestimmtes Pronomen	unbestimmtes Fürwort	pronombre indefinido
Verb	Zeitwort, Tätigkeitswort	verbo
—	**Verlaufsform**	presente continuo
Vokal	Selbstlaut	vocal

Die unregelmäßigen Verben

Im Folgenden werden ausschließlich die Zeiten und Modi aufgeführt, bei denen Unregelmäßigkeiten vorkommen. Nicht aufgeführte Formen sind regelmäßig.

infinitivo: adquirir		
presente	subj. pres.	imperativo
adqu**ie**ro	adqu**ie**ra	
adqu**ie**res	adqu**ie**ras	adqu**ie**re
adqu**ie**re	adqu**ie**ra	adqu**ie**ra
adquirimos	adquiramos	adquiramos
adquirís	adquiráis	adquirid
adqu**ie**ren	adqu**ie**ran	adqu**ie**ran

Ebenso: **inquirir**

infinitivo: andar	
pret. ind.	subj. imp.
and**uv**e	and**uv**iera/-se
and**uv**iste	and**uv**ieras/-ses
and**uv**o	and**uv**iera/-se
and**uv**imos	and**uv**iéramos/-semos
and**uv**isteis	and**uv**ierais/-seis
and**uv**ieron	and**uv**ieran/-esen

infinitivo: caber					
presente	subj. pres.	imperativo	pret. ind.	futuro	condicional
quepo	**quep**a		c**up**e	ca**br**é	ca**br**ía
cabes	**quep**as	cabe	c**up**iste	ca**br**ás	ca**br**ías
cabe	**quep**a	**quep**a	c**up**o	ca**br**á	ca**br**ía
cabemos	**quep**amos	**quep**amos	c**up**imos	ca**br**emos	ca**br**íamos
cabéis	**quep**áis	cabed	c**up**isteis	ca**br**éis	ca**br**íais
caben	**quep**an	**quep**an	c**up**ieron	ca**br**án	ca**br**ían

infinitivo: caer					
presente	subj. pres.	imperativo	pret. ind.	subj. imp.	
ca**ig**o	ca**ig**a		caí	ca**y**era/-se	
caes	ca**ig**as	cae	caíste	ca**y**eras/-ses	**gerundio**
cae	ca**ig**a	ca**ig**a	ca**y**ó	ca**y**era/-se	ca**y**endo
caemos	ca**ig**amos	ca**ig**amos	caímos	ca**y**éramos/-semos	
caéis	ca**ig**áis	caed	caísteis	ca**y**erais/-seis	**participio**
caen	ca**ig**an	ca**ig**an	ca**y**eron	ca**y**eran/-sen	caído

infinitivo: conocer		
presente	subj. pres.	imperativo
cono**zc**o	cono**zc**a	
conoces	cono**zc**as	conoce
conoce	cono**zc**a	cono**zc**a
conocemos	cono**zc**amos	cono**zc**amos
conocéis	cono**zc**áis	conoced
conocen	cono**zc**an	cono**zc**an

Ebenso: **nacer, crecer, ofrecer, parecer, (des)aparecer, agradecer, reconocer, relucir**

Unregelmäßige Verben

infinitivo: dar				
presente	subj. pres.	imperativo	pret. ind.	subj. imp.
doy	dé		di	diera/-se
das	des	da	diste	dieras/-ses
da	dé	dé	dio	diera/-se
damos	demos	demos	dimos	diéramos/-semos
dais	deis	dad	disteis	dierais/-seis
dan	den	den	dieron	dieran/-sen

infinitivo: decir			
presente	pret. ind.	futuro	
digo	dije	diré	**gerundio**
dices	dijiste	dirás	diciendo
dice	dijo	dirá	
decimos	dijimos	diremos	**participio**
decís	dijisteis	diréis	**dicho**
dicen	dijeron	dirán	
subj. pres.	imperativo	subj. imp.	condicional
diga		dijera/-se	diría
digas	di	dijeras/-ses	dirías
diga	diga	dijera/-se	diría
digamos	digamos	dijéramos/-semos	diríamos
digáis	decid	dijerais/-seis	diríais
digan	digan	dijeran/-sen	dirían

Ebenso: **predecir**, **contradecir**, etc.

infinitivo: errar		
presente	subj. pres.	imperativo
yerro	yerre	
yerras	yerres	yerra
yerra	yerre	yerre
erramos	erremos	erremos
erráis	erréis	errad
yerran	yerren	yerren

infinitivo: estar				
presente	subj. pres.	imperativo	pret. ind.	subj. imp.
estoy	esté		estuve	estuviera/-se
estás	estés	está	estuviste	estuvieras/-ses
está	esté	esté	estuvo	estuviera/-se
estamos	estemos	estemos	estuvimos	estuviéramos/-semos
estáis	estéis	estad	estuvisteis	estuvierais/-seis
están	estén	estén	estuvieron	estuvieran/-sen

Unregelmäßige Verben

infinitivo: haber

presente	pret. ind.	futuro
he	hube	habré
has	hubiste	habrás
ha	hubo	habrá
hemos	hubimos	habremos
habéis	hubisteis	habréis
han	hubieron	habrán

subj. pres.	imperativo	subj. imp.	condicional
haya		hubiera/-se	habría
hayas	he	hubieras/-ses	habrías
haya	haya	hubiera/-se	habría
hayamos	hayamos	hubiéramos/-semos	habríamos
hayáis	habed	hubierais/-seis	habríais
hayan	hayan	hubieran/-sen	habrían

infinitivo: hacer

presente	pret. ind.	futuro	
hago	hice	haré	
haces	hiciste	harás	
hace	hizo	hará	
hacemos	hicimos	haremos	
hacéis	hicisteis	haréis	**participio**
hacen	hicieron	harán	**hecho**

subj. pres.	imperativo	subj. imp.	condicional
haga		hiciera/-se	haría
hagas	haz	hicieras/-ses	harías
haga	haga	hiciera/-se	haría
hagamos	hagamos	hiciéramos/-semos	haríamos
hagáis	haced	hicierais/-seis	haríais
hagan	hagan	hicieran/-sen	harían

Ebenso: **rehacer**, **deshacer** etc.

infinitivo: ir

presente	imperfecto	pret. ind.	subj. pres.	imperativo	subj. imp.
voy	iba	fui	vaya		fuera/-se
vas	ibas	fuiste	vayas	ve	fueras/-ses
va	iba	fue	vaya	vaya	fuera/-se
vamos	íbamos	fuimos	vayamos	vayamos	fuéramos/-semos
vais	ibais	fuisteis	vayáis	id	fuerais/-seis
van	iban	fueron	vayan	vayan	fueran/-sen

gerundio
yendo

Unregelmäßige Verben

infinitivo: jugar

presente	pret. ind.	subj. pres.	imperativo
juego	jugué	juegue	
juegas	jugaste	juegues	juega
juega	jugó	juegue	juegue
jugamos	jugamos	juguemos	juguemos
jugáis	jugasteis	juguéis	jugad
juegan	jugaron	jueguen	jueguen

infinitivo: leer

pret. ind.	subj. imp.	
leí	leyera/-se	**gerundio**
leíste	leyeras/-ses	leyendo
leyó	leyera/-se	
leímos	leyéramos/-semos	**participio**
leísteis	leyerais/-seis	leído
leyeron	leyeran/-sen	

Ebenso: **creer**

infinitivo: oír

presente	imperfecto	pret. ind.	subj. pres.	imperativo	subj. imp.
oigo	oía	oí	oiga		oyera/-se
oyes	oías	oíste	oigas	oye	oyeras/-ses
oye	oía	oyó	oiga	oiga	oyera/-se
oímos	oíamos	oímos	oigamos	oigamos	oyéramos/-semos
oís	oíais	oísteis	oigáis	oíd	oyerais/-seis
oyen	oían	oyeron	oigan	oigan	oyeran/-sen
gerundio	**participio**				
oyendo	oído				

infinitivo: oler

presente	subj. pres.	imperativo
huelo	huela	
hueles	huelas	huele
huele	huela	huela
olemos	olamos	olamos
oléis	oláis	oled
huelen	huelan	huelan

Unregelmäßige Verben

infinitivo: poder				
presente	pret. ind.	futuro		
puedo	pude	podré	**gerundio**	
puedes	pudiste	podrás	pudiendo	
puede	pudo	podrá		
podemos	pudimos	podremos		
podéis	pudisteis	podréis		
pueden	pudieron	podrán		
subj. pres.	imperativo	subj. imp.	condicional	
pueda		pudiera/-se	podría	
puedas	puede	pudieras/-ses	podrías	
pueda	pueda	pudiera/-se	podría	
podamos	podamos	pudiéramos/-semos	podríamos	
podáis	poded	pudierais/-seis	podríais	
puedan	puedan	pudieran/-sen	podrían	

infinitivo: (podrir) pudrir

Für beide Verben gelten die Formen von **pudrir** (mit **-u-**).
Das Partizip hingegen lautet beide Male **podrido**.

infinitivo: poner				
presente	pret. ind.	futuro		
pongo	puse	pondré		
pones	pusiste	pondrás		
pone	puso	pondrá		
ponemos	pusimos	pondremos	**participio**	
ponéis	pusisteis	pondréis	**puesto**	
ponen	pusieron	pondrán		
subj. pres.	imperativo	subj. imp.	condicional	
ponga		pusiera/-se	pondría	
pongas	**pon**	pusieras/-ses	pondrías	
ponga	ponga	pusiera/-se	pondría	
pongamos	pongamos	pusiéramos/-semos	pondríamos	
pongáis	pongáis	pusierais/-seis	pondríais	
pongan	pongan	pusieran/-sen	pondrían	

Ebenso: **reponer**, **disponer**, **interponer**, etc.

Unregelmäßige Verben

infinitivo: querer

presente	pret. ind.	futuro
quiero	quise	querré
quieres	quisiste	querrás
quiere	quiso	querrá
queremos	quisimos	querremos
queréis	quisisteis	querréis
quieren	quisieron	querrán

subj. pres.	imperativo	subj. imp.	condicional
quiera		quisiera/-se	querría
quieras	quiere	quisieras/-ses	querrías
quiera	quiera	quisiera/-se	querría
queramos	queramos	quisiéramos/-semos	querríamos
queráis	quered	quisierais/-seis	querríais
quieran	quieran	quisieran/-sen	querrían

infinitivo: reír

presente	subj. pres.	imperativo	imperfecto	pret. ind.	gerundio
río	ría		reía	reí	riendo
ríes	rías	ríe	reías	reíste	
ríe	ría	ría	reía	rio	
reímos	riamos	riamos	reíamos	reímos	
reís	riais	reid	reíais	reísteis	
ríen	rían	rían	reían	rieron	

Ebenso: **sonreír**

infinitivo: saber

presente	pret. ind.	futuro	subj. pres.	imperativo	subj. imp.	condicional
sé	supe	sabré	sepa		supiera/-se	sabría
sabes	supiste	sabrás	sepas	sabe	supieras/-ses	sabrías
sabe	supo	sabrá	sepa	sepa	supiera/-se	sabría
sabemos	supimos	sabremos	sepamos	sepamos	supiéramos/-semos	sabríamos
sabéis	supisteis	sabréis	sepáis	sabed	supierais/-seis	sabríais
saben	supieron	sabrán	sepan	sepan	supieran/-sen	sabrían

infinitivo: salir

presente	subj. pres.	imperativo	futuro	condicional
salgo	salga		saldré	saldría
sales	salgas	sal	saldrás	saldrías
sale	salga	salga	saldrá	saldría
salimos	salgamos	salgamos	saldremos	saldríamos
salís	salgáis	salid	saldréis	saldríais
salen	salgan	salgan	saldrán	saldrían

Ebenso: **valer**

Unregelmäßige Verben

infinitivo: ser

presente	imperfecto	pret. ind.	futuro
soy	era	fui	seré
eres	eras	fuiste	serás
es	era	fue	será
somos	éramos	fuimos	seremos
sois	erais	fuisteis	seréis
son	eran	fueron	serán

subj. pres.	imperativo	subj. imp.	condicional
sea		fuera/-se	sería
seas	sé	fueras/-ses	serías
sea	sea	fuera/-se	sería
seamos	seamos	fuéramos/-semos	seríamos
seáis	sed	fuerais/-seis	seríais
sean	sean	fueran/-sen	serían

infinitivo: tener

presente	pret. ind.	futuro
tengo	tuve	tendré
tienes	tuviste	tendrás
tiene	tuvo	tendrá
tenemos	tuvimos	tendremos
tenéis	tuvisteis	tendréis
tienen	tuvieron	tendrán

subj. pres.	imperativo	subj. imp.	condicional
tenga		tuviera/-se	tendría
tengas	ten	tuvieras/-ses	tendrías
tenga	tenga	tuviera/-se	tendría
tengamos	tengamos	tuviéramos/-semos	tendríamos
tengáis	tened	tuvierais/-seis	tendríais
tengan	tengan	tuvieran/-sen	tendrían

infinitivo: traducir

presente	subj. pres.	imperativo	pret. ind.	subj. imp.
traduzco	traduzca		traduje	tradujera/-se
traduces	traduzcas	traduce	tradujiste	tradujeras/-ses
traduce	traduzca	traduzca	tradujo	tradujera/-se
traducimos	traduzcamos	traduzcamos	tradujimos	tradujéramos/-semos
traducís	traduzcáis	traducid	tradujisteis	tradujerais/-seis
traducen	traduzcan	traduzcan	tradujeron	tradujeran/-sen

Ebenso: **conducir, seducir**, etc.

Unregelmäßige Verben

infinitivo: traer					
presente	subj. pres.	imperativo	pret. ind.	subj. imp.	
tra**ig**o	tra**ig**a		tra**j**e	tra**j**era/-se	
traes	tra**ig**as	trae	tra**j**iste	tra**j**eras/-ses	**gerundio**
trae	tra**ig**a	tra**ig**a	tra**j**o	tra**j**era/-se	tra**y**endo
traemos	tra**ig**amos	tra**ig**amos	tra**j**imos	tra**j**éramos/-semos	
traéis	tra**ig**áis	traed	tra**j**isteis	tra**j**erais/-seis	**participio**
traen	tra**ig**an	tra**ig**an	tra**j**eron	tra**j**eran/-sen	traído

Ebenso: **retraer**, **contraer**, etc.

infinitivo: venir			
presente	pret. ind.	futuro	
ven**g**o	v**i**ne	ven**d**ré	
v**ie**nes	v**i**niste	ven**d**rás	
v**ie**ne	v**i**no	ven**d**rá	**gerundio**
venimos	v**i**nimos	ven**d**remos	v**i**niendo
venís	v**i**nisteis	ven**d**réis	
v**ie**nen	v**i**nieron	ven**d**rán	
subj. pres.	imperativo	subj. imp.	condicional
ven**g**a		v**i**niera/-se	ven**d**ría
ven**g**as	**ven**	v**i**nieras/-ses	ven**d**rías
ven**g**a	ven**g**a	v**i**niera/-se	ven**d**ría
ven**g**amos	ven**g**amos	v**i**niéramos/-semos	ven**d**ríamos
ven**g**áis	venid	v**i**nierais/-seis	ven**d**ríais
ven**g**an	ven**g**an	v**i**nieran/-sen	ven**d**rían

infinitivo: ver					
presente	imperfecto	pret. ind.	subj. pres.	imperativo	subj. imp.
v**e**o	v**e**ía	vi	v**e**a		v**ie**ra/-se
ves	v**e**ías	viste	v**e**as	ve	v**ie**ras/-ses
ve	v**e**ía	vio	v**e**a	v**e**a	v**ie**ra/-se
vemos	v**e**íamos	vimos	v**e**amos	v**e**amos	v**ié**ramos/-semos
veis	v**e**íais	visteis	v**e**áis	ved	v**ie**rais/-seis
ven	v**e**ían	vieron	v**e**an	v**e**an	v**ie**ran/-sen

participio
visto

Ebenso: **prever**

Index

A
a   16, 78, 244–245, 261
acabar de + Infinitiv   58, 184, 191
Adjektiv   45–49
Adjektiv oder Adverb?   56
Adjektivverkürzung   48
adónde   231
adonde   99
Adverbien   53–58
Adverbiale Ausdrücke   56–57
Akkusativ   16, 75, 76, 78
al   21, 244
algo, alguien   94
algún, alguno   38, 48, 94
Angleichung der Adjektive   45
antes oder *hace?*   250
aquel, aquella, aquellos, aquellas   28–29, 87
Artikel   20–25
Aufforderungen   154
aunque   165
Ausrufe   32–33, 89–90
Aussagesatz   230

B
bastante   37, 93
Bedingungssatz   232–233
Begleiter des Substantivs   20–25
Bejahter Imperativ   150–153
Berufsbezeichnungen   12, 15
Bestimmter Artikel   21–24, 31, 215
bien   53, 55–56
buen, bueno   48, 56
bueno oder *bien?*   56

C
caber   111, 139, 143, 161
cada   41, 96
caer   111, 128
cómo   231
como   62–64, 99
como si   174, 254
con   246
conmigo, contigo   74
conocer   110, 131, 151, 160
cuál, cuáles   89–90
cual, cuales   97
cualquier, cualquiera   41, 96
cuando   255
cuándo   231

cuánto, cuánta, cuántos, cuántas   32–33, 89–90
cuyo, cuya, cuyos, cuyas   99

D
dar   111, 128, 152, 160, 173
Dativ   16, 77–78, 215–216
Datum   258
de   246–247
decir   112, 127, 139, 143, 152, 160, 173, 187, 189
del   21, 247
dejar de + Infinitiv   58, 192
demás   40, 96
demasiado   37, 93
Demonstrativbegleiter   28–29
Demonstrativpronomen   87
desde oder *desde hace?*   250
Dezimalzahlen   260
Direkte Objektpronomen   75–76
dónde   231
donde   99
Doppelte Verneinung   227–228
durante oder *mientras?*   255

E
e statt *y*   253
empezar a + Infinitiv   192
el   21–24
el + feminines Substantiv   21, 25
él   72–74
el que, el cual   97–98
ella, ellos, ellas   72–74
ello   73
en   248
escoger   109, 152, 161
ese, esa, esos, esas   28–29
eso   87
estar   111, 127, 152, 160, 173, 204–206
estar oder *hay?*   210
estar oder *ser?*   207–209
estar + Gerundium   58, 190, 195
estar + Partizip   240
este, esta, estos, estas   28–29
esto   28–29, 73

F
Fälle   16
Farbadjektive   45
Feminine Adjektive   46

Feminine Substantive   11
Fragen und Fragewörter   32–33, 231
Futur I   138–140
Futur II   141

G
Genitiv   16
Gerundium   104, 189–190
Geschlecht der Substantive   10–14
gran, grande   48
Grundzahlen   257
gustar   58, 215–216

H
haber   103, 110, 119, 132, 141, 144, 171, 175
hace   241, 250
hace oder *desde hace?*   250
hacer   110, 127, 139, 143, 152, 160, 173, 187
hay   111, 121, 123, 127, 139, 143, 160, 173, 210, 241
hay oder *estar?*   210
hay que + Infinitiv   183, 218, 219
Herrscher und Namen   259
Hilfsverben   103

I
Imperativ   150–154
Imperfekt   121-122
Indefinido   126–129
Indefinido oder *Imperfekt?*   130–131
Indefinido oder *Perfekt?*   130
Indefinitbegleiter   37–42
Indefinitpronomen   93–96
Indikativ   106
Indirekte Objektpronomen   77–78, 230
Indirekte Rede   235–237
Infinitiv   104, 182–185
Interrogativbegleiter   32–33
Interrogativpronomen   89–90
ir   111, 121, 128, 152, 160, 173, 189
ir a + Infinitiv   138, 154, 184, 191, 237
Irrealer Bedingungssatz   232–233
-ísimo   64–65

Index

J
Jahreszahlen 258
Jahrhunderte 259
jugar 108, 159

K
Konditionalsatz 232–233
Konjugation 104
Komparativ der Adjektive und Adverbien 63–67
Konditional I 142–144
Konditional II 144–145
Konjunktionen 253–255

L
la, las 21–24, 75–76, 78, 80
le, les 76, 77–78, 80
leer 107, 128, 173,189
llevar + Zeit + Gerundium 195
lo (Neutrum) 24
lo, los 75–76, 78, 80, 95
lo oder *le?* 76
lo que 98
los (Artikel) 21–24

M
mal (Adverb) 55
mal oder *malo?* 48, 56
Maskuline Adjektive 45–46
Maskuline Substantive 10
más 40, 67
más ... de(l) 63–64
más ... que 40, 62–63
mayor 66–67
me 75–80
medio 47
Mehrfache Verneinung 228
mejor 66–67
Mengenangaben 260
menor 66
menos 67
menos ... de(l) 63–64
menos ... que 40, 62–63
-mente 55
mi, mis 30–31
mí 74
mientras 255
mío, mía, míos, mías 31–32, 88
mismo, misma, mismos, mismas 42, 96
Modalverben 104, 183, 218–221
Modus 105
mucho, mucha, muchos, muchas 37, 93
muy oder *mucho?* 67

N
nada, nadie 94, 228
Nahe Zukunft 138, 154, 184, 191, 237
Nationalitätsadjektive 46
Nebensätze 185, 190, 232
Neutrum 10, 24, 73, 87
ni, no ... ni, ni ... ni 228, 253
ningún, ninguno 38, 48, 94, 228
no 227
no ... nada, no ... nadie 228
no ... ningún/ninguno/ ninguna 228
no ... nunca/tampoco/todavía 228
Nominativ 16
nos 75–80
nosotros, nosotras 72–74
nuestro, nuestra, nuestros, nuestras 30–32, 88
nunca 54, 228

O
o 253
Objektpronomen 75–78
oír 112, 128, 151, 160, 189
oler 108, 159
Ordnungszahlen 259
os 75–80
otro, otra, otros, otras 40–41,47, 96

P
para 249
para que 162, 254
Partizip Perfekt 104, 187–188
Partizip Präsens 186–187
Passiv 240
Passivsatz 241
pensar 108, 151, 159
pensar + Infinitiv 193
peor 66–67
pero 253
Perfekt 119–120
Perfekt oder *Indefinido?* 130
Personalpronomen 72–80
Plural der Adjektive 46
Plural der Substantive 14–16
Plusquamperfekt 132
poco 54

poco, poca, pocos, pocas 37, 93
poder 104, 108, 127, 139, 143, 189, 219
poner 110, 127, 139, 143, 152, 160, 173, 187
ponerse a + Infinitiv 193
por 249–250
por qué, porque 249
Possessivbegleiter 30–32
Possessivpronomen 88
Präpositionen 244–250
Präsens Indikativ 107–112
primer, primero 48, 259
Pronomen nach Präposition 74
Prozentzahlen 260

Q
que 97–98, 161, 254
qué 32–33, 89–90
querer 104, 108, 127, 139, 143
quien, quienes 97–98
quién, quiénes 89–90
quisiera 174

R
Realer Bedingungssatz 232–233
Redeeinleitende Verben 235–236
Reflexive Verben 79, 103, 216–217
Reflexivpronomen 79–80
Relativpronomen 97–98
Relativsatz 97–99

S
saber 104, 111, 127, 131, 139, 143, 160, 219
saber + Infinitiv 183, 219
salir 111, 139, 143, 152
Satzstellung 230–231
se 79–80, 83, 216–217, 241
seguir 108, 109, 126, 173
seguir + Gerundium 58, 190, 195
seit 250
ser 103, 111, 121, 128, 152, 160, 173, 202–204
ser oder *estar?* 207–209
si 232–233, 254
sino 253
Singular der Adjektive 45
Singular der Substantive 10
soler + Infinitiv 58, 193
Stellung der Adjektive 47

287

Index

Stellung der Pronomen beim Imperativ 80, 152–153
Stellung der Pronomen 80
Stellung des Adverbs 57
su, sus 30–31
Subjektpronomen 72–73
Subjuntivo 158
Subjuntivo Imperfekt 172–174
Subjuntivo Perfekt 171
Subjuntivo Plusquamperfekt 175–176
Subjuntivo Präsens 158–165
Subjuntivo oder Indikativ? 164–165
Subjuntivo oder Infinitiv? 158
Substantiv 10–16
suficiente 37, 54, 93
Superlativ der Adjektive und Adverbien 64–67
suyo, suya, suyos, suyas 31–32, 88

T

también 55
tampoco 55, 228
tan … como, tanto … como 40, 62–63
tan oder *tanto?* 67
tan/mas + Adjekiv 47
tanto, tanta, tantos, tantas 40, 95
te 75–80
tener 112, 127, 131, 139, 143, 152, 160, 173
tener que + Infinitiv 104, 183, 218
tercer, tercero 48, 259

ti 74
todavía no 228
todo, toda, todos, todas 39, 95
todo el, toda la 39, 47
traer 111, 127–128, 151, 160, 173
tu 30–31
tú 72–73
tuyo, tuya, tuyos, tuyas 31–32, 88

U

u statt *o* 253
Uhrzeit 261
un, una, unos, unas 25
Unbestimmter Artikel 25
uno/-a 95
Unpersönliche Sätze 240
Unregelmäßige Partizipien 187
Unregelmäßige reflexive Verben 217
Unregelmäßige Verben 105
Unregelmäßige Verben im:
 Futur I 139
 Gerundium 189
 Imperativ 151–152
 Imperfekt 121
 Indefinido 126–128
 Konditional 143
 Präsens 108–112
 Subjuntivo 159–161
usted, ustedes 72–74

V

venir 112, 127, 139, 143, 152, 189

ver 111, 121, 128, 152, 160, 173, 187
Verbalperiphrasen 191–195
Verben mit Dativ 215–216
Vergangenheit 118
Verbkonstruktionen mit Gerundium, Infinitiv und Partizip 191–195
Vergleich 62–67
Verlaufsform 112, 195
Verneinter Imperativ 153
Verneinung 227–228
Vollverb 103
Vorgangspassiv 240
volver a + Infinitiv 58, 193
vor 250
vos 72
vosotros, vosotras 72–73
vuestro, vuestra, vuestros, vuestras 30–32, 88

W

werden 220

Y

y 253
ya no 228
yo 72–73

Z

Zahlen 257–260
Zeitenfolge im *Subjuntivo* 176
Zeitenfolge im Bedingungssatz 232–233
Zeitenfolge in der indirekten Rede 236–237
Zukunft 138
Zustandspassiv 240

Bildnachweis

Seite 10: istockphoto.com/Floortje • Seite 20: istockphoto.com/Zsolt Nyulaszi • Seite 28: istockphoto.com/Frances Twitty • Seite 30: istockphoto.com/webphotographeer • Seite 37: istockphoto.com/Nikolai Okhitin • Seite 45: istockphoto.com/Stefan Klein • Seite 53: fotolia.de/foto50 • Seite 62: fotolia.de/Galina Barskaya • Seite 72: istockphoto.com/stephanie phillips • Seite 75: istockphoto.com/Wojciech Kopczynski • Seite 79: istockphoto.com/Simon Moran • Seite 87: istockphoto.com/adrian beesley • Seite 93: fotolia.de/Kalani • Seite 97: fotolia.de/Stephan Schulz • Seite 106: Frau: istockphoto.com/maya4ok, Wohnung: Daniela Andreea Spyropoulos • Seite 118: istockphoto.com/TommL • Seite 126: istockphoto.com/fabphoto • Seite 132: istockphoto.com/Stephen Roberts • Seite 138: istockphoto.com/pidjoe • Seite 142: fotolia.de/artivista | werbeatelier • Seite 150: fotolia.de/Joachim Wendler • Seite 158: istockphoto.com/Graça Victoria • Seite 172: istockphoto.com/Rafael Laguillo • Seite 182: istockphoto.com/Nikada • Seite 186: istockphoto.com/mihaicalin • Seite 202: istockphoto.com/Aleksas Kvedoras • Seite 227: istockphoto.com/uniseller • Seite 230: istockphoto.com/fred goldstein • Seite 232: istockphoto.com/Jacob Hellbach • Seite 235: istockphoto.com/Nikki Lowry • Seite 240: istockphoto.com/paul kline • Seite 244: istockphoto.com/james knighten • Seite 253: istockphoto.com/FRANCO DI MEO • Seite 257: istockphoto.com/Melissa Carroll • Seite 261: istockphoto.com/Ivan Cholakov